U0452985

社交媒体中的
隐私侵权问题研究

徐敬宏 侯伟鹏 著

中国社会科学出版社

图书在版编目（CIP）数据

社交媒体中的隐私侵权问题研究 / 徐敬宏等著 . —北京：中国社会科学出版社，2022.5
 ISBN 978 – 7 – 5227 – 0173 – 8

Ⅰ.①社… Ⅱ.①徐… Ⅲ.①互联网络—个人信息—隐私权—侵权行为—研究—中国 Ⅳ.①D923.04

中国版本图书馆 CIP 数据核字（2022）第 074844 号

出 版 人	赵剑英	
责任编辑	许 琳	姜雅雯
责任校对	李 硕	
责任印制	郝美娜	

出　　版	中国社会科学出版社
社　　址	北京鼓楼西大街甲 158 号
邮　　编	100720
网　　址	http://www.csspw.cn
发 行 部	010 – 84083685
门 市 部	010 – 84029450
经　　销	新华书店及其他书店
印刷装订	北京君升印刷有限公司
版　　次	2022 年 5 月第 1 版
印　　次	2022 年 5 月第 1 次印刷
开　　本	710×1000　1/16
印　　张	19.5
字　　数	330 千字
定　　价	108.00 元

凡购买中国社会科学出版社图书，如有质量问题请与本社营销中心联系调换
电话：010 – 84083683
版权所有　侵权必究

前　言

随着移动互联网技术的不断发展和移动智能终端的逐渐普及，一个广泛连接的社交网络社会正在形成，作为社交网络时代的数字公民，用户在享受技术红利带来的便利的同时，也面临着来自网络世界的隐私危机。从1890年沃伦（Samuel D. Warren）和布兰代斯（Louis D. Brandeis）提出隐私权的概念，到互联网时代，网络隐私权不断成熟和发展，再到社交网络时代，隐私权的概念被不断拓宽和延展，隐私正被赋予越来越多的权属和价值内涵。全球范围的立法和合规浪潮、大规模的社交网络隐私泄露事件以及网民不断增强的隐私保护意识，都将社交网络时代的隐私权及其保护问题推向一个新的高度。

本书主要从传播学的研究视角出发，重点关注涉及社交媒体用户、社交媒体平台以及社交媒体行业的隐私问题。全书采用横向对比和纵向比较的研究思路，综合应用质化和量化研究方法，系统考察了国内外隐私、网络隐私以及社交网络隐私研究领域的研究成果，并对相关核心概念做了界定。在此基础上，本书分别考察了社交网络语境下的几类隐私保护问题，并以社交媒体平台和社交媒体用户为研究对象展开实证研究，最后提出我国社交媒体个人信息隐私保护的可能路径。全书共分为五章十四节。

第一章为社交网络中的隐私权及隐私侵权，主要分为两节讨论。第一节为社交网络中的隐私权概述，该部分对我国隐私权的起源做了考证，并在此基础上界定了网络隐私权，分析了现阶段我国网络隐私权法律保护的基本情况，辨析了社交媒体和社交网络等概念，并阐述了社交网络隐私的概念及内涵。第二节为社交网络中的隐私侵权问题分析，该部分对社交网络隐私侵权的现状和原因做了探讨。

第二章为基于文献的社交网络隐私问题研究，主要分为三节进行论述。第一节主要交代了研究背景、研究方法及数据来源等内容。第二节基于对 Web of Science 数据库的文献计量分析，主要呈现英语学界近一百年隐私研究的历史变迁与前沿热点，该部分重点考察了隐私研究的嬗变历程及学术理论前沿。研究发现，学术界对隐私问题的研究经过了从"先导阶段"的个体权利意识觉醒驱动到当下技术逻辑范式驱动的演变历程，其核心议题主要集中在政府规制、企业主导以及个体的抗争与保护三个方面。第三节进一步聚焦社交网络隐私问题研究的文献考察，分别分析了英语学界和中文学界社交网络隐私研究的框架、脉络和发展趋势，并从研究主题、研究关键词等角度进行了对比分析。

第三章为泛场景视域下的社交网络隐私问题研究，主要分为两节进行论述。第一节从移动互联网商业模式下的数据共享与隐私保护出发，提出移动互联网的商业模式是"社交关系"和"移动支付"，即"人流+钱流"的模式。未来，互联网平台资源的相互整合将促使数据更加开放和共享，脱敏化处理的数据将成为移动互联网时代社会发展的重要基石。第二节进一步将研究范畴拓展到陌生人视野下的移动社会化媒体隐私侵权问题上，分析了移动社会化媒体的运作机制、探讨了移动社会化媒体泄露用户个人信息的方式和途径，并对该议题的规范和治理做了思考。

第四章从微观层面聚焦社交网络隐私问题，通过实证研究的方式，揭示了社交网络平台隐私声明的真实功能、用户在社交网络空间中的"晒"行为之风险以及用户对隐私感知和隐私保护的具体状况等问题，本章分四节进行论述。第一节关注社交网络平台的隐私声明，通过纵向对比七家网站的隐私声明和中、美两国二十家社交网络平台的隐私声明，深入剖析了隐私声明的真实功能。研究发现，大多数社交媒体（网站）的隐私声明流于形式，未能有效地保护用户的相关权益。中国和美国社交网络的隐私声明在形式上有其相似之处，但在细节上差别比较大，美国对社交网络隐私保护政策相关条款的设置更加人性化，其在预警机制和具体的法律保护举措等方面也更加成熟和完善。第二节关注用户在微信中的"晒"行为，分析了微信用户朋友圈"晒娃"的现状、原因及其背后的风险，该部分以扎根理论的研究路径勾勒了"晒"行为背后隐私披露的机理。第三节和第四节以微信作为具体研究对象，重点关注用户在使用社交媒体过程中的自我效能感、风险感知、信任、隐私关注、隐私认知、隐私担忧和隐私保护等因素的基本情况与相互关系，该部分旨在探索社交媒体隐私关注和隐私保护等因素之间的内在联系。研究发现，用户在微信使用中存在普遍的"隐私悖论"现象，用户隐私关注和隐私担忧的水平越高，其采取隐私保护措施的可能性也越大。研究还建构了自我效能感、风险感知、信任、隐私担忧及隐私保护的结构方程模型，结果表明，用户对微信隐私的信任与风险感知呈负相关、与自我效能感呈正相关，用户的风险感知水平与自我效能感呈负相关，用户对微信隐私的风险感知、信任水平正向影响其隐私担忧水平，用户的风险感知、自我效能感及信任水平正向影响其隐私保护水平。此外，当以风险感知作为自变量时，隐私担忧对隐私保护具有中介作用。总体而言，微信使用中存在隐私披露风险放大化、用户隐私担忧普遍化等特点。

第五章为我国社交媒体隐私权的保护现状与可能进路，主要分为三节进行论述。第一节基于对2017—2018年全球典型隐私（保护）事件的分析，考察了我国网络个人信息保护的现状、特点及国内外网络个人信息保护的区别。研究发现，全球范围内企业违规收集和使用个人信息的情况比较普遍，大规模的数据泄露时有发生，黑客攻击现象比较突出。我国的网络个人信息保护整体上呈现"强监管""弱法律"以及消极的行业自律等特点。总体而言，我国网络个人信息保护以行政监管和事后救济为主，企业未能承担起个人信息保护的主体责任。第二节在系列实证研究和我国当前网络隐私保护现状的基础上，针对平台隐私声明的完善和提升路径展开探讨，提出了四条完善隐私保护条款的具体建议。第三节则从国家、社会、企业、个人以及家庭五个层面提出了我国社交网络个人隐私保护的可能进路。

目　　录

导　论 ……………………………………………………………… （1）
　一　研究背景与目的 …………………………………………… （1）
　二　研究现状 …………………………………………………… （4）
　三　研究设计 …………………………………………………… （12）

第一章　社交媒体中的隐私权及隐私侵权 …………………… （15）
　第一节　社交媒体中的隐私权 ………………………………… （15）
　　一　网络隐私权的界定及法律保护 ………………………… （15）
　　二　社交媒体中的隐私权 …………………………………… （23）
　第二节　社交媒体中的隐私侵权 ……………………………… （32）
　　一　社交媒体中的隐私侵权分析 …………………………… （32）
　　二　社交媒体隐私侵害频发的原因探析 …………………… （38）

第二章　社交媒体中的隐私权研究：基于文献研究的考察 … （42）
　第一节　研究背景与方法 ……………………………………… （42）
　　一　研究背景 ………………………………………………… （42）
　　二　研究方法 ………………………………………………… （42）
　第二节　英语学界百年隐私研究的历史变迁与前沿热点 …… （46）
　　一　英语学界"百年隐私"研究概述 ……………………… （46）
　　二　隐私研究领域近十年（2008—2018年）演化谱系 …… （69）
　　三　英语学界隐私研究中的中国学者 ……………………… （74）
　　四　英语学界"百年隐私"研究的主要特点 ……………… （82）
　第三节　社交媒体隐私研究的知识图谱与前沿热点 ………… （84）
　　一　英语学界社交媒体隐私研究的框架、脉络与发展趋势 …… （84）

二　英语学界社交媒体隐私研究的主题分析 ………………（111）
　　三　英语学界近五年研究主题及关键词演变 ………………（113）
　　四　英语学界社交媒体隐私研究的中国图式 ………………（116）
　　五　中文学界社交媒体隐私研究的框架、脉络与发展趋势 ……（118）

第三章　泛场景视域下的社交媒体隐私 ………………………（125）
第一节　移动互联网商业模式下的数据共享与隐私泄露 …………（125）
　　一　社交关系与移动支付：移动互联网的商业模式 …………（126）
　　二　移动互联网商业模式下的数据处理与共享 ………………（127）
　　三　移动互联网商业模式下的隐私泄露 ………………………（130）
第二节　陌生人视野下的社交媒体隐私侵权问题 …………………（131）
　　一　陌生人视野下的移动社会化媒体 …………………………（131）
　　二　社交媒体中的隐私侵权 ……………………………………（136）

第四章　社交媒体隐私权保护的实证研究 ……………………（140）
第一节　隐私声明的真实功能考察
　　　　——基于对社交网站隐私声明的文本分析与比较研究
　　　　………………………………………………………………（140）
　　一　隐私声明研究简述 …………………………………………（140）
　　二　七家网站隐私声明的文本分析 ……………………………（145）
　　三　中国和美国各10家社交媒体隐私声明的文本分析 ………（162）
第二节　社交媒体中未成年人的隐私风险分析
　　　　——以微信"晒娃"为例 ……………………………………（188）
　　一　微信"晒娃"现象的研究背景与意义 ………………………（188）
　　二　社交网络环境下的"晒"现象 ………………………………（189）
　　三　研究方法与问题 ……………………………………………（192）
　　四　编码与分析 …………………………………………………（193）
　　五　微信"晒娃"范式模型与隐私风险 …………………………（204）
第三节　大学生微信使用中的隐私关注、认知、担忧与保护 ……（209）
　　一　理论基础与研究假设 ………………………………………（209）
　　二　调查指标及分析结果 ………………………………………（215）
　　三　研究结论与讨论 ……………………………………………（221）

第四节 "隐私担忧"的中介效应
——基于对大学生微信使用的结构方程模型分析 (223)
- 一 研究动机与目的 (223)
- 二 理论回顾与研究假设 (225)
- 三 研究方法与假设检验 (232)
- 四 研究结论与讨论 (246)

第五章 我国社交媒体隐私权的保护现状与可能进路 (252)
第一节 2017—2018年典型网络隐私（保护）事件分析 (252)
- 一 国内外个人信息隐私（保护）的基本状况 (252)
- 二 我国个人信息隐私保护的现状和特点 (264)

第二节 社交媒体"隐私声明"保护的提升路径 (266)
- 一 完善立法保护，制定行业统一标准 (267)
- 二 引入隐私设计理念，提高人性化和场景化水平 (268)
- 三 加强监督管理，加大惩治力度 (270)
- 四 引导用户协调隐私边界，加强隐私管控 (270)

第三节 我国社交媒体个人信息隐私保护的可能进路 (271)
- 一 国家层面的保护 (272)
- 二 社会层面的保护 (274)
- 三 企业层面的保护 (275)
- 四 个人层面的保护 (277)
- 五 家庭层面的保护 (278)

结 语 (280)

附 录 (282)

参考文献 (289)

导　　论

一　研究背景与目的

（一）研究背景

近年来，社交网络的迅猛发展给人们的生活带来越来越重要的影响。根据 CNNIC 发布的《第 47 次中国互联网络发展状况统计报告》，截至 2020 年 12 月，我国手机网民规模达 9.86 亿，网民中使用手机上网的比例达到 99.7%，手机即时通信用户达 9.78 亿，占手机网民的 99.3%，[1] 熟人社交和陌生人社交都取得了进一步发展，作为我国用户数量最为庞大的社交软件，微信已成为人们生活中不可或缺的社交工具。但这些社交应用在给人们的生活提供巨大便利的同时，也带来个人隐私保护等方面的风险。一方面，微信朋友圈等社交途径的个人隐私泄露给用户的人身和财产安全带来潜在威胁；另一方面，微信平台和第三方应用给用户个人信息的隐私边界带来更多挑战。在陌生人社交领域，头部产品陌陌于 2018 年收购探探后，持续发力，进一步巩固了市场地位。[2] 作为互联网媒体中最为流行的媒体类型之一，社交媒体凭借用户基数大、信息传播快、互动功能强等特点，已经成为时下网络传播的重要部分。在国外，社交媒体的发展也同样迅猛。根据 We Are Social 和 Hootsuite 发布的《2020 全球数字报告》，2020 年全球社交媒体用户数量已突破 38 亿大关。[3]

---

[1] 中国互联网络信息中心：《第 47 次中国互联网络发展状况统计报告》，2021 年 2 月 23 日，http://202.112.81.11/cache/1/03/www.cnnic.net.cn/24f02215588c4e17723538f711409d1f/P020210203334633480104.pdf，2021 年 4 月 15 日。

[2] 中国互联网络信息中心：《第 43 次中国互联网络发展状况统计报告》，2019 年 2 月 28 日，http://www.cac.gov.cn/2019-02/28/c_1124175677.html，2020 年 3 月 18 日。

[3] We Are Social & Hootsuite, "Digital trends 2020: Global Internet Use Accelerates" (2020-01-30), https://wearesocial.com/blog/2020/01/digital-2020-3-8-billion-people-use-social-media, 2020-05-26.

除了用户数量的持续增长，社交媒体的功能也在不断拓展。在随时随地的即时通信之外，社交媒体也衍生出了可以满足用户不同场景需求的多种功能，从熟人社交、陌生人社交到多元社交，从即时通信到"社交+电商""社交+短视频""社交+直播"等新型社交形态，从功能型服务到平台型产品，社交媒体越来越成为人们生活中密不可分的一部分。

各国政府和学术机构都十分关注隐私问题。2014年，美国白宫与麻省理工学院、加州大学、纽约大学等高校共同召开了大数据隐私研讨会，讨论了大数据所面临的隐私风险及当前的隐私保护方法；同年5月，美国白宫发布 *Big Data and Privacy: A Technological perspective* 白皮书，探讨了个人隐私泄露的风险及保护机制。2015年，欧盟执委会通过了《一般数据保护条例》，规定了个人数据的保护原则和监管方式。澳大利亚政府专门设立"隐私专员"，负责调查隐私侵权事件。与此同时，中国工信部也发布了《大数据白皮书》，阐述了我国大数据发展所面临的隐私安全挑战。[①] 近年来，全球各国对社交网络的监管和合规政策鳞次栉比。在此背景下，对社交网络，特别是对微信等社交媒体中的隐私权及其保护进行系统研究，有其现实意义。

（二）研究目的

本书力图通过文献梳理，厘清隐私、隐私权、隐私关注、隐私认知、隐私悖论、隐私保护等相关概念在社交媒体语境下的具体含义和内在关系。接着，进一步把研究视角聚焦到网络隐私和社交媒体隐私上，通过对涉及互联网和社交媒体隐私问题的相关主体（包括社交网络服务提供者、监管部门、社交网络用户等）进行考察，了解社交媒体使用中隐私问题的现状和相关主体的态度及应对方式，在此基础上建构相关理论框架，对网站隐私声明、社交媒体用户隐私认知和隐私保护进行实证研究，以期比较全面地探讨用户在社交媒体使用中的隐私态度和行为，继而探索影响社交媒体隐私保护的相关因素，最后提出社交媒体隐私保护的可能进路。

（三）研究意义

1. 理论意义

综观以往研究，我国新闻传播领域对社交媒体中隐私问题的探讨多基

---

① 丰米宁、朱光、杨嘉韵：《基于演化博弈的社交网络隐私保护研究》，《情报杂志》2017年第9期。

于对西方传统"传播隐私管理理论"的研究。具体而言有三个方面:一是比较多地从"隐私披露""隐私边界""控制与所有"等方面进行考察;二是从"隐私规则"的演进和嬗变方面进行探索;三是从媒介素养等角度出发探讨"隐私保护"的技术手段和法律措施。不得不提的是,自1991年佩特洛尼奥(Petroetronio)提出传播隐私管理的"宏观理论"和"微观理论"至今,传播的基础设施在20多年间经历了从传统互联网向移动互联网的迭代,传媒平台也由传统的SNS空间过渡到Twitter、微信等新兴社交媒体平台,传播隐私管理的相关理论前提也发生了一系列潜在变化。这种情况下,用社交媒体时代的"新瓶"来装传统传播隐私理论的"旧酒"难免有其局限之处。本书试图结合信息管理理论和法学理论等相关视角,综合运用质化和量化研究方法,对社交网络中的隐私权及其保护问题进行系统研究。

2. 现实意义

作为网民在网络空间中的主要聚集场所,社交媒体中隐含着各种类型的信息安全风险。首先,随着产品服务和业务发展方向的不断拓展,社交媒体平台正在成为一个集聚信息交互、金融支付、搜索引擎、游戏娱乐、电商、自媒体、小程序、广告营销等功能为一体的泛媒介生态系统。在此背景下,社交媒体应用对用户后台数据的访问和获取、不同平台之间对用户数据的商业共享、平台因管理不善或技术漏洞造成的数据泄露等问题越来越频繁。其次,技术的快速发展和迭代给相关法律法规及科技伦理的完善留下了真空地带,在商业利益的驱使下,处于弱势地位的用户往往承担着最大的风险。整体来看,网络用户尤其是社交网络媒体用户正处于隐私"裸奔"的风险之下。

伴随移动互联网技术的不断成熟以及"人工智能""云计算""5G"等技术的发展和应用,社交网络特别是微信、微博等平台的数据价值进一步凸显。国家间的网络安全博弈、政府部门对数据的监管、企业对大数据资源的开发和利用等都面临"边界之争"的问题。有关隐私保护的立法和执法举措多归于国家和政府,对用户数据的收集、存储、使用和共享以及在此过程中的保护责任则主要在于企业和平台方。归根结底,个人信息和隐私保护的核心仍是平台与用户。虽然以往研究对个人如何更好地进行隐私管理和隐私保护已有很多探索,但大都是从某个单一角度或是既定学科背景出发的考察。本书力图从一个更为广阔的视角,系统地研究社交网络隐私这一议题，以求对上述问题进行较为全面的回应。

二 研究现状

（一）国内研究现状

就本书研究议题涉及的学科类别来看，现有文献主要以新闻传播学、法学、信息管理学等学科为主。就研究方法来看，主要以思辨性、描述性研究居多，多为作者自身观点的阐述或对现实案例的述评。此外，现有文献对量化研究等实证研究方法的运用相对较少，少数实证研究主要集中在信息管理学领域。经过进一步梳理，我们发现该领域近十年间有关社交媒体隐私及其保护的文献可以大致分为以下五个方面。

1. 国内学界对于隐私权概念及其内涵与外延的界定和辨析

自从塞缪尔·D.沃伦（Samuel D. Warren）与路易斯·D.布兰代斯（Louis D. Brandeis）1890年将隐私权界定为独处权之后，各学科背景的学者不断地对隐私权进行探讨，但直到今天，学界对隐私与隐私权、网络隐私与网络隐私权等概念仍缺乏一个完全统一的共识。[①] 近年来，随着隐私问题的重要性日益凸显，国内学界对隐私、个人信息、隐私权等概念的讨论也不断增多，其中，代表性的学者主要有王利明、齐爱民等人。

"隐私权是公民享有的私生活安宁与私人信息依法受到保护、不被他人非法侵扰、知悉、搜集、利用和公开的一种人格权。"[②] 此前，王利明将人格权视角引入隐私权的概念中，认为隐私权就是自然人享有的对其个人的与公共利益无关的个人信息、私人活动和私有领域进行支配的一种人格权。[③] 后来，他又提出了隐私权还应该包括私生活的秘密权、空间隐私权和私生活的安宁权等观点。[④] 具体涉及个人信息权与隐私权的时候，他又提出，"我国未来《民法典》中应将个人信息权单独规定，以私权保护为中心，将个人信息权作为一种具体的人格权加以保护"。[⑤] 齐爱民曾对隐私

[①] 徐敬宏、张为杰、李玲：《西方新闻传播学关于社交网络中隐私侵权问题的研究现状》，《国际新闻界》2014年第10期。
[②] 张新宝：《隐私权的法律保护》，群众出版社1997年版。
[③] 王利明：《人格权法新论》，吉林人民出版社1994年版。
[④] 王利明：《隐私权内容探讨》，《浙江社会科学》2007年第3期。
[⑤] 王利明：《论个人信息权的法律保护——以个人信息权与隐私权的界分为中心》，《现代法学》2014年第4期。

权的"主体说"和"客体说"进行过辨析,提出了"人格客体说"和"基本人权说"等观点,认为我国应该以人格客体说为指导进行立法,从而保护个人信息。① 此后,他又提出个人信息保护法的权利主体仅限于自然人,而义务主体包括一切处理个人信息的主体,包括民事主体和行政机关。② 此外,还有一些学者从其他角度做过阐述。

2. 对域外网络隐私、个人信息保护等相关立法经验的介评及其对中国的启示

国内学者关注最多的域外立法经验当属欧盟和美国,另外也有部分学者对日本、韩国、俄罗斯、澳大利亚、加拿大、新加坡等国家和地区的隐私保护政策进行了梳理。值得注意的是,在我国正式出台专门的《个人信息保护法》之前,学者们对域外相关法律和政策的推介对我国的立法实践具有现实意义。这其中,牛津大学教授维克托·迈尔-舍恩伯格(Viktor Mayer Schönberger)2009年提出的"被遗忘权"成为学者们关注的焦点。"被遗忘权"又称"删除权",是指信息主体有权要求信息控制者永久删除某些有关其个人信息的权利。学者们在介绍欧盟相关经验的基础上,从宪法、刑法、民法等角度提出了出台我国个人信息保护法的构想。③ 此外,学者们对美国经验的研究多集中于行业自律保护的视角,在此基础上,衍生出对欧美之间隐私盾协议等的探讨及其对我国的启示意义。另外,也有些研究涉及对其他国家具体判例和成文法案例的介绍。

3. 基于个人信息管理、隐私计算、媒介接触等理论视角的量化研究

总体来看,国内学者涉及隐私问题的量化研究数量不多。首先,就学科背景来看,直接运用新闻传播学的相关理论框架的量化研究很少,但综合运用个人信息管理、隐私计算、媒介接触以及一些心理学相关理论来进行量化隐私研究的论文近几年增长较快。其次,就文章的研究主题来看,聚焦微博、微信等社交媒体是一个突出的特点。就具体的研究模型而言,以相关关系和阶层回归分析的研究为主,也有少部分文献用到了中介和调节模型。最后,就学者们关注的研究对象来看,大学生群体是被调查的主

---

① 齐爱民:《论个人信息保护法的统一立法模式》,《重庆工商大学学报》(社会科学版)2009年第4期。
② 齐爱民、王基岩:《大数据时代个人信息保护法的适用与域外效力》,《社会科学家》2015年第11期。
③ 华劼:《网络时代的隐私权》,《河北法学》2008年第6期。

流人群。我们通过对研究中自变量和因变量的梳理,发现隐私关注、信任与风险、媒介经验、自我呈现等相关概念一般被作为前因变量来使用,①隐私披露、隐私保护行为、媒介使用意愿等概念常被作为结果变量来使用,情感机制(如积极的情感和消极的情感等)通常被作为中介变量,情景或场景、持续使用意愿通常被当作调节变量。②

4. 隐私权所涉及的不同主体研究

如前所述,国内学者对于网络和社交媒体隐私权及其保护的研究多为思辨性、描述性和对策建议性研究。我们发现,这些研究涉及的主体较多,但归纳起来主要有以下四个方面:一是隐私的自然人主体、二是网络服务商或社交媒体平台、三是行业协会或社会组织、四是政府机构等监管部门。学者们认为,首先,隐私权的主体要提高个人信息素养,尤其是培养社交媒体环境下的媒介素养,践行"隐私自理"的理念。其次,网络服务商或社交媒体平台要加强对用户个人信息的保护和完善。再次,加强行业自律是我国大部分学者的研究共识。最后,学者们对我国加强个人信息保护、出台专门的个人信息保护法的呼声持续不断。

5. 基于我国互联网和新媒体发展实践的隐私问题及规制策略研究

我国隐私权的研究同信息基础设施日益完善和媒介技术的不断发展密不可分。互联网的发展、电子商务的突飞猛进以及新媒体技术的不断成熟使得个人信息和隐私问题的重要性不断凸显,大数据、云计算以及人工智能的爆发更是对隐私保护带来了前所未有的挑战。这方面的研究大都从我国隐私保护面临的现实环境和应对策略等角度出发,如基于我国网络隐私权的行业自律保护的现状、问题与对策的思考,③基于我国电子商务发展的实践,提出引入美国"第三方网络隐私认证"模式的探索,④基于我国网络发展实际需要的个人信息保护立法探索,提出新的媒体环境下的"合成型隐私"等概念,强调积极进行"隐私救济"的

---

① 高锡荣、杨康:《影响互联网用户网络隐私保护行为的因素分析》,《情报杂志》2011年第4期。

② 陈明红、孙顺、漆贤军:《移动社交媒体位置信息分享持续意愿研究——隐私保护视角》,《图书馆论坛》2017年第4期。

③ 徐敬宏:《我国网络隐私权的行业自律保护:现状、问题与对策》,《图书与情报》2009年第5期。

④ 华海英、孟晓明:《试论基于第三方的网络隐私认证信息服务》,《图书情报工作》2009年第6期。

必要性与重要性。① 还有立足于大数据和云计算背景的隐私保护研究，内容既涉及"UGC"用户和信息共享状态下的隐私风险，② 也涉及数据分布式存贮背景下跨境司法管辖权的问题，③ 还有相当一部分学者对新媒体环境下隐私权受到侵害后的应对机制做了探索。④

具体到社交媒体隐私保护的相关研究，现有文献主要集中在两个方面：一是对 Facebook 和 Twitter 等西方社交媒体隐私保护经验的研究；二是立足我国社交媒体发展的实际情况，对微信、微博等社交媒体平台的隐私保护现状进行梳理，并在此基础上提出相应的解决思路。具体而言，有学者对西方新闻传播学界社交网络隐私的研究进行梳理，发现这些研究主要集中在三个方面：一是媒介技术对隐私的威胁以及社交网络中的隐私悖论问题；二是社交网络中的隐私侵权问题；三是社交网络中的隐私保护问题。⑤ 也有学者对以 Facebook 为代表的美国社交媒体隐私保护的相关机制进行研究。⑥ 学者们对国内社交媒体的隐私保护的现状进行的一系列研究发现，微信和微博是隐私泄露的主要渠道，这其中既包括因使用者个人自我管理不当造成的隐私泄露，又有社交数据所属机构未经授权进行的隐私信息提取、使用和售卖，还包括数据抓取、黑客攻击、网络入侵等造成的隐私安全威胁。

此外，社交媒体隐私保护研究还有两个显著的特点，一是在研究对象上对社交媒体隐私声明（也称隐私协议）的观照；二是在研究内容上对社交媒体"隐私悖论"现象的偏好。首先，就隐私保护条款的文献来看，学者们多以内容分析、中外比较或纵向研究的方法展开。如，有学者发现隐私保护协议在一定程度上成为媒体平台进行责任豁免的工具，⑦

---

① 尹志强：《网络环境下侵害个人信息的民法救济》，《法律适用》2013 年第 8 期。
② 殷莎莎：《数据共享时代的个人隐私保护》，《学术交流》2016 年第 9 期。
③ 王少辉、印后杰：《云计算环境下个人信息保护问题的思考》，《电子政务》2014 年第 2 期。
④ 齐爱民、王基岩：《大数据时代个人信息保护法的适用与域外效力》，《社会科学家》2015 年第 11 期。
⑤ 徐敬宏、张为杰、李玲：《西方新闻传播学关于社交网络中隐私侵权问题的研究现状》，《国际新闻界》2014 年第 10 期。
⑥ 孟茹：《美国社交媒体平台用户隐私保护的自律与监督机制——以 Facebook 为例》，《编辑之友》2017 年第 1 期。
⑦ 徐敬宏：《美国网络隐私权的行业自律保护及其对我国的启示》，《情报理论与实践》2008 年第 6 期。

绝大多数社交媒体平台的隐私条款都比较混乱，且都会与第三方共享用户信息隐私。① 其次，就对"隐私悖论"的研究成果来看，学者们发现社交媒体中不仅具有公共数据开放与个人隐私保护这一宏观层面上的悖论，② 还包括自我表露与隐私关注这一微观层面的悖论。

（二）国外研究现状

国外关于社交媒体隐私及社交媒体隐私安全和保护的研究与国内有相似之处，研究内容大致包括隐私攻击及保护技术、用户隐私认知及保护行为、隐私政策等方面。此外，"隐私悖论"一直是国外学界关注的热点话题。大数据和云计算背景下的隐私议题也呈现出增长态势。

1. 从媒介使用到社交媒体使用：隐私问题研究的范式革命与方法创新

媒介使用一直是传播学研究的重要内容，对媒介使用的定义，不同学者有不同的观点。斯莱特（Slater）从受众的角度出发，将媒介使用定义为"受众接触特定信息或某种媒体内容的程度"。③ 学界对于媒介使用的研究多集中在"使用与满足""选择性接触"等经典理论的框架下，且根据所研究媒介的侧重点呈现出较大差异。例如，一项对哥伦比亚和西班牙青少年 Facebook 使用情况的比较研究发现，青少年花费在照片处理和披露方面的时间与精力都远远超出了其他媒介，且发生在 Facebook 上的互动主要通过使用者的自我披露实现。而在关于 Twitter 使用的一项研究中，研究者发现群组之间的互动关系、使用动机、持续使用意向等都对媒介使用习惯产生影响。④ 在有关隐私攻击及其保护技术的研究方面，罗勃（Bo Luo）针对用户信息的聚焦攻击提出了"隐私监视器"的概念，即用户通过隐私监视器可以实时了解自身在网络中泄露的信息，并实施保护。⑤

---

① 申琦：《我国网站隐私保护政策研究：基于49家网站的内容分析》，《新闻大学》2015年第4期。

② 田新玲、黄芝晓：《"公共数据开放"与"个人隐私保护"的悖论》，《新闻大学》2014年第6期。

③ Slater M. D., "Operationalizing and Analyzing Exposure: The Foundation of Media Effects Research", *Journalism & Mass Communication Quarterly*, Vol. 81, No. 1, 2004.

④ James M. Hudson and Amy Bruckman, "Go Away: Participant Objections to Being Studied and the Ethics of Chatroom Research", *Information Society*, Vol. 20, No. 2, 2004.

⑤ Luo B., Lee D., "On Protecting Private Information in Social Networks: A Proposal", in IEEE International Conference on Data Engineering, *IEEE Computer Society*, 2009.

2. 从隐私关注到隐私保护：对隐私保护模型的探索

在有关用户隐私关注及保护行为的研究方面，拉查·阿贾米（Racha Ajami）等提出社交网络用户对所在群组的信任程度影响其信息分享行为。① 在有关隐私保护政策的研究方面，有学者分析了美国六大社交网站的隐私声明，发现隐私政策包含四个层面的内容：信息获取合理化（即网站获取用户信息的理由阐释）、信息可见度（即信息的利用程度）、信息匹配精度和服务器缓存信息，且大多数是基于对前两者的保护，后两者则基本未涉及。一方面，随着大数据和算法的发展，隐私权被侵害的风险不断扩大；另一方面，获得隐私权主体知情同意的成本在不断地增大。② 伴随着媒介技术的不断发展，新的媒介伦理问题也不断产生和演化，传统意义上的私人领域和公共领域、实名和匿名、出版和未出版等概念之间的边界也在进一步模糊化。例如，以詹姆斯·M.哈德森（James M. Hudson）和艾米·布鲁克曼（Amy Bruckman）为代表的一部分学者认为，如果网民认为其在网络上的传播活动是私人性质的，那么对其网络上的信息进行分析和研究就是不道德和违法的。③ 但也有一些学者持不同看法，如约瑟夫·B.沃尔特（Tilman B. Walther）认为，似乎可以明确的是，对公开可获得的储存于互联网上的对话进行分析，并不构成对受试人的研究，因此也可以免于来自机构审查委员会的受试人管理审查，直接开展研究。④

3. 社交媒体隐私保护：概念、政策及实践

库尔兰（Mary J. Culnan）和阿姆斯特朗（Pamela K. Armstrong）曾在一项基于公平的实证研究中对"隐私保护"的概念做了界定，他们认为，隐私保护指的是人们在隐私泄露可能遭受风险时采取的处理办法。⑤ 具体

---

① Ajami R., Qirim N. A. and Ramadan N., "Privacy Issues in Mobile Social Networks", *Procedia Computer Science*, No. 10, 2012, pp. 672 – 679.

② Joshua Fairfield and Hannah Shtein, "Big Data, Big Problems: Emerging Issues in the Ethics of Data Science and Journalism", *Journal of Mass Media Ethics*, Vol. 29, No. 1, 2014.

③ James M. Hudson and Amy Bruckman, "Go Away: Participant Objections to Being Studied and the Ethics of Chatroom Research", *Information Society*, Vol. 20, No. 2, 2004.

④ Mühleisen H., Walther T. B. and Tolksdorf R., "A survey on self – organized semantic storage", *International Journal of Web Information Systems*, Vol. 7, No. 3, 2011.

⑤ Culnan M. J. and Armstrong P. K., "Information Privacy Concerns, Procedural Fairness, and Impersonal Trust: An Empirical Investigation", *Organization Science*, Vol. 10, No. 1, 1999.

到这一概念的测量，学界关注较多的是约翰·沃茨（Wirtz Jochen）等在一项关于消费者网络隐私关注的因果关系研究中提出的框架。该研究指出，隐私保护可以分为伪造（提供虚假或者不完善的个人信息来掩饰真实身份）、保护（设置密码、提前阅读隐私协议等主动保护）和抑制（拒绝提供个人信息或者终止在线行为）三种类型。① 在涉及隐私保护的相关文献中，有研究发现对在线数据遭受黑客侵入的担忧程度越高，采取隐私保护的可能性越大且所使用隐私保护措施的多样性越丰富。此外，一项针对全球330万推特用户的隐私研究也发现，在崇尚集体主义的社会环境中，人们在Twitter上披露隐私的程度较低，且较少地采取隐私保护措施；而在崇尚个人主义的社会环境中，人们在Twitter上披露隐私的程度较高，且采取隐私保护措施的水平也较低。还有一项研究通过测量女大学生在2009年和2012年两个时间点的隐私保护水平，发现女大学生在互联网使用中的隐私保护行为受其所处群体的影响较大。②

4. 隐私悖论：基于矛盾冲突的多元裁度

杨宏伟（Hongwei Yang）通过对美国消费者的网络隐私关注、信任、风险和社交媒体使用的关系探究，发现隐私关注、隐私风险和社交媒体使用经验对隐私意识和隐私保护产生影响。③ 奥达·贝西（Babajide Osatuyi）的研究表明，在社交媒体环境下，用户对自身的隐私安全担忧程度较高，社交软件平台在未经允许的情况下收集用户个人信息的水平与用户的隐私感知水平显著相关。也有研究发现，一方面，人们倾向于通过在社交网络空间中分享自己的兴趣爱好、生活习惯、旅行照片等来进行"自我塑造"，另一方面，他们却担心自己的社会关系等详细信息面临威胁。④ 从以上研

---

① Wirtz J., Lwin M. O. and Williams J. D., "Causes and Consequences of Consumer Online Privacy Concern", *International Journal of Service Industry Management*, Vol. 18, No. 18, 2007.

② Timonen V. and Doyle M., "In Search of Security: Migrant Workers' Understandings, Experiences and Expectations Regarding 'Social Protection' in Ireland", *Journal of Social Policy*, Vol. 38, No. 1, 2009.

③ Yang H., "A cross-cultural study of market mavenism in social media: exploring young American and Chinese consumers' viral marketing attitudes eWOM motives and behavior", *International Journal of Internet Marketing & Advertising*, Vol. 8, No. 8, 2013.

④ Livingstone S., "Taking risky opportunities in youthful content creation: teenagers' use of social networking sites for intimacy, privacy and self-expression", *New Media & Society*, Vol. 10, No. 3, 2008.

究中不难看出，社交媒介使用中存在"隐私悖论"的现象。隐私悖论是指个人隐私披露意向与个人实际隐私披露行为的冲突性，表现为尽管用户明确表示担忧其隐私问题，但在社交网络中并不会减少个人信息的披露。这一现象在很多相关研究中得到证实。各国学者的研究都证明了不同国家的人们普遍存在隐私悖论现象。①

（三）现有研究的局限性及对未来研究的展望

通过以上文献梳理，本书发现学界对于社交媒体隐私问题的研究有如下几个特点。

1. 国内研究倚重西方经验，与我国社交媒体隐私权保护的实际需求契合不够

在中国知网数据库（CNKI）的300余篇相关国内文献中，有近40篇是关于国外个人信息治理和隐私保护立法方面经验的研究，这些文献从不同的角度出发，重点关注欧盟和美国的个人信息保护经验，这在我国社交媒体迅猛发展，尤其是在《个人信息保护法》出台较晚的大背景下，具有建设性意义。但同时需要注意的是，中国当前在个人隐私领域所处的环境相对比较复杂，"互联+"的发展已经进入成熟期，社交网络也十分成熟，"大数据""云计算"等正处于爆发式增长阶段。在此背景下，社交媒体中的隐私议题不仅关系到个人、企业和国家信息社会治理的各个方面，还涉及数据资源的合理开发与利用、跨境数据的流通与管理等问题。因此，单纯地参照国外治理的经验尚不足以应对我国的实际问题，还必须具体问题具体分析。

2. 我国新闻传播学领域对于隐私议题的对策建议性研究较多，实证研究偏少

隐私问题是一个涉及多个学科的综合性议题，新闻传播学作为研究该问题的主要学科之一，理应做出更大的贡献。就当前的研究而言，一是数量偏少、关注度不够，二是思辨性研究居多，对实证研究方法的运用不足。随着社交媒体的不断发展，新闻传播学界对隐私问题的关注也正在增多，但针对社交媒体的研究大多依循传统媒体研究的思维和范式，缺乏对研究方法的综合运用。在学科交叉发展和研究范式创新的大趋势下，传统

---

① Quinn K., "Why We Share: A Uses and Gratifications Approach to Privacy Regulation in Social Media Use", *Journal of Broadcasting & Electronic Media*, Vol. 60, No. 1, 2016.

研究的局限性越来越大。这就要求学界不仅要立足我国社交媒体发展的实际，而且要积极寻求跨学科领域的合作，与管理学、法学、心理学等背景的相关学者一起开展该领域的研究。除此以外，还要创新研究方法，积极开展与国际学术界的对话。

3. 国内外现有研究多从单一角度出发，综合性、系统性的研究偏少

社交媒体隐私关涉的主体主要有平台方、监管方以及社交媒体用户，现有研究多是从某一个角度出发去分析该主体面临的隐私问题以及在隐私保护方面的困境，进而提出对策建议。而社交媒体隐私问题是一个系统性问题，从单一角度出发虽有其合理之处，但也难免将研究问题与整体割裂开来，以至于简单化、片面化。因此，从社交媒体隐私所关涉的"三方主体"出发，综合考量研究问题，借鉴信息管理学、法学等领域的相关理论和研究成果，结合社交媒体隐私问题实际，采用访谈法、问卷调查法、文本分析法等多种研究方法开展综合性、系统性的研究十分必要。

三　研究设计

（一）研究对象

本书的研究对象分为三个部分：一是中英文核心期刊中已发表的有关网络隐私、社交媒体隐私及其保护的学术论文。具体而言，包括关键性文献、重要作者、主要期刊、研究主题、研究关键词、研究的主要内容与未来趋势等。二是对互联网和社交媒体隐私及其保护现状的实证研究，该部分选取网站和社交媒体为研究对象，以大学生群体为主要研究人群，以近年来国内外关键隐私安全（保护）事件为主要分析依据。三是对近期发生的国内外主要隐私（个人信息）保护事件、社交媒体中用户的隐私披露行为等进行分析。

（二）研究内容

1. 第一部分

该部分系统梳理了国内外隐私、网络隐私以及社交媒体隐私相关的研究论文，借助文献分析软件，分别在时间和空间维度呈现国内外网络隐私及社交媒体隐私研究领域的发展脉络、演进轨迹及未来研究的发展趋势。通过共引分析和共现分析，呈现该研究领域的核心期刊、代表性学者以及

关键文献，以求反映社交媒体隐私研究领域的最新进展并构建该领域的宏观知识地图，在此基础上，梳理社交媒体视域下隐私研究的关键概念、代表理论和存在的问题，以期比较全面描绘从网络隐私研究到社交媒体隐私研究的学术脉络和演变轨迹。

2. 第二部分

在第一阶段相关理论框架和问题的基础上，我们以网站和社交媒体平台的"隐私声明"和微信平台为具体研究对象。通过对"隐私声明"的内容进行文本分析和比较研究，观察"隐私声明"的真实功能及其发展变化。通过对大学生用户群体的微信使用情况进行调查，探究影响社交媒体隐私保护的相关因素，分析各要素之间的相关或因果关系。详细考察微信隐私各要素间的关系，以期揭示隐私保护的相关影响因素，管窥社交媒体环境下隐私保护存在的问题，对社交媒体隐私保护提供镜鉴。

3. 第三部分

以扎根理论为研究路径，对近期发生的国内外典型隐私（保护）事件以及微信"晒"行为进行分析，归纳和总结当前国内个人信息隐私保护面临的困境和问题。在此基础上，结合我国社交媒体隐私保护的实际情况，从多个维度多个方面提出社交媒体隐私保护的具体策略。

（三）拟解决的关键问题

第一，厘清学界对社交媒体隐私问题的研究历史、前沿热点和研究趋势，初步形成社交媒体隐私问题研究的理论基础。

本书的研究主题"社交媒体中的隐私问题"已不是一个新兴话题，移动互联网和社交媒体应用的不断发展持续推动着学界对隐私问题的关注。为了对该议题形成和发展的历史脉络进行回溯，尽可能呈现当前学界对该问题的研究现状、厘清相关概念，本书采用文献分析和对比研究的方法，借助以计量分析见长的 CiteSpace 软件对以往学术文献进行较为全面的梳理，在此基础上对重点文献和重要文献进行深入探究，以期比较全面地掌握该领域的相关成果与理论基础。

第二，厘清国内学术界对社交媒体隐私问题的研究历程，关注的重点议题以及当前研究所亟待解决的问题，形成社交媒体隐私问题研究的理论假设。

以网站和社交媒体的隐私声明文本、对微信等社交媒体使用者的实证研究以及中外网络隐私（保护）典型事件为基础，以泛场景视域下的隐私问题研究为补充，系统分析用户对隐私关注、隐私担忧、隐私保护等相关概念的认知和态度，继而对相关研究假设进行统计检验和模型分析，探究影响社交媒体隐私保护的相关因素及其相互关系，为提出社交媒体隐私保护策略提供实证支撑。

第一章

社交媒体中的隐私权及隐私侵权

第一节 社交媒体中的隐私权

一 网络隐私权的界定及法律保护

（一）中国隐私权的起源

中国隐私观念的内涵与西方欧美国家隐私内涵的不同之处在于，中国自古以来就缺少西方意义上的隐私权观念——不受干扰的独处权利，但这并不意味着中国社会完全没有隐私观念。如果仔细回顾中国历史，我们不难发现，中国人也很在意隐私权，但群体隐私或家族隐私要重于个人隐私，即"群体隐私的观念是解读中国文化的一把万能钥匙。"（何道宽，1996）。在中国历史上，"隐私"一词往往缺少正面的含义，侧重于指家族的丑闻或不道德的事件，这一现象一直延续到1949年中华人民共和国成立后相当长一段时间。在计划经济体制下，国家权力对于公民私人生活的安排"全面而周到"：就业求职、结婚、离婚、求学、生育子女等都需要有单位的介绍信，个人的私事是由国家统一管理的。在这样的一种社会制度中，类似西方隐私权的权利主张，在中国根本就不存在。

1."三纲五常"

中国从古代开始，就逐渐形成了严格受三纲五常限制的私人生活模式。人们不仅生活在严格的社会等级制度中，而且私人生活是绝对不能登大雅之堂的。"在中国古代社会我们找不到类似于古罗马公法与私法一类的区别，却只能看到某种包罗万象的单一规范。这种规范，便是连接家国于一的礼。"（梁治平，1997）。正如杨国枢等人（1995）指出的："在传统的中国社会里，社会的基本结构与功能单位是家族。"在家族主义的取向下，人们生活圈内的运作是一切尽量以家族为重，以个人为轻。中国人的公私观念不是指集体与个人的关系，而是指公家与自家的关系。自家不是指个人，而是指由个人组成的家庭。因此，在中国传统社会里，家族隐私这种特殊的群体隐私或集体隐私，远远要重于个人隐私。在中国古代社会，对隐私内容的保护和尊重主要体现在对统治者隐私权的重点保护，往往伴随着对侵犯统治者隐私权的行为进行极为残酷的惩罚。比如我国第一部封建法典《法经》里就有"窥宫者膑"的规定，即偷窥宫廷的人会被挖掉膝盖骨，而议论皇室的事情则被视为大不敬，可以被处死。

2. 立法根源

一直到近代中国，隐私权的发展都没有什么重大突破。《大清民律草案》和《民国民律草案》中并没有隐私权的规定，只是笼统地规定了人格权的保护。之后，1929 年的《中华民国民法典》在第 195 条中一并规定了身体、名誉、自由、信用、贞操和隐私的权利。虽然只是极为简略地列举提及，但总算是在国家法律中第一次出现了。2009 年我国《刑法修正案（七）》第 253 条首次引入了个人信息保护的新罪名，2013 年修订的《消费者权益保护法》对消费者个人信息保护做了专门规定，2015 年《刑法修正案（九）》再次对刑法第 253 条做出修改完善，2016 年通过的《网络安全法》第 76 条对个人信息做出了比较完善的界定，2017 年 3 月通过的《中华人民共和国民法总则》第 111 条规定了自然人的个人信息受法律保护，2017 年 5 月，"两高"发布《关于办理侵犯公民个人信息刑事案件适用法律若干问题的解释》，2020 年 10 月，《中华人民共和国个人信息保护法（草案）》全文公布，2021 年，《个人信息保护法》正式出台。

（二）网络隐私权的界定

1. 隐私

自 1890 年《哈佛法律评论》刊发塞缪尔·D. 沃伦（Samuel D. Warren）与路易斯·D. 布兰代斯（Louis D. Brandeis）的《论隐私权》①这一经典文献起，不同学科背景的学者不断地对隐私权进行探索，关于隐私权的界定、内涵、表现形式、保护与利用等议题的论争也从未停止。隐私权

---

① Warren, S. D. and Brandeis, L. D., "The Right to Privacy", *Harvard Law Review*, Vol. 4, No. 5, 1890.

从最初的一个法学概念不断延展，逐步成为经济与商业领域、信息科学与图书情报领域、新闻学与传播学领域以及计算机科学技术领域等多个学科争相关注的焦点议题。从事隐私研究的学者也从最初的美国、欧盟等国家和地区逐渐遍布世界各地。可以说，隐私权研究经过一百多年的发展，已经体现出明显的多学科交叉以及多领域融合的特点，隐私议题已经成为一个全球范围内各个学科研究者共同关注的重要话题。

目前，隐私、隐私权、网络隐私与网络隐私权等概念仍旧缺乏一个完全统一的标准。① 随着信息技术的不断发展与演化，隐私与个人信息、互联网、电子商务、大数据、云计算以及人工智能等带有鲜明技术逻辑的词汇不断勾连并密不可分。从传统的隐私权到网络隐私权再到移动互联网时代的社交媒体隐私权，从隐私权逐渐演变成一种公民权到隐私权能否成为人格权的激烈论争，从征信数据的开放到区块链技术对传统隐私规制范式的冲击，从大数据蓬勃发展带来的数据开放与隐私边界之间的矛盾到物联网模式下消费网络、物流网络带来的潜在风险，当前的立法和法规亟待在技术逻辑的基础上寻求一些潜在的弥合措施。

2. 几种不同学科背景下的"隐私"

关于隐私的内涵，法学、人类学、社会学和传播学等学科学者都给出了相应的解释。美国学者惠特曼（James Q. Whitman）认为，整个欧洲的隐私概念都是奠基于人格尊严之上的，隐私既是人格尊严的具体展开，也是以维护人格尊严为目的的。② 因此，隐私体现了对"个人自决""个性"和"个人人格"的尊重和保护。

（1）法学视角

1974年，美国颁布的"隐私法"，主要是针对联邦行政机构的行为而制定的，并着力于各类信息的收集、持有、使用和传输。该法以隐私权保护为基础，通过隐私权对个人信息加以保护。③ 在该法通过后，许多学者将隐私权解释为对个人信息的控制，④ 如按照索罗姆（Daniel J. Solove）和

---

① 徐敬宏、张为杰、李玲：《西方新闻传播学关于社交网络中隐私侵权问题的研究现状》，《国际新闻界》2014年第10期。
② 许文义：《个人资料保护法论》，（台北）三民书局股份有限公司2001年版，第121页。
③ Department of Justice, *Overview of the Privacy Act of 1974*, Janunary 2010.
④ Adam Carlyle Breckenridge, *The Right to Privacy*, Nebraska: University of Nebraska Press, 1970.

施瓦兹（Paul M. Schwartz）的看法，个人信息本质上是一种隐私，隐私就是我们对自己所有的信息的控制。法律将其作为一种隐私加以保护，可以界定其权利范围。① 在这种模式下，个人信息被置于隐私的范畴而加以保护。这种立法与美国隐私权概念的开放性有关，即美国法采纳的是大隐私权的概念，其中包括中国法中的名誉权、肖像权、姓名权等具体人格权的内容，② 承担了一般人格权的功能。因此，在隐私中包含个人信息也是逻辑上的必然。不过，在美国，对已经公开的个人信息扩大公开范围不视为对隐私的侵犯。

法律理论家朱莉·E.科恩（Julie E. Cohen，2012）认为，目前的隐私法律模式是建立在"个人行为简单模式"的基础上的，然而人类社会是由文化和物质联系的网络构成的。③ 因此，当前大多数美国的隐私权法律模式是以个人为中心的，即隐私危害是通过对个人的影响来衡量的。

（2）人类学和社会学视角

人类学家和社会学家认为，隐私是反映文化中个人价值观和规范的社会结构，意味着人们概念化，定位和实践隐私的方式有所不同（Nippert-Eng，2010；Altman，1977）对隐私使用民族志的分析发现，虽然隐私是一个文化上普遍的过程，但在不同的文化之间却有很大差异。换句话说，人们实践隐私的方式，包括"言语，非言语，环境和文化机制"，具有高度的文化特征和语境差异。④ 遵循 Altman，Palen，Dourish（2003）将隐私概念化为边界规则过程。他们写道："隐私不是关于设定规则和强制执行，而是不断管理不同行动领域和披露程度之间的界限的过程。"依赖于"当地的实际环境，观众，社会地位，任务或目标，动机和意图，以及使用中的信息技术"，人们以各种各样的方式实行隐私。这种隐私概念意味着个人可以根据具体情况适当地部署一系列策略。

由于人们根据情境和受众的不同（Goffman，1959）改变与他人沟通的

---

① Daniel J. Solove and Paul M. Schwartz, *Information Privacy Law*, 3rd ed. Wolters Kluwer Law & Bussiness, 2014.
② 参见《美国侵权法重述》（第二版）第652C条和652E条。
③ Cohen J. E., *Configuring the Networked Self: Law, Code, and the Play of Everyday Practice*, New Haven CT: Yale University Press, 2012.
④ Altman I., "Privacy regulation: culturally universal or culturally specific?", *Journal of Social Issues*, Vol. 33, No. 3, 1997.

方式，技术使得理解或规范边界更加困难，而这往往会使管理隐私更加困难。当社会技术引起信息规范的碰撞或和语境冲突时，人们将其视为违反隐私的行为（Marwick 和 Boyd，2011；Vitak 等，2012）。语境的正确与否是隐私的关键。Helen Nissenbaum（2010）解释说，管理"给定背景下的个人信息流动"的规范取决于所公开共享信息的类型、发送者、受试者和接收者的社会角色，以及如何传输信息。例如，由于医生办公室周围的正式和合法的信息规范，人们可能会很乐意向他的医生披露其艾滋病毒状况。如果医生在晚饭后告诉他的妻子，这不是信息已经改变，而是所处语境和观众已经改变。信息从具有一组信息规范（办公室）到另一个（私人住宅）的环境改变，让个人感觉到隐私被侵犯。[1] 这在网络环境下的社交中，虽然隐私通常被概念化为限制获取信息，但参与社交媒体需要人们分享。为了彰显、标志我们的存在，人们必须进行自我展示（Sundenn，2003）。文字、照片和其他内容，以及"点赞"并评论其他人的内容，从而与他人相互认同和互动。共享行为是社会媒体内在的属性（约翰，2013），是社会媒体的组成部分，是参与的核心。因为在社交媒体中，分享通常意味着为一个持久和广泛使用的平台系统提供内容，所以经常被误认为是一种不受隐私约束的行为。然而，正如人们在公共空间中寻求隐私一样，他们采取行动来实现网络公众的隐私，即使只是简单地参与在这种需要分享的环境中。

（3）传播隐私管理理论

如前所述，社交媒体中的隐私权是传统意义上的隐私权在互联网和社交网络出现以后的延伸。杰弗里·T. 柴尔德（Jeffrey T. Child）、朱迪·C. 皮尔森（Judy C. Pearson）和桑德拉·佩特罗尼奥（Sundra Petronio）等人在回顾了大量文献的基础上指出，桑德拉·佩特罗尼奥 2002 年提出的传播隐私管理理论（CPM，Communication Privacy Management）是理解网络人际传播中（比如博客和社交网络）最重要的隐私理论。[2]

佩特罗尼奥的传播隐私管理理论包括 5 个要点：一、强调私人信息。

---

[1] Alice E. Marwick and Danah Boyd, "Networked privacy: How teenagers negotiate context in social media", New Media & Society, Vol. 16 (7), 2014, pp. 1051–1067.

[2] 徐敬宏、张为杰、李玲：《西方新闻传播学关于社交网络中隐私侵权问题的研究现状》，《国际新闻界》2014 年第 10 期。

二、用"边界"一词来比喻和说明私人信息与公共关系之间的划分。三、控制主要表现在两个方面,首先,人们相信拥有私人信息或与他人共同拥有私人信息,因此人们希望控制其边界。其次,披露或隐藏私人信息,可能造成一种容易受到伤害的感觉,因此用控制一词可以抵消这种脆弱性。四、该理论有一套基于规则的管理系统,来帮助进行边界管理决策。五、隐私管理的观念,建立在从本质上将隐私与披露辩证看待的基础之上。

该理论是在欧文·奥特曼(Altman,1975)的辩证隐私概念的启发下发展出来的,也沿袭了艾伦·F.威斯丁(Westin,1967)隐私理论对私人信息的管理。理查德·韦斯特(Richard West)和林恩·H.特纳(Lynn H. Turner)认为,佩特罗尼奥的传播隐私管理理论是传播学领域的最新思考,表明新颖的思想不断地在解释传播行为中的问题。但是,综观我们所接触到的论著,西方新闻传播学界没有对社交媒体中的隐私权进行全面的描述和界定。

3. 网络隐私与网络隐私权

网络隐私是互联网出现后的产物,是隐私概念从传统社会向互联网社会的拓展。关于网络隐私的概念,学界一直存在不同的看法,有学者认为,网络隐私是一种独处的权利,而另一种观点则认为,网络隐私是收集、控制和使用个人信息的权利。[1] 也有观点认为,网络隐私首先是指自然人(包括网民和非网民)在互联网上的各类隐私信息,其次是网民的与公共利益无关的私人网络活动,再次是网民的与公共利益无关的私人网络空间。[2] 本书采用后两种观点,即不单纯地把网络隐私看作一种权利。在考察网络隐私时,"隐私关注"的概念经常被用以测量和评估用户对网络行为的感知、态度和看法。这一概念的引入与在线网络的发展以及用户在网络中的互动、支付、消费等行为息息相关。

就网络隐私的表现形式来看,用户的网络隐私主要可以分为个人资料和在线隐私,而网络隐私泄露通常为用户个人资料的泄露和在线交互信息的泄露。相应地,用户个人的网络隐私信息所面临的风险也主要集中在包

---

[1] Culnan M. J. and Armstrong P. K., "Information privacy concerns, procedural fairness, and impersonal trust: an empirical investigation", *Organization Science*, Vol. 10, No. 1, 1999.

[2] 徐敬宏:《网络传播中的隐私权及其保护》,燕山出版社2010年版。

括自身注册信息和在线交互信息被收集、使用、出售或转让等方面。通常情况下，用户所面临的网络隐私威胁主要来自网络公司的信息收集行为、使用行为以及信息转让和出售行为产生的不利影响。

王利明（1994）关于隐私权的界定具有比较好的概括性，也与美国学者和立法上的界定比较相近，因而笔者决定在其基础上对网络隐私权进行界定。王利明认为："隐私权是自然人享有的对其个人的与公共利益无关的个人信息、私人活动和私有领域进行支配的一种人格权。"笔者认为，网络隐私权是传统意义上的隐私和隐私权在网络上的延伸，因此首先应包括与上述三个方面内容相对应的内容：网络隐私权首先是指自然人（包括网民和非网民）的各类隐私信息在网络传播中不被非法披露的权利；其次是网民的与公共利益无关的私人网络活动不受非法干涉或侵扰的权利；再次是网民的与公共利益无关的私人网络空间不受非法侵入或侵扰的权利。另外，更为重要的一种隐私权内容表现为网民在网络传播中（在互联网上）个人信息的自主权。这种个人信息的自主权完全是计算机和互联网出现后新产生的，与前面第一种情况中个人隐私信息的保密权不一样。其主要内容可以总结为如下几个方面：1. 个人信息收集知悉权；2. 个人信息修改权；3. 个人信息安全请求权；4. 个人信息收益权；5. 个人信息选择权。

（三）现阶段我国网络隐私权的法律保护

截至2022年3月底，我国有106部法律、81部行政法规和1700多部部门规章或者其他规范性文件使用了"个人信息"概念。之所以在大量保护隐私权的法律法规中使用"个人信息"一词，这是与信息化和互联网密不可分的。在这一阶段，法律法规中"阴私"已经被"隐私"或"个人信息"完全替代，而在大部分情况下，"隐私"和"个人信息"被认为是同义词而交替使用。由于网络隐私权是传统意义上的隐私权在网络时代的延伸，是隐私权的一种。与网络隐私权相关的法律可以大致分为两方面：一种是一般性立法，即不但适用于传统隐私权保护，而且同时适用于网络隐私权保护的法律法规；一种是专门性立法，即在大多数情况下限定了主要是针对网络隐私权适用的法律法规。

1. 宪法

《宪法》第三十九条和第四十条，甚至是第三十八条，都对隐私权及其保护作了规定。《宪法》第三十八条规定："中华人民共和国公民的人格尊严不受侵犯。禁止用任何方法对公民进行侮辱、诽谤和诬告陷害。"《宪法》第 39 条明确禁止两种侵害私生活安宁的侵权行为：非法搜查或者非法侵入公民的住宅。《宪法》第四十条包括对公民通信两个方面的保护，一是对通信自由的保护，二是对通信秘密的保护。

2. 民法

《中华人民共和国民法典》对隐私权和个人信息保护作了专章规定。第六章第一千零三十二条明确规定自然人享有隐私权。任何组织或者个人不得以刺探、侵扰、泄露、公开等方式侵害他人的隐私权，并对隐私的含义作出说明，将其定义为"自然人的私人生活安宁和不愿为他人知晓的私密空间、私密活动、私密信息"。第一千零三十四条明确自然人的个人信息受法律保护。该条还对个人信息的定义和内容作了说明，指出："个人信息是以电子或者其他方式记录的能够单独或者与其他信息结合识别特定自然人的各种信息，包括自然人的姓名、出生日期、身份证号码、生物识别信息、住址、电话号码、电子邮箱、健康信息、行踪信息等。"该条还对个人信息和隐私的适用作了补充，规定："个人信息中的私密信息，适用有关隐私权的规定；没有规定的，适用有关个人信息保护的规定。"

3. 刑法

《中华人民共和国刑法》第二百四十五条、第二百五十二条、第二百五十三条、第二百八十四条设定了 5 个与侵害隐私权相关的罪名："非法搜查罪""非法侵入住宅罪""侵犯通信自由罪""私自开拆、隐匿、毁弃邮件、电报罪""非法使用窃听、窃照专用器材罪"。《中华人民共和国刑法修正案（七）》也专门设定了非法获取、出售公民个人信息罪的条款，以保护公民的隐私权。修订后的《中华人民共和国刑法修正案（九）》在第二百五十三条新增了"违反国家有关规定，向他人出售或提供公民个人信息，情节严重的，处三年以下有期徒刑或者拘役，并处或者单处罚金；情节特别严重的，处三年以上七年以下有期徒刑，并处罚金。"。

4. 诉讼法

中国的诉讼法可以分为三类：民事诉讼法、刑事诉讼法和行政诉讼法。民事诉讼法有多个条款规定，在什么情况下一些案件的事实和证据应当保密、不公开。刑事诉讼法规定了当案件涉及个人隐私的情况，应当保密。行政诉讼法也有两条款涉及隐私权保护。

5. 行政法

《中华人民共和国人民警察法》共有两条款涉及隐私权保护。《中华人民共和国行政处罚法》第六十四条规定涉及国家秘密、商业秘密或者个人隐私的听证不应公开举行。《中华人民共和国行政复议法》规定，如果涉及个人隐私，行政复议机关可以拒绝申请人、第三人的查阅要求。

6. 个人信息保护法

《中华人民共和国个人信息保护法》是为保护个人信息权益，规范个人信息处理活动，促进个人信息合理利用而制定的专门法。该法在《民法典》相关规定的基础上，进一步对个人信息处理和个人信息利用作出了规定。第四条规定，个人信息不包括匿名化处理后的信息。个人信息的处理包括个人信息的收集、存储、使用、加工、传输、提供、公开、删除等。该法对一般个人信息、敏感个人信息以及涉及国家机关处理个人信息等情形都作出了规定，对个人、个人信息处理者等主体的权利、义务和法律责任作出了详细说明，是我国个人信息保护领域最为具体和全面的专门法。

二 社交媒体中的隐私权

（一）社交媒体与社交媒体隐私

1. 社交媒体

从互联网到移动互联网，从传统门户时代到社交网络时代，媒介环境的变迁极大地重塑了人们信息获取、社会交往和日常生活的方式。社交媒体自2017年就已经超越传统门户搜索引擎，成为当前互联网最大的流量入口，占整个互联网总流量的46%之多。[①] 根据美国皮尤研究中心的一项追踪调查，2005年美国的社交媒体普及度约为5%，至2011年时该比例提升到50%，2018年的数据显示，70%以上的美国人经常使用一种以上的社交媒体。作为超级应用平台的社交媒体已经成为人们线上生活的重要组成部分。

（1）社交媒体与社交网络

"社交媒体"一词由"Social media"译介而来。在中文学术界，这一概念经常与"社会化媒体""社交网络"以及"社交网站"等词互用或混用。同样地，在英语学界，"Social network site"以及"Social networking

---

① The Media Briefing, "The State of the Media 2017", https：//www.theme diabriefing.com/reports/state - media - 2017.

site"等词也存在一定程度上的混用。

微软首席研究员、纽约大学教授丹娜·博伊德（Danah Boyd）对社交网站的定义被广泛接受并沿用。她认为，社交网站即基于Web的服务。社交网站往往强调的是具有清晰的社会网络组织形态的Web服务。根据Boyd的定义，最早的可被识别的社交网站可以追溯到1997年诞生的SixDegree.com。此后，一系列的SNS服务相继产生。

关于社交媒体，即"Social Media"，学界普遍认为这一概念来自安东尼·梅菲尔德（Antony Mayfield）于2007年出版的著作《什么是社交媒体》（*What Is Social Media*）一书。作者认为，社交媒体即向用户提供巨大参与空间的新型在线媒体。它具有以下几个特征：参与、公开、交流、对话、社区化以及连通性。① 类似地，清华大学彭兰教授认为社会化媒体具有两个特征，一是生产与社交的结合，即社会关系与内容生产两者间是相互融合在一起的；二是社会化媒体平台上的主角是用户，而不是网站的运营者。而赵云泽等认为，"社会化媒体"是一个比较含糊和不准确的概念，"社交媒体"这一概念更能揭示新媒体的本质属性和Web 2.0时代社交服务应用的内涵。西方对于"Social Media"这一概念的使用比较宽泛，从其在中文语境下对应的新媒体形态发展来看，"博客""百度百科""论坛""微博""微信"等都属于"Social Media"，而社交网络和社交网站多强调的是基于互联网可提供服务的媒体，更强调互动关系。但随着移动互联网的发展，社交媒体越来越脱离"网站"（Sites）的概念。②

（2）社交媒体与社会化媒体

目前，学术界尚未对"社交媒体"和"社会化媒体"等概念的界定达成一个统一的共识。本书认为，社交媒体即对基于社会化关系的、旨在获取和分享信息的信息通信平台或服务的总称。其所指至少有两类应用，一是由基于Web服务性功能的SNS，涵盖了当前国内外主流的社交类服务应用，包括使用率较高的Facebook、YouTube、Instagram、Pinterest、Snapchat、Twitter、WhatsApp等主流应用。另一类是以微信、QQ、微博、知乎、豆瓣网、天涯、领英等使用最为广泛的应用为代表的平台

---

① Antony Mayfield, *What Is Social Media*, Icrossing Ebook Publish, 2008.
② 赵云泽、张竞文、谢文静、俞炬昇：《"社会化媒体"还是"社交媒体"？——一组至关重要的概念的翻译和辨析》，《新闻记者》2015年第6期。

或服务。

自 1994 年"曙光 BBS 论坛"设立伊始，中国社交媒体的发展经历了论坛、点评网站和博客、即时通信工具、问答社区等多种形式交替出现、并存发展的过程。随着移动互联网的发展和智能终端的普及，社交媒体逐步进入移动社交媒体阶段。在这一阶段，社交媒体成为互联网"连接一切"最具代表性的载体。

详细辨析以上概念并非本书所关注的重点，但从以上观点中不难看出，"社交媒体"的所指要比"社会化媒体""社交网络""社交网站"更宽泛，其涵盖面更广，包容性也更强。因此笔者在本书所使用的"社交媒体"这一概念在广义上涵盖"社交网络"。

2. 社交媒体隐私

（1）社交媒体隐私

社交媒体隐私，即由用户在社交媒体平台的注册信息、行为信息等共同组成的较为私密和敏感的信息。有关社交媒体隐私的研究主要集中在隐私保护的范围和认知、社交媒体服务商的隐私保护设置、国家的法律监管和行业自律政策以及隐私攻击和防护等方面。[1] 在国内外有关社交媒体的研究中，用户数量庞大、使用场景多元、功能和服务丰富的超级社交媒体受到研究者的广泛关注，国外学界主要关注 Facebook、Twitter 等平台的数据和隐私保护问题，国内学界相关研究则集中在微信、微博等社交媒体应用的隐私保护条款、数据共享政策等方面。

自社交媒体流行以来，社交媒体中的各种服务已经迅速成为社会互动、个人身份识别和网络建设的基本工具，社交媒体已经成为人们的"媒介器官"。然而技术的普及往往会导致意想不到的后果，例如对隐私的威胁和网络中公私领域关系的异化。[2] 社交媒体中的隐私问题包括：有意无意地非法披露个人信息，网民在网络中的行为受到非法干涉、干扰，网民在社交媒体空间中受到不必要的侵入和侵扰以及第三方擅自使用个人数据或由于反馈功能所带来的类似监视的情况。

---

[1] 王树义、朱娜：《移动社交媒体用户隐私保护对策研究》，《情报理论与实践》2013 年第 7 期。

[2] Debatin B., Lovejoy J. P., Ann – Kathrin Horn, et al., "Facebook and Online Privacy: Attitudes, Behaviors, and Unintended Consequences", *Journal of Computer – Mediated Communication*, Vol. 15, No. 1, 2009.

(2) 社交媒体中的隐私泄露

就社交媒体隐私泄露的途径而言，主要可以分为两个方面。一是社交媒体服务提供商的存储、使用和保护不当等引起的隐私泄露。首先，社交媒体服务商，尤其是一些社交媒体巨头公司，它们掌握了大量的用户注册信息和用户行为数据。在对这些信息资源进行商业利用的同时，精准营销、终端信息流推送等行为给用户造成了极大的困扰和侵害。其次，由于平台的管理不力和保护不当，用户存储在社交媒体平台上的个人信息面临被黑客攻击或第三方非法使用的风险；二是用户自身披露造成隐私泄露。首先，在开放或半开放的社交媒体环境下，微博、微信朋友圈、QQ空间等渠道的分享和互动信息，社交媒体中的购买及支付信息，用户的搜索、出行、消费等线上活动信息等个人数据极易被平台不当使用，也可能被第三方非法获取。其次，在用户风险意识比较淡薄的情况下，出于享受便捷服务和获得相应权限的需求，人们往往会授权各种各样的第三方应用获取自己的社交账号等个人信息，其隐私泄露的可能性也进一步加大。

(3) 社交媒体隐私保护

就社交媒体隐私保护的举措来看，主要可以分为三个方面。一是出台相应的法律法规，完善我国个人信息保护的法律体系。当前，我国对个人信息保护的相关规定散见于宪法、刑法以及民法等多部法律法规中，其中，《个人信息保护法》对涉及个人信息处理和利用的情境作出了明确规定。但就其与隐私权的关系来说，仍存在模糊之处，及时出台相关司法解释并根据实践修订《个人信息保护法》仍然十分必要。二是加强对社交媒体的政府监管与行业自律，社交媒体服务提供商除了要接受政府的监管，还需要建立完善的自律体系，积极承担起用户数据和个人信息保护的责任与义务。三是加强社交媒体用户自身的媒介素养和法律素养，用户在享受媒介技术带来的便利性的同时，还需要不断学习相关知识，增强自身隐私保护意识、提高个人信息保护能力，当个人信息被侵害后，要积极拿起法律武器维护自身的合法权益。

(二) 社交媒体隐私权的内涵

1. 个人信息保密权

个人信息保密权，指自然人的个人信息不应在社交媒体中被非法披露的权利。保密权（Right to be confidential），是指个人信息本人得以请求个人信息管理、控制等保持个人信息不被第三方知晓的权利。从立法来看，对保密权的实现，一般是从个人信息相对人的保密义务角度进行规范，包括确立安全障碍原则和设置各种具体的安全保障规则。比如，日本法律有规定：个人信息输入电子计算机，从操作、准备到磁带的保管等各个阶段，各行政机关应当预先采取确保不发生个人信息泄露、丢失、破损、删改等安全措施，以保证个人信息的内容与事实本身一致。① 个人信息保密权主要针对某一特定主体而言，而在不同主体之间，信息权利有时可能发生冲突，比如，非婚生子女的个人信息知情权与亲生父母的请求保密权在不同主体间可能发生冲突，这时就要协调、平衡这两种权利，要考虑到个人利益、他人利益与公共秩序。

在我国，法学学者认为，信息权利是以满足一定条件的信息作为权利客体的法律权利类型，它是由多个子权利构成的法律权利束。子权利包括：信息财产权、知情权、信息隐私权、信息传播自由权、信息环境权和信息安全权等。② 诚然如此，个人信息权就包含着多种"权利束"。个人信息权的内容包括个人信息本人基于个人信息利益而享有的对自己的个人信息的自决权、查权（查询权）、选择权（反对权）、保密权、更正权、封锁权、删除权、收益权及获得救济权等。其中，个人信息自决权是基础性权利，是其他各项权利的基础；查权、选择权、保密权、更正权、封锁权、删除权是重要的实体性权利。

行使保密权的时间应当从个人信息开始收集时计算，而且贯穿于个人信息流转的所有环节，甚至包括个人信息流转的嗣后。相应地，个人信息收集、处理、传输与利用者负有保密义务的时间也贯穿于个人信息流转相关环节的始终甚至嗣后。比如，西班牙《个人数据保护基本法》规定：信息控制者和参与个人信息处理（广义）任何阶段的人应当受到与该种信息有关的职业保密义务和保管信息义务的约束，这些义务甚至在信息档案所有者的关系结束后，或者在对个人信息保密负责人可适用的其他情形下仍然继续。③ 这是由信息包括个人信息的特殊性质所决定的，即信息具有可复制性，个人信息一旦被泄露则造成的损害很难阻止，造成的影响很难消

---

① 参见日本《关于行政机关拥有的经电子计算机处理的个人情报保护法》（1988 年）之第 5 条。
② 李晓辉：《信息权利研究》，知识产权出版社 2006 年版，第 32—33 页。
③ Spanish, *Organic Law on the Protection of Personal Data*, Article 10.

除。因而，为确保本人的身份信息不被泄露，信息处理者应当尽快将本人的姓名、住址等与个人信息的具体内容分离，此方式在为统计目的而收集、处理、传输与利用个人信息的情形中较为常见。

一些研究发现，社交网络中用户不断地管理感知个人信息隐私风险与预期收益之间的紧张关系（Ibrahim，2008；Tufekci，2008；Tyma，2007）。网络中最重要的好处可能就是埃里森（Nicole B. Ellison）、斯坦因（Charles Steinfield）和兰佩（Cliff Lampe）（2007）所说的"创造和维护人际关系和友谊所带来的社会资本"，这个社会资本的创立和保存系统地建立在对几乎无限受众的私人信息的自愿披露之上。易卜拉欣（Ibrahim，2008）也认为，在线网络是"交易和交换的个人信息资本"。因此，社交网站用户比不是社交网站成员的个人（Fogel & Nehmad，2008）显示出更高的风险承受能力。

以 2006 年 9 月 Facebook 推出的"新闻 Feed"为例，它跟踪和显示了属于用户好友的状态和活动，如上传图片、添加新的好友、好友评论列表等信息。虽然没有一个单独的动作是私人的，但显示所有朋友的动态使得 Facebook 用户们感到愤怒，因为他们感到自己被暴露、用户自身控制信息的权利也被剥夺（Boyd，2008）。随后，Facebook 引入了隐私控制，允许用户确定新闻提要和向谁显示内容。"限制个人资料仅由朋友观看的能力"成为了 Facebook 最受欢迎的隐私功能。

2. 网民网络行为安宁权

网民网络行为安宁权，指网民在网络空间中的行为不受非法干涉和干扰的权利。在我国，关于安宁权的论述主要是生活安宁权，在此基础上我们试图将生活安宁权的内涵扩展到网络中。

2007 年，Facebook 的广告平台出了严重的问题。为了利用社会信任和人们的消费习惯进行商业推广和营销，Facebook 利用"Beacon"在线广告系统对包括用户在线购物行为在内的行为数据进行了追踪，并将收集到的信息显示给平台中的好友。这导致了 Facebook 用户的强烈抗议，有人在线上建立了一个名为"Facebook，请停止侵犯我的隐私权"的专栏，其在两个星期内的签名者超过了 7 万。这迫使 Facebook 不得不通过引入"允许用户选择停用显示"功能的方式来平息这次危机。但是 Beacon 依然持续收集第三方网站上的用户活动数据，并将其传播给 Facebook 用户的好友们

(Perez, 2007)。① 虽然在表面上，Facebook 没有干涉和干扰用户的行为，但由于其向第三方透露用户行为数据，有可能会间接地影响用户的下一步消费和决策行为。

2002 年，我国《民法通则》在"人身权"的指称下所规定的人格权主要有生命健康权、姓名权、肖像权、名誉权、荣誉权和婚姻自主权，而理论研究的范畴则比较丰富，除了熟知的隐私权，还有生活安宁权、自由权、贞操权、信用权、身体权等。其中，生活安宁权是指自然人享有的完全按照自己的意志处理个人事务、个人领域等生活事物，维护个人空间不受他人不当干涉、侵扰的一项具体人格权益。② 它包括主体、客体和内容三个要素。

①主体：生活安宁权的主体是自然人。生活安宁权是基于个人与他人、个人与社会相互关系的处理而保持人的内心世界和外在空间安宁的权利，它的产生及价值在于为个体自由设定独立、完整的私域范围和生活状态，但法人无精神活动可言，无法享有生活安宁权。

②客体：生活安宁权的客体包括权利主体的个人事务和个人领域，以及个人领域外与公共利益无关或无害的其他方面。个人事务，指一切个人的日常生活、社会交往；而个人居所、用品、通信等均为个人领域；另外还包括个人领域以外的与正式群体或非正式群体等进行的，与公共利益无关或无害的其他活动。

这些都属于权利人生活安宁所需的利益和秩序，他人介入会引发权利人不安，造成对权利人安宁利益的侵犯。从生活安宁权的客体来看，似乎和隐私权存在较大的相似性，甚至很多学者认为生活安宁权是隐私权的一个组成部分。但是仔细探究生活安宁权和隐私权的内容，其实并非隐私权包容生活安宁权，或生活安宁权包容隐私权，它们之间是存在明显界限的。正如王利明所说的，个人生活安宁权为"权利主体能够按照自己的意志从事或不从事某种与社会公共利益无关或无害的活动，不受他人的干涉、破坏或支配"，而"隐私权，是自然人就自己的私事、个人信息等个

---

① Debatin B., Lovejoy J. P., Horn A. K., et al., "Facebook and online privacy: Attitudes, behaviors, and unintended consequences", *Journal of Computer - Mediated Communication*, Vol. 15, No. 1, 2009, pp. 83 - 108.

② 饶冠俊、金碧华：《生活安宁权保护的现实困境及解决思路》，《行政与法》2010 年第 1 期。

人生活领域内的事情不为人知悉、禁止他人干涉的权利"。①

从上述概念可以看出：生活安宁权指的是"与社会公共利益无关或无害的活动"，远比隐私权的"就自己的私事、个人信息等个人生活领域内的事情"内涵丰富，外延更宽。生活安宁权主要强调的是私人领域的骚扰性介入，不为权利人欢迎的非法介入，侵害的是权利人的安宁利益。正如最高人民法院中国应用法学研究所在编辑一个电话骚扰安宁生活的案例时所强调的："这种情形应属公民享有的正常生活不受非法骚扰的权利的情形。这种权利是公民在日常生活中享有安宁生活的权利，它要求不特定人不得以任何手段、形式来破坏其安宁生活的环境、秩序甚至于已有习惯。"② 简言之，虽然侵权的客体是私人的生活，看似归于隐私权，但判例突出强调这是受法律保护的公民安宁生活不受非法侵扰的权利，与隐私权的以"秘密"为要件有所不同。因此，区分生活安宁权和隐私权的界限，将两者的保护制度配套运行，对公民的人格利益可以起到更好的保护和救济作用。立法应从更高的层面和更宽的视角重新审视对生活安宁权的保护，并将生活安宁权作为一项独立的具体人格权来维护。③

王利明教授认为，生活安宁权主要包括排除对私人正常生活的骚扰、禁止非法侵入私人空间和对个人自主决定妨碍三方面的内容。具体到网民网络活动中，侵权行为主要表现为：①恶意骚扰；②网络谣言；③人肉搜索；④网民网络空间安全权。其中，网民网络空间安全权，指网民在网络空间中的各项权益不受非法侵入和侵扰的权利。

在我国法律中，"非法侵入住宅罪"作为罪名已达成共识。围绕这一罪名，专家、学者在论著中有不同的表述，主要有以下几种：一是，非法侵入住宅罪是指非法强行闯入他人住宅，或者经要求其退出仍拒绝退出，影响他人正常生活与居住安全的行为。③ 二是，非法侵入住宅是指未经住宅主人同意或司法机关批准非法闯入他人住宅，经住宅主人要求而不退出的行为。三是，非法侵入住宅罪是指非法强行闯入他人住宅，或者经要求

---

① 王利明、杨立新、姚辉主编：《人格权法》，法律出版社1997年版。
② 最高人民法院中国应用法学研究所编：《人民法院案例选1999年第二辑》（总第28辑），时事出版社1999年版。
③ 苏惠渔：《刑法学》，中国政法大学出版社1997年版，第611页。

其退出仍拒绝退出,影响他人正常生活和居住安宁的行为。① 四是,非法侵入住宅罪是指非法闯入他人住宅或者经要求退出仍无故拒不退出的行为。② 五是,非法侵入住宅罪是指非法闯入他人住宅或者经要求其退出仍拒不退出的行为。六是,非法侵入住宅罪是指未经住宅主人同意,非法强行闯入他人住宅,或者经要求其退出而拒绝退出,影响他人正常生活的行为。

上述六个定义基本都表述了非法侵入住宅罪的情况,都表明是非法闯入他人住宅或经要求退出仍拒绝退出的行为。在传播学领域我们不讨论其区别,然而,每一定义中都包含居住安全或居住安宁字样。可以确定在网络空间中,对于非法侵入或侵扰的界定也应从是否影响到用户的上网安全和网络安宁。

有学者拿青少年的卧室空间比喻社交网络空间。相比于现实社会的空间,我们所处的社交媒体空间更加复杂、彼此重叠。不仅如此,作为概念化的公共空间,社交媒体可能会承载更多的用户人群、信息类别和行为动作。③

把青少年的卧室当作了解在线空间的手段始于20世纪90年代——个人主页的时代。钱德勒和罗伯茨-永(Chandler and Roberts - Young, 1998)和沃克(Walker, 2000)曾说,尽管这些个人主页是公开访问的,但它们是以个人为中心并由其控制的。研究发现,每个人在互联网中的兴趣、品位和交友在现实生活中具有明显的相似之处。

霍金森和林肯(Hodkinson and Lincoln, 2008)通过研究 LiveJournal 用户使用在线论坛讨论的经验发现,用户拥有的网络空间相当于更大范围的自由、安全和无拘束的自我表达。一位受访者曾表示,"我的 LiveJournal 是我的空间,我拥有它,因为 LiveJournal 是安全的空间"。2014年,林肯和罗巴兹(Lincoln, Robards)指出,社交平台有时更适合与更广泛的人沟通,更适合维持一种"弱关系",像是客厅一般的存在,而不像卧室那样,只有亲密的人才可以出入。与卧室类比,另一个不同是,减少定制化的个

---

① 张明楷:《刑法学》(下),法律出版社1997年版,第725页。
② 赵秉志:《新刑法教程》,中国人民大学出版社1997年版,第610页。
③ Hodkinson P., "Bedrooms and beyond: Youth, identity and privacy on social network sites", *New Media & Society*, Vol. 19, No. 2, 2017, pp. 272-288.

人信息有利于用户黏性的提高，Twitter、Facebook 以及 SnapChat 等平台的发展，表明在社交媒介平台中更加强调短暂的日常互动形式可能会更有效（Velez，2014）。

进入大数据时代，商业平台和数据机构会拥有更巨大的权利。海量的数据储存、机器学习以及不断发展的数据挖掘技术，大大提高了个人信息泄露的风险。平台注册信息泄露、网络活动轨迹被监测、网络社区中的聊天内容被审查等都成为经常发生的现象。相对于传统的个人隐私而言，社交网络时代的方方面面都有可能面临被侵扰的威胁。

3. 网民个人信息自主权

网民的个人信息自主权一般被认为是人格权在个人信息领域具体化的权利，指的是网民在社交网络中过问和处理其个人数据的权利，包括个人信息收集的知情权、个人信息收集的选择权、个人信息的控制权、个人信息安全的请求权和个人信息使用的限制权。

4. 社交媒体隐私权

隐私权由人们的现实生活延展到虚拟的社交网络，其内涵逐渐丰富、内容交叉重叠且互有关联。但当前，学界对社交媒体隐私权的界定尚不明晰，由于媒介平台迭代的速度很快，相关法律法规的界定和规范往往难以跟上这种变化，使得对社交媒体隐私的保护从相关规则的建立到媒介平台的应用都存在一定的真空地带。

笔者认为，在社交媒体中，社交关系及其产生的行为数据都属于个人社交媒体隐私的内容。具体而言，社交媒体隐私包含三个部分：一是社交媒体及其关联的账号和身份信息；二是社交关系信息；三是用户在平台中的活动轨迹信息。相应地，社交媒体隐私权指的是用户在社交媒体中的账号等身份信息、社交关系信息、活动轨迹信息不受侵扰、未经许可不得被擅自获取和使用的权利。

第二节　社交媒体中的隐私侵权

一　社交媒体中的隐私侵权分析

（一）社交媒体隐私侵权概述

社交媒体正在成为隐私泄露的"重灾区"。根据 360 公司发布的

《2018年中国互联网安全报告》，2018年全年，360互联网安全中心共截获移动端新增恶意程序样本约434.2万个，平均每天新增约1.2万个，在新增恶意程序中，有33.7%的应用为隐私窃取类型。① DCCI互联网数据研究中心发布的《网络隐私安全及网络欺诈行为研究分析报告（2018年上半年）》显示，目前几乎所有手机应用都在获取用户隐私信息，其中非法使用摄像头和话筒成为隐私泄露的重灾区。研究团队选取869个Android手机App和275个IOS手机App进行了隐私权限分析，发现几乎所有的安卓手机App都在获取用户隐私权限。社交媒体软件平台获取用户隐私信息几乎成为当下行业的通行做法。

社交媒体是一个开放共享的平台。任何拥有上网设备和条件的人都能够成为社交平台的用户，即能够在社交网站上发表动态、进行评论、点赞和转发等行为。社交媒体的开放性使其拥有大量的用户，这些用户在互联网上的动态信息在保存方面具有永久性的特征。而平台的开放又使得这些被保存的信息能够被其他用户所共享，因而用户可以通过相关技术手段追踪、记录和分析其他用户的个人身份信息和活动轨迹信息。与此同时，社交媒体是一个由个人空间与公共空间叠加而成的复杂系统。个人空间和公共空间之间的隐私边界并未明确，用户、平台及第三方机构都处在一个相对模糊的地带。在这种情况下，个人隐私暴露在社交网络空间的风险不断加大。

（二）社交媒体用户媒介素养

社交媒体用户媒介素养也是影响用户社交媒体隐私的重要因素。媒介素养是指对媒介的认识能力、批判能力和使用能力，其核心问题则是"在信息时代的大背景下，在媒介所建构的媒介环境中，努力把人培养成具有主体意识的人，能够了解媒介、掌握媒介和使用媒介，帮助人们成为主动的生产者，从而更有效地传递他们所思、所想，更好地为人的发展服务，把人塑造为自我思考、自我选择、自我行动的社会主体"②。

媒介素养与隐私安全有重要联系。媒介素养要求用户能够在社交媒体中正确地传播信息和表达自己及安全地参与传播。具体表现为要求用户做

---

① 360网络安全中心：《2018年中国互联网安全报告》，2019年4月1日，http://zt.360.cn/1101061855.php?dtid=1101062370&did=610142397，2019年5月7日。

② 李军林：《信息时代的媒介素养》，湖南人民出版社2010年版。

到两点：

1. 不侵害他人的网络隐私权。在社交网络环境下，用户不能随意公开他人的隐私信息，不侵扰他人的网络活动，不侵入他人的网络空间及不非法收集和利用他人的隐私信息。

2. 保护好自己的隐私。用户应该正确利用社交媒体，正确使用个人隐私保护技术，通过自我控制、自我选择和自我防卫等模式实现自我保护。自我控制是指依靠技术手段加强隐私控制，如有效运用匿名注册和浏览，对 Cookie 记录的删除和禁用以及应用技术软件等；自我选择是指主动了解经营者的隐私保护政策，保护信息收集和利用方式、目的、主体和范围等；自我防卫是指运用法律武器保护自身合法权益。

而就目前的情况来看，用户普遍缺乏隐私意识，在社交网络空间中更是如此。"大多数互联网用户对隐私问题是真关注、假在意、不行动。具体而言，关注度很高，一个新闻热点事件过来以后，用户都觉得是个事儿，都觉得很严重，但采取实际行动的人比例很低。比如说手机 App 的隐私权限，70%、80% 权限关掉以后，并不影响 App 使用，但很多用户根本不去管。"[①]

（三）社交媒体隐私侵权分析

网络隐私权是广义隐私权的一部分，是隐私权发展到网络时代的产物，而社交媒体中的隐私权则属于网络隐私权的一部分，是社交媒体环境下的网络隐私权。社交媒体隐私侵权又涉及侵权主体、构成要件、抗辩事由、法律责任及救济途径等问题。

1. 社交媒体隐私侵权的主体

通常情况下，根据侵权行为，社交媒体上的隐私侵权主体可以划分为披露他人隐私信息的侵权主体、侵扰他人网络活动的侵权主体以及侵入他人网络空间的侵权主体三类，但这三类中包含的具体侵权主体并非彼此独立，而是有重叠的部分。因此根据侵权行为的主体划分，我们可将社交媒体隐私侵权主体分为社交媒体用户、社交平台、第三方应用平台、其他组织和机构等。

---

① 央广网：《网络隐私安全及网络欺诈行为研究分析报告（2018年上半年）》，2018年8月3日，https://baijiahao.baidu.com/s?id=1607770504846583577&wfr=spider&for=pc，2019年4月13日。

(1) 社交媒体用户

随着社交媒体的普及化，其用户正在扩展到各个年龄和身份阶层，尤其对于一些老年人和未成年人来说，包括隐私风险在内的各种媒介风险给媒介的用户体验带来了不良影响，也给用户自身的信息安全带来了潜在危害。以微博为例，通过检索、搜集甚至贩卖他人社交媒体信息达到自身目的的案例时有发生。在微信中，利用"好友"身份进行营销、诈骗的行为也有很多。特别是直播兴起以后，少数平台更是成为用户"隐私裸奔"的窗口。

(2) 社交媒体平台

除了社交媒体用户，社交媒体平台自身也可能因为利益等原因成为社交媒体隐私侵权主体。尽管社交媒体平台通常都会制定相关的"隐私政策""隐私声明"来保障社交媒体用户的利益，但从目前看，仍未能取得较好的效果。多数社交媒体平台的隐私声明非但没有起到保护用户隐私的作用，反而成为平台自身免责的空头支票。部分平台只对自身权利进行了说明，而对其义务却避而不谈。另一方面，平台在未经用户知情同意的前提下，获取和分析用户的注册信息、行为信息以及轨迹信息等数据，并基于此进行精准营销和广告投放，这在某种程度上也是对用户个人合法权益的侵扰。

(3) 第三方平台

第三方平台是指独立于数据拥有者和数据使用者的可信服务提供方，如电子商务平台可以为交易双方提供网上交易、洽谈服务等。在使用服务过程中，用户需要将注册信息、上传数据、交易数据等存放在第三方平台，以方便他人授权访问。[①] 随着移动互联网与社交媒体的发展，越来越多的第三方应用服务依赖于用户数据的收集与行为分析。例如，Facebook 的好友发现与推荐服务，微信朋友圈的定制广告等。传统意义上，用户对于将个人属性、行为、习惯等数据透漏给第三方应用持谨慎的态度，大多数用户并不愿意将个人行为数据公开给第三方应用。但是，为了得到更加个性化、精准化的服务，越来越多的用户允许第三方应用收集个人行为数据，这样一来，用户的隐私安全就受到了威胁。而且，在社交平台的隐私

---

① 姜文广、孙宇清：《面向第三方服务平台的隐私保护》，《兰州大学学报》（自然科学版）2012年第4期。

声明对第三方平台不具有约束力的背景下，用户隐私信息安全得不到保障的同时，维权亦变得非常困难。

（4）政府机构

一般来说，在必要条件上，社交网站需要主动将用户信息提供给政府部门。但政府部门在执行相关工作时，可能在没有具体法律规定的情况下，违背用户个人意愿，强制性地获取用户的个人信息。一些政府部门以信息安全为由，加大对用户社交媒体审查的范围和力度，同样给个人隐私泄露带来了风险。例如，美国国务院以加强安全为由，于2019年5月开始，要求绝大部分美国签证申请者提供个人社交媒体账号信息供其审查。

（5）媒体机构

此外，除了政府机构，在网络新闻聚合平台、直播、短视频以及个人自媒体迅速发展的今天，媒体机构也容易成为隐私侵权的主体。例如，媒体机构在进行相关新闻报道时，容易忽视隐私边界，挖掘当事人的隐私信息作为新闻"爆点"，侵犯当事人的隐私。具体而言，侵权行为的责任主体一般有两个：新闻信息采编人员以及新闻信息发布平台。

2. 社交媒体隐私侵权的构成要件

（1）违法行为

在社交媒体隐私侵权中，社交媒体隐私侵权行为的行为人利用网络活动侵害他人隐私权的违法行为，是其承担侵权责任的前提条件。侵害他人隐私权的行为包括作为和不作为两种类型，主要有以下几种表现形式：a. 擅自在社交网络上宣扬、公开他人隐私的行为。如未经信息所有人同意，将其个人信息等隐私在网络上公布、公开的行为就是典型的侵权行为。b. 非法收集、获取他人隐私的行为。如"黑客"侵入私人社交网络空间，复制获取他人隐私资料的行为；网络服务提供者在未经网络用户同意或未告知网络用户的情况下非法收集保存个人资料的行为。c. 非法利用或转让他人隐私的行为。如将他人隐私出售的行为及网络服务提供者泄露或出售用户隐私的行为等。d. 偷窥、监看、篡改或删除他人社交媒体信息或其他隐私的行为。e. 监视或记录他人的网络隐私生活。f. 知道网络用户利用自己提供的服务侵犯他人隐私权不采取必要措施制止的不作为行为。①

只要符合以上违法情形中的任何一项即为违法。值得注意的是，如果

---

① 林子瀚：《浅析网络隐私侵权责任的构成要件》，《经济研究导刊》2010年第26期。

行为人的行为并不违法,即使触及他人的用户隐私,也不需要承担责任。例如,政府机构在执行任务时,在必要条件下可查看用户的隐私。这种行为虽然触犯了用户的网络隐私,但是在法律所允许的条件下,不具有违法性,因而也不能认定其侵犯了用户的社交媒体隐私。

（2）损害事实

损害是指因一定行为或事件使某人受侵权法保护的权利和利益遭受某种不利影响的一种事实状态,包括人身伤害、财产损害及精神损害等形式。在传统隐私侵害中,隐私侵权行为主要造成的是精神损害,给当事人及其亲属带来巨大的精神痛苦。而在社交媒体中,人身伤害、财产损害和精神损害均可能发生。随着移动支付技术的发展,用户的社交媒体账号多与其银行卡等支付信息绑定,用户的隐私信息一旦泄露,财产安全也面临着威胁。这种损害事实的复合性是社交媒体隐私侵权与传统隐私侵权相比的一个显著特点。

（3）因果关系

侵权行为中的因果关系,是指具有违法性的侵害行为与受害人受到的损害之间的因果联系。在判断因果关系时,通常采取的观点是相当因果关系说,即作为侵权行为要件的因果关系,只需具备某一事实,依据社会共同经验,足以导致与损害事实同样的结果。判断因果关系是否存在,不仅要经过事实上的因果关系判断,如行为人窃取个人信息的行为与受害人隐私权受到损害的事实之间存在条件关系,还要经过法律上的因果关系判断,即要求侵害行为与损害后果存在充分性。一般来说,要判断社交媒体隐私侵权行为是否成立,取决于以下三个条件:一是隐私侵权行为是否发生在损害事实之前;二是隐私侵权所造成的伤害必须客观存在;三是隐私侵权行为必须是损害事实的必要条件。

在社交媒体环境中,这种因果关系表现出一种复杂性,可以分为不作为因果关系和作为因果关系。

其一,不作为因果关系是指不作为行为与损害后果之间的因果关系。主要表现在行为人没有积极地阻止事物向坏的方面发展,也就是这种不作为的行为引发了损害后果。例如在社交媒体中,对具有存储大量个人数据的国家机关和网络服务商来说,他们具有完善信息系统、不造成数据隐私泄露的义务,如果社交媒体平台不履行保障数据安全的积极义务,那么其不作为的侵害行为和损害后果之间就具有因果关系。

其二，作为因果关系。在大数据背景下，信息获取的方式与以往不同，信息抓取一般可以以间接或整合等方式，因此具有隐蔽性，很少被用户察觉。相对于传统隐私权侵权来说，社交媒体隐私权的侵害行为与损害后果的因果关系的判断更加复杂。在社交媒体环境中，很多侵权事件都是由大量并且分布广泛的主体参与的，在这种情况下，我们可以根据原因力理论，即在引起同一损害后果的多种原因中，每个原因行为对于该损害结果引发或扩大所产生的影响，来衡量侵权行为中的各个原因力，判断这些行为是否具有因果关系。①

(4) 主观过错

过错一般分为过失与故意两种基本类型。隐私行为人的侵权过错，主要是以故意的形式，即侵害人应当预见侵害隐私权的后果却希望或放任这种结果的发生。主观动机恶劣，故意侵害他人的隐私权；不听劝告，公然违反法律规定侵害他人隐私权的，应当承担更为严厉的民事责任。比如在网络中售卖他人个人信息。

二　社交媒体隐私侵害频发的原因探析

(一)"隐私悖论"现象下的畸形网络安全意识

"隐私悖论"这一概念由苏珊·巴恩斯（Susan B. Barnes）于 2006 年提出，她通过对大学生用户 Facebook 使用情况的调查，发现社交网络用户在隐私关注态度和隐私保护行为上存在不一致现象。该研究发现，社交网络用户尽管表示担忧隐私问题，但在他们的实际使用过程中，却并不会因为这种担忧而影响到其披露个人信息的行为（Barnes，2006）。互联网技术的发展和智能移动终端的普及使现代生活进入移动社交时代。社交媒体已经成为人们即时沟通的主要工具，信息的生产和传播主体也由他者转变为社交媒体用户本人。同时，由于社交媒体的低门槛和零过滤机制，传播者自身出现了许多失范行为。在此背景下，隐私安全问题主要体现为隐私披露与隐私保护之间的矛盾。一般来说，隐私担忧心理与自我披露行为呈负相关关系，即隐私担忧越多，自我披露行为越少。现实中，情况却恰恰相反，如有研究者通过对 4000 多名大学生的 Facebook 使用行为进行分析，发现只有极低比例的用户更改了关于隐私的默认许可选项，绝大部分的大

---

① 杜文钰：《大数据时代隐私权侵权构成要件的特殊性》，《商界论坛》2016 年第 1 期。

学生都将个人信息曝光在网络上（Gross R. & Acquisti A.，2005）。类似地，笔者通过对大学生微信使用情况的考察，也发现用户对微信中隐私泄露的担忧程度较高，与此同时，他们在微信朋友圈中披露隐私信息的程度依然较高（徐敬宏、侯伟鹏等，2018）。也有研究者通过对"隐私悖论"英文文献进行梳理发现，人们选择在网络上披露个人信息的原因主要分为信息和娱乐需求的满足、人际关系的维持、社会资本的报偿和在线印象的管理（李兵、展江，2017）。由此看来，在社交媒体中，网民的网络隐私安全感知度不高，即使认识到了隐私威胁，人们还是出于种种目的在网络上源源不断地"供应"个人信息。这很大程度上折射出网民的一种畸形的隐私保护意识——忧虑和关心多于实际保护行为。

（二）技术升级使个人信息保护捉襟见肘

美国学者尼尔·波兹曼（Neil Postman）认为，任何媒介技术都有内在的负面倾向，会在潜移默化间影响人们的日常生活。[①] 大数据背景下，用户的每一个网络行为，都会留下相应的数字痕迹。学者库普斯（Koops）将这些数字痕迹分为两类：一种是数字脚印（Digital footprint），即由使用者本人建立的数据；另一种是数字影子（Digital shadows），即由其他人建立的关于使用者本人的数据（Koops，2011）。大数据技术使个人信息数据不再隐形，不论是个人建立的数据还是他人存储的数据，都暴露在网络空间中。大数据、物联网等数字网络技术的不断升级更新，使获取信息变得更加容易。首先，社交媒体媒介的共享、娱乐的内在特性，诱发用户更广泛地"自我披露"隐私信息，社交媒体技术极大地满足了用户的信息分享诉求，人们毫无保留地在网络上表露自我；其次，智能、专业的信息挖掘技术让隐私信息无处藏身，黑客、不法组织获得了可乘之机；最后，公开的数字化信息检索技术（如搜索引擎）让个人信息获取、映证、重组等都成为可能。在"人肉搜索""电话轰炸"成为网络社会公器的今天，个人信息逐步变得透明化。

（三）数字化记忆与"被遗忘权"的矛盾

一般而言，一旦网络用户将个人信息分享到互联网上，信息痕迹就会永久存储在云端，理论上，任何人都能够通过搜索引擎、数据抓取等渠道

[①] ［美］Neil Postman：《技术垄断：文明向技术投降》，蔡金栋、梁薇译，机械工业出版社2013年版。

随时查询到相关信息。在这种个人信息逐渐成为"数字化记忆"底层逻辑的背后,往往隐藏着一系列隐私危机。针对网络数字化记忆可能带来的隐患,数据科学家维克托·迈尔－舍恩伯格 2009 年曾呼吁进行一场"互联网遗忘"运动,将有意义的信息保留,无意义的信息进行删除,并对信息的时限进行规范。① 这与"被遗忘权"一词的内涵遥相呼应,"被遗忘权"(Right to be forgotten)指的是数据主体有权要求数据控制者删除有关个人数据的权利。它要求尊重人们的隐私保护诉求,数据主体有权要求网站将可能会令人尴尬的内容链接从搜索结果中移除。

被遗忘权的提出,意味着人们开始与互联网的永久性记忆功能做斗争,努力让主体拥有对自我数据的处置权利,让遗忘成为一种常态。欧盟委员会从 2012 年开始建议制定关于"网上被遗忘权利"的法律,提议涵盖要求搜索引擎修改检索结果等一系列内容。无独有偶,美国加州 2013 年签署的一道"橡皮擦"法令,要求脸书、推特等社交媒体巨头允许未成年人擦掉自己的上网痕迹,避免他们因为网络防范意识不足而在以后面临私人的或与工作相关的问题(孙保莹、唐晶晶,2017)。虽然被遗忘权在学界、业界被广泛讨论,提倡数字化信息不受侵犯,但由于数字化记忆的公开性、易获取性和集中化等特点,个人隐私处在不断地被收集、存储、处理和流通的环节中,"忘记"愈显弥足珍贵。当零碎的海量数据经过专业的数据挖掘和数据分析呈现后,它们便成为重要的信息资源,商业利益与个人隐私保护就显得矛盾重重(周丽娜,2015)。

(四)网络隐私权保护的法律依据有待完善

虽然我国《民法典》已对隐私权和个人信息保护作了明确规定,且针对性的《个人信息保护法》已经出台。但从实践来看,《个人信息保护法》确立的个人信息处理和利用与隐私权基于人格权的保护目的存在冲突之处。且《民法典》对个人信息和隐私客体的界定存在交叉和模糊地带,使得相关法律适用存在难题。由于现行《个人信息保护法》无法有效解决隐私权保护的法律适用问题,仍需进一步区分《民法典》中对二者的定义,进而明晰二者的边界与适用范围。另外,《民法典》对隐私权保护的具体情形尚待明确和细化。

---

① [英]维克托·迈尔－舍恩伯格:《删除:大数据取舍之道》,袁杰译,浙江人民出版社 2013 年版,第 108 页。

（五）我国互联网行业自律机制不完善

目前来看，我国网络隐私权的行业自律依然存在一些共通性的问题：多数网站首页的显著位置无隐私声明；网站的隐私声明形同虚设；隐私声明保护的是网站而非网民（徐敬宏，2009）。虽然门户网站都会明确提出不会利用用户的隐私进行非法交易，并采取了一系列的用户隐私信息保护措施，但仔细查看网站隐私保护声明，诸如隐私声明内容相对笼统、未明确规定具体保护措施、未明确网络隐私保护的具体内容、隐私保护声明大多自主制定而无用户参与等问题十分明显。同时，一些钓鱼网站的存在、利欲熏心的数据买卖团伙的作案，也使得互联网行业的网络隐私保护显得力不从心。比如2017年2月，名为"双旗"（Double Flag）的著名暗网供应商，在网络上抛售从数家中国互联网巨头盗取的个人信息，超过10亿条被盗账户的信息被公开叫卖，这些数据一般被用于企业精准广告投放、电话营销等方面。从2017年5月最高人民法院、最高人民检察院相继发布的侵犯公民个人信息犯罪典型案例来看，企业内部员工利用职务便利非法收集用户个人信息用以牟利的现象比较普遍。总体来说，一个规范全面的互联网隐私保护机制尚未形成，企业与政府之间、企业与企业之间、企业与用户之间尚未形成共同保护网络隐私的有效合力。

第二章

社交媒体中的隐私权研究：
基于文献研究的考察

第一节 研究背景与方法

一 研究背景

随着中国在互联网、大数据、人工智能等领域的不断发力，特别是在中国不断深化参与全球治理与贸易、互联网国际规则制定等的大背景下，管窥国际学术界，特别是英语学界在隐私研究领域的研究概况、研究前沿与热点，具有重要意义。

我们力图对有关隐私研究、社交媒体隐私研究的相关中英文期刊文献进行比较全面的梳理，同时重点关注近十年来隐私领域的研究主题演变，考察隐私议题的研究趋势与前沿热点。鉴于英语学界关于隐私研究的文献十分丰富，本书借助科学知识图谱 CiteSpace 来进行数据分析和可视化呈现。CiteSpace 是美国华裔学者陈超美基于 Java 语言开发的一款可视化软件。该软件可以基于对高被引文献、研究主题或关键词等知识领域一种循序渐进的可视化呈现，进而对某一领域或者研究主题的发展脉络、潜在动力机制以及发展前沿进行较为直观的探索。[①]

二 研究方法

（一）数据来源

首先，在第二节"英语学界百年隐私研究"部分，我们以 TS = "pri-

---

① Synnestvedt M. B., Chen C. and Holmes J. H., "Citespace ii: visualization and knowledge discovery in bibliographic databases", *Annual Symposium proceedings / AMIA Symposium*, 2005.

vacy" OR TS＝"personal information" OR TS＝"personal data"为检索式，在美国综合性在线文献数据库 Web of Science 中选取社会科学引文索引 "Social Sciences Citation Index"、艺术与人文科学引文索引 "Arts & Humanities Citation Index" 为检索来源，进一步对一般论文以及综述文章两种文献类型进行精简，得到文献13398篇。经过去重和筛选，共得到文献13361篇。数据库的检索时间为2018年2月22日。

其次，在第三节"社交媒体隐私研究"部分，我们以 TS＝"SNS" OR TS＝"social media" OR TS＝"social network" OR TS＝"Facebook" OR TS＝"Twitter" OR TS＝"Snapchat" OR TS＝"WhatsApp" OR TS＝"WeChat" OR TS＝"Weibo" AND TS＝"privacy" OR TS＝"personal data" OR TS＝"personal information" 为检索式，在美国综合性在线文献数据库 Web of Science 核心合集中选取社会科学引文索引 "Social Sciences Citation Index"、艺术与人文科学引文索引 "Arts & Humanities Citation Index" 为检索来源，进一步对一般论文以及综述文章两种文献类型进行精简，得到文献1016篇。经过 CiteSpace 的去重和筛选，共得到文献816篇。数据库的检索时间为2018年3月30日。

最后，在"中文学术界社交媒体隐私"研究部分，我们在 CNKI 数据库中，以"期刊"为检索来源，以"核心期刊"和"CSSCI"期刊为来源类别。为了尽可能全面地选取社交媒体隐私研究领域的相关成果，我们选择"主题"为检索条件，分别以"社交网络"并含"隐私"、"社交网络"并含"个人信息"、"社交网络"并含"个人数据"；"社交媒体"并含"隐私"、"社交媒体"并含"个人信息"、"社交媒体"并含"个人数据"为检索词进行检索，共得到文献168篇。数据检索时间为2018年4月1日。

如此选取数据库主要是基于如下考虑：首先，由于几大英文数据库（如 Scopus，EBSCO，Springer，Wiley，Sage 以及 Taylor & Francis 等）关于隐私研究的文献都比较多，但大量文献是重合的。但相比较而言，Web of Science 包含所有的 SSCI 和 A & HCI 核心期刊论文，非常权威且有代表性。其次，尽管最理想的状态是将这些数据库的相关文献全部汇总后再去重和筛选，但由于各大数据库的文献表述方式并不统一，目前 CiteSpace 等软件还暂时不太适合批量汇总和筛选两个或多个不同类型数据库的文献。最后，笔者没有选用 Web of Science 中的会议录引文索引——

人文与社会科学版"Conference Proceedings Citation Index – Social Science & Humanities"（CPCI – SSH）为检索来源，主要是考虑到待处理的 SSCI 和 A&HCI 期刊论文数量相对较多，而部分会议论文经过修改后会发表在正式期刊上。

在中文社交媒体隐私的相关研究中，之所以如此选择数据库和检索条件源于以下几点考虑：首先，CNKI 数据库作为世界上文献量最大的中文全文数据库，囊括了"中国期刊全文数据库"在内的各学科学术刊物。① 其次，选择"核心期刊"及"CSSCI"期刊为来源类别是因为入选这两个期刊来源目录的学术刊物，其发表的研究成果比较有权威性和代表性。最后，选择以"社交网络""社交媒体""隐私""个人信息"等关键词组合检索是因为目前学界尚未就相关概念的定义达成共识，这些名词经常被互用或混用，为了检索的全面性，本书以交叉组合的方式进行检索。

（二）指标说明

1. CiteSpace 软件说明

"科学知识图谱"（Mapping Knowledge Domains）的概念源自 2003 年美国国家科学院组织的一次研讨会。② 自 2005 年"科学知识图谱"的概念被引入我国学术研究中以来，作为一种科学的计量方法，其以"知识域"为研究对象，兼具"图"和"谱"的双重属性，"将知识域可视化的同时，显示了知识单元或知识群之间网络、结构、互动、交叉、演化或衍生等诸多隐含的复杂关系"。③ 作为一种新的研究手段，科学知识图谱在我国学术研究中的应用逐年增多，尤其在图书情报、信息科学等领域受到越来越多的重视。

随着信息可视化的发展，各种绘制科学知识图谱的工具纷至而来。作为科学知识图谱分析软件的典型代表，CiteSpace 已成为我国学术界科学知识图谱研究的主流分析工具之一。该软件是由美国华裔学者陈超美教授基于 Java 语言开发的引文分析理论的信息可视化软件，"它可以以一种多元、分时、动态的引文分析可视化语言，通过巧妙的空间布局，将该领域的演

---

① 赵蓉英、邱均平：《CNKI 发展研究》，《情报科学》2005 年第 4 期。
② 陈悦、刘则渊：《科学知识图谱的发展历程》，《科学学研究》2008 年第 3 期。
③ 陈悦、刘则渊：《悄然兴起的科学知识图谱》，《科学学研究》2005 年第 2 期。

变历程集中展现在一幅引文网络的知识图谱上；并将图谱上作为知识基础的引文节点文献和共引聚类所表征的研究前沿自动表示出来"。①

本书之所以选择 CiteSpace 软件作为分析工具，除了其上述特点与优势，还基于以下两点考虑。一是，社交媒体隐私研究领域绝大多数成果发表在英语世界的核心期刊中，这些研究成果可以通过 Web of Science 数据库平台集中检索和获取，而 CiteSpace 则是一款专门针对 WOS 数据库平台开发的应用型分析工具，可以很好地适配相关文献的题目信息。二是，CiteSpace 软件可视化类型较为丰富，除了可以直观地展示诸如"主题聚类""高被引文献"等信息的图谱，还能较为全面地将相关信息以表格的形式导出，这有助于研究者进一步对其背后的详细动因和发展趋势展开分析。

（2）分析指标说明

本书使用 CiteSpace 5.2.R1 为分析软件，以上述文献为研究对象进行计量分析。

第一，"英语学界百年隐私研究"部分。

在 Time Slicing（时间分区）设置中，首先在基本信息分析阶段，将时间范围设定为 1990—2018 年。其次，在进行近期研究主题和关键词的演变分析阶段，将 Time Slicing 的范围分别设定为 2008—2009 年、2010—2011 年、2012—2013 年、2014—2015 年、2016—2017 年以及 2018—2019 年六个时间区段。另外，本书将每个区间内的 Years Per Slicing（时间分区阈值）均设定为 1。

在 Selection Criteria（选择标准）设置中，选取每时间切片 Top50（前50）作为共被引文献来源，选取 Top100%（全部文献）作为作者、机构、关键词等信息的分析来源。如无特殊说明，本书的所有其他指标和参数均为默认值。

第二，"社交媒体隐私研究"部分。

Time Slicing 方面，在分析"隐私研究领域 1900 年至 2018 年间的研究主题聚类"时设定为 3，在分析其余情形时均设定为 1。在设定"时间分区阈值"时，所有研究主题聚类的分析都设定为前 10%（Top10%），其余

---

① 李杰、陈超美：《CiteSpace：科技文本挖掘及可视化》，首都经济贸易大学出版社 2016 年版。

类型则设定为前 50（Top50）。文献的时间跨度为 1900 年至 2018 年。如无特殊说明，本书的所有其他指标和参数均为默认值。

第三，针对"中文学术界社交媒体隐私"研究部分，由于 CiteSpace 软件不支持对 CNKI 数据库引文、主题聚类等部分题录信息的分析，故本书在进行"文献共被引"和"关键词聚类"分析时，利用 CNKI 数据库的"文献分析"功能予以代替。

有关 CiteSpace 指标设置方面，在 Time Slicing 设置中，将时间范围设定为 2009—2018 年。每个区间内的 Years Per Slicing 均设定为 1。在 Selection Criteria 设置中，选取 Top100% 作为作者、机构、关键词等信息的分析来源。如无特殊说明，本书的所有其他指标和参数均为默认值。

第二节 英语学界百年隐私研究的历史变迁与前沿热点

一 英语学界"百年隐私"研究概述

（一）隐私研究领域（1900—2018）全景呈现与综合分析

1. 研究主题

经过对上述 13361 篇文献进行聚类分析，可以得到隐私研究主题聚类的可视化图谱。从中可知，在隐私研究主题中，与"自愿性信息披露"（Voluntary Information Disclose）相关的研究最多，其次是"程序化隐私承诺"（Programmed Privacy Promise），排在第三位的是"性别差异"（Gender Difference），第四类是"堕胎规制"（Abortion Regulation），第五类是"健康信息隐私"（Health Information Privacy）。此外，有关"合理预期"（Reasonable Expectation）、"普鲁塞隐私法"（Prossers Privacy Law）、"受信业务"（Getting Credit）、"医疗改革"（Health-care Reform）等主题的研究也比较多。综观整个隐私研究领域所涉及的研究主题，可以发现与医学和公共卫生领域相关的研究最多；其次是涉及知识产权、家庭隐私、隐私保护政策等法学议题的研究；最后是涉及信息传播内容的研究，如新媒体、信息控制等方面的内容。

2. 关键词

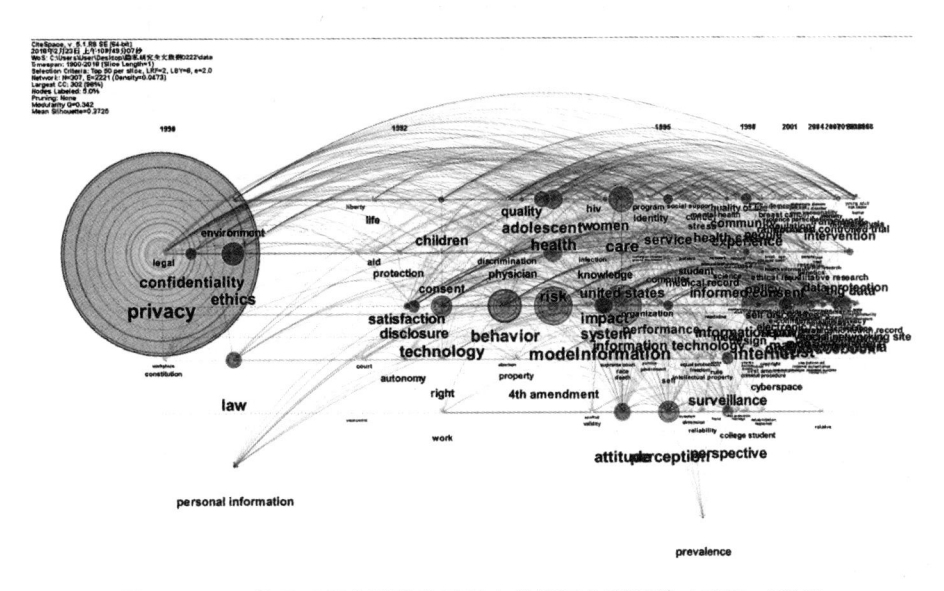

图 2-2-1　基于时间序列的隐私研究关键词共现图谱（1900—2018）

图 2-2-1 为 1900 年至 2018 年关于隐私研究的关键词聚类结果。该图从左至右时间依次递增，可以看出相关文献关注的重点以及文献之间的引用概况。表 2-2-1 为隐私研究领域使用最多的 30 个关键词：其中，排名前十的关键词依次为"隐私"（privacy，自 1990 年开始凸显）、"互联网"（internet，自 1999 年开始凸显）、"信息"（information，自 1994 年开始凸显）、"模型"（model，自 1993 年开始凸显）、"行为"（behavior，自 1993 年开始凸显）、"信任"（trust，自 2002 年开始凸显）、"关心"（care，自 1994 年开始凸显）、"伦理"（ethics，自 1991 年开始凸显）、"科技"（technology，自 1992 年开始凸显）、"法律"（law，自 1991 年开始凸显）。另外，以"健康"（health）、"风险"（risk）和"态度"（attitude）为关键词的研究也在 1992 年至 1996 年凸显。以"脸谱网"（Facebook）等社交媒体为关键词的研究则在 2013 年至 2014 年开始凸显。值得关注的是，从 2001 年开始，以"安全"（security）和"监控"（surveillance）为关键词的研究开始凸显，以"女性"（women）为关键词的研究从 1994 年开始凸显并不断增多。

表 2-2-1　　　　　隐私研究领域关键词 Top30

排序	频次	中心性	关键词	开始凸显的年份
1	2941	0.13	privacy	1990
2	784	0.04	internet	1999
3	740	0.09	information	1994
4	697	0.08	model	1993
5	593	0.1	behavior	1993
6	555	0.03	trust	2002
7	525	0.03	care	1994
8	517	0.06	ethics	1991
9	480	0.05	technology	1992
10	450	0.06	law	1991
11	438	0.09	perception	1995
12	437	0.04	health	1993
13	416	0.05	attitude	1994
14	382	0.06	confidentiality	1991
15	381	0.07	risk	1993
16	381	0.05	system	1994
17	366	0.03	online	2001
18	350	0.07	impact	1994
19	347	0.07	adolescent	1993
20	322	0.05	communication	1994
21	316	0.02	Facebook	2011
22	310	0.02	surveillance	1997
23	306	0.05	disclosure	1992
24	306	0.01	security	2001
25	285	0.05	perspective	1997
26	264	0.03	satisfaction	1992
27	249	0.02	experience	1998
28	245	0.01	information privacy	1999
29	245	0.01	social media	2012
30	235	0.1	women	1994

3. 关键性文献

关键性文献是推动一个学科或研究领域持续发展的重要依据。表 2-2-2 是根据 CiteSpace 文献共被引分析而得到的隐私研究领域总被引前 30 的论文。

表 2-2-2　　　　　　　隐私研究领域关键文献 Top30

排序	总被引	文章标题	作者	发表年份	期刊名称
1	1237	Developing and Validating Trust Measures for E-commerce: An Integrative Typology	Mcknight D. H.	2002	INFORM SYST RES
2	1178	Models of the Self: Self-Construals and Gender	Cross S. E.	1997	PSYCHOL BULL
3	1114	Doctor-Patient Communication-a Review of the Literature	Ong L. M. L.	1995	SOC SCI MED
4	952	What Makes Clinical Research Ethical?	Emanuel E. J.	2000	JAMA-J AM MED ASSOC
5	901	E-S-QUAL-A Multiple-Item Scale for Assessing Electronic Service Quality	Parasuraman A.	2005	J SERV RES-US
6	850	Decoding Mental States from Brain Activity in Humans	Haynes J. D.	2006	NAT REV NEUROSCI
7	846	Respondent-driven Sampling II: Deriving Valid Population Estimates from Chain-Referral Samples of Hidden Populations	Heckathorn D. D.	2002	SOC PROBL
8	843	Relational Schemas and the Processing of Social Information	Baldwin M. W.	1992	PSYCHOL BULL
9	806	Critical Questions for Big Data Provocations for a Cultural and Scholarly Phenomenon	Boyd D.	2012	INFORM COMMUN SOC
10	781	Close Relationships as Including Other in the Self	Aron A.	1991	J PERS SOC PSYCHOL

续表

排序	总被引	文章标题	作者	发表年份	期刊名称
11	656	Etailq: Dimensionalizing Measuring and Predicting Etail Quality	Wolfinbarger M.	2003	J RETAILING
12	653	Effects of Stimulus – Intensity and Electrode Placement on the Efficacy and Cognitive Effects of Electroconvulsive – therapy	Sackeim H. A.	1993	NEW ENGL J MED
13	589	Smart Grid – the New and Improved Power Grid: A Survey	Fang Xi	2012	IEEE COMMUN SURV TUT
14	575	The Evolution of E – government among Municipalities: Rhetoric or Reality?	Moon M. J.	2002	PUBLIC ADMIN REV
15	560	Understanding and Mitigating Uncertainty in Online Exchange Relationships: A Principal – agent Perspective	Pavlou P.	2007	MIS QUART
16	559	A trust – based Consumer Decision – making Model in Electronic Commerce: The Role of Trust and Their Antecedents the Role of Trust	Kim D. J.	2008	DECIS SUPPORT SYST
17	545	Taking Risky Opportunities in Youthful Content Creation: Teenagers' Use of Social Networking Sites for Intimacy Privacy and Self – expression	Livingstone S.	2008	NEW MEDIA SOC
18	543	The Self – reference Effect in Memory: A Meta – analysis	Symons C. S.	1997	PSYCHOL BULL
19	515	Internet Users' Information Privacy Concerns (IUIPC): The Construct, the Scale, and a Causal Model	Malhotra N. K.	2004	INFORM SYST RES

续表

排序	总被引	文章标题	作者	发表年份	期刊名称
20	490	The Impact of Initial Consumer Trust on Intentions to Transact with a Web Site: a Trust Building Model	Mcknight D. H.	2002	J STRATEGIC INF SYST
21	487	Information Privacy: Measuring Individuals' Concerns about Organizational Practices	Smith H. J.	1996	MIS QUART
22	477	The Persistence of Privacy – autonomy and Initiative Inteachers Professional Relations	LITTLE J. W.	1990	TEACHERS COLLEGE RECORD
23	457	Recommender Systems Survey	Bobadilla J.	2013	KNOWL – BASED SYST
24	432	What trust Means in E – commerce Customer Relationships: an Interdisciplinary Conceptual Typology	Mcknight D. H.	2001	INT J ELECTRON COMM
25	431	The Role Played by Perceived Usability Satisfaction and Consumer trust on Website Loyalty	Flavian C.	2006	INFORM MANAGE – AMSTER
26	428	Some Antecedents and Effects of Trust in Virtual Communities	Ridings C. M.	2002	J STRATEGIC INF SYST
27	415	Computer – mediated Communication Effects on Disclosure and Interpersonal Evaluations: Getting to Know One Another a Bit at a Time Face – to – face	Tidwell L. C.	2002	HUM COMMUN RES
28	397	Are the Drivers and Role of Online Trust the Same for All Web Sites and Consumers? A Large – scale Exploratory Empirical Study	Bart Y.	2005	J MARKETING

续表

排序	总被引	文章标题	作者	发表年份	期刊名称
29	383	Race and Trust in the Health Care System	Boulware L. E.	2003	PUBLIC HEALTH REP
30	357	The Origin, Development and Regulation of Norms	Mcadams R. H.	1997	MICH LAW REV

笔者从中挑选出信息科学与系统科学、心理学、医学、新闻学与传播学以及法学领域的重要文献各一篇作简要介绍。

《网络使用者信息隐私关注：概念、测量及因果模型》[Internet Users' Information Privacy Concerns (IUICP): The Construct, the Scale, and a Causal Model]① 一文，主要对"网络使用者信息隐私关注"这一概念进行了界定，并提出了对其进行测量的三大维度（隐私收集、隐私控制和隐私认知）以及相关的因果模型。

《自我模式：自我建构与性别》(Models of the Self: Self – Construals and Gender)② 一文指出，在美国，男性通常被认为是建立并维持着一种独立的自我建构，而女性通常被认为是建立并维持着相互依赖性的自我建构。许多认知、动机、情感、社会行为等层面的性别差异可以用男性和女性在自我建构方面的差异性来解释。

《医患沟通的文献综述》(Doctor – Patient Communication – a Review of the Literature)③ 一文探讨了医患沟通的各种目的、医患沟通的不同交流机制、特定医患沟通行为研究以及医患沟通对病人结果的影响等议题，提出了包括背景、过程、变量输出等因素的分析框架。

《年轻人内容创作中的风险与机会：青少年社交网络使用中的亲密关系、隐私与自我表达》(Taking Risky Opportunities in Youthful Content Creation: Teenagers' Use of Social Networking Sites for Intimacy Privacy and Self –

---

① Malhotra N. K., Kim S. S. and Agarwal J., "Internet users' information privacy concerns (IUIPC): the construct, the scale, and a causal model", *Information Systems Research*, No. 4, 2004.

② Cross S. E. and Madson L., "Models of the self: self – construals and gender", *Psychological bulletin*, Vol. 122, No. 1, p. 5.

③ Ong L. M. L., De Haes J. C. J. M. and Hoos A. M., et al. Doctor – patient communication, "a review of the literature", *Social science & medicine*, Vol. 40, No. 7, 1995, pp. 903 – 918.

Expression）通过探讨青少年的社交网络使用习惯，揭露在线机遇和风险之间的微妙联系。年龄更小的青少年往往期待有机会持续性地再造一种精心装饰的具有复杂性标识的身份标签，而经历过此阶段的较为年长的青少年，则更喜欢一种与自己所属群体比较接近的朴素的审美，以此来表达通过真实关系而建立的身份标签。①

《社会规范的起源、发展与管理》（*The Origin, Develop and Regulation of Norms*）② 一文将"社会规范"定义为个人感觉有义务去遵循的非正式的社会规律，提倡在对法律进行经济分析的时候，运用社会规范这个工具。

4. 突现性文献

突现文献是指引用量突然发生变化的节点文献，这类节点通常代表某一领域的兴起或转变。③ 本书利用 CiteSpace 的突现性文献挖掘功能，呈现出隐私研究领域突现度前 30 的文献。限于篇幅，本书仅列出相关信息以供参详（见表 2-2-3）。

表 2-2-3　　　　隐私研究领域突现性文献 Top30

排序	高突现性文献	发表年份	突现强度	突现起始年份	突现截止年份
1	*ROE, 1973, WADE, VCASE, P0	1973	28.124	1976	1980
2	WESTIN AF, 1967, PRIVACY FREEDOM, V0, P0	1967	20.639	1968	1975
3	*EISENSTADT, 1972, BAIRD, VCASE, P0	1972	17.696	1976	1980
4	*COX B, 1975, COHN, VCASE, P0	1975	15.860	1976	1980
5	*PAUL, 1976, DAVIS, VCASE, P0	1976	15.860	1976	1980
6	PROSSER, 1960, CALIF LAW REV, V48, P383	1960	15.072	1949	1968

---

① Livingsione S., "Taking risky opportunities in youthful content creation teenagers' use of social networking sites for intimacy, privacy and self expression", *New Media & Society*, Vol. 10, No. 3, 2008.

② Mcadams R. H., "The Origin, Development, and Regulation of Norms", *Michigan Law Review*, Vol. 96, No. 2, 1997.

③ 陈悦、陈超美、胡志刚、王贤文：《引文空间分析原理与应用：CiteSpace 实用指南》，科学出版社 2014 年版。

续表

排序	高突现性文献	发表年份	突现强度	突现起始年份	突现截止年份
7	*GRISWOLD, 1965, CONNECTICUT, VCASE, P0	1965	14.461	1966	1968
8	MILLER A, 1971, ASSAULT PRIVACY, V0, P0	1971	13.513	1972	1979
9	*GERTZ, 1974, R WELCH INC, VCASE, P0	1974	13.413	1976	1980
10	BLOUSTEIN, 1964, NEW YORK U LAW REV, V39, P962	1964	13.034	1964	1970
11	*US, 1976, MILLER, VCASE, P0	1976	12.802	1976	1980
12	*PLANNED P, 1976, DANFORTH, VCASE, P0	1976	9.748	1976	1980
13	ELY, 1973, YALE LAW J, V82, P920	1973	9.649	1973	1980
14	*TIME INC, 1976, FIRESTONE, VCASE, P0	1976	8.073	1976	1979
15	*CANTRELL, 1974, FOREST CITY PUBLISHI, VCASE, P0	1974	8.073	1976	1979
16	*MAPP, 1961, OHIO, VCASE, P0	1961	7.879	1966	1968
17	PARKER, 1974, RUTGERS L REV, V27, P275	1974	7.860	1976	1981
18	KALVEN, 1966, LAW CONTEMP PROBL, V31, P326	1966	7.254	1967	1971
19	FRIED, 1968, YALE LAW J, V77, P475	1968	7.169	1968	1976
20	*TIME INC, 1967, HILL, VCASE, P0	1967	6.649	1967	1968
21	*NY TCO, 1964, SULLIVAN, VCASE, P0	1964	6.564	1966	1968
22	*SHELTON, 1960, TUCKER, VCASE, P0	1960	6.564	1966	1968
23	*ROSENBLOOM, 1971, METROMEDIA INC, VCASE, P0	1971	6.208	1976	1979
24	*VIRGIL, 1975, TIME INC, VCASE, P0	1975	5.586	1976	1979
25	*VA S, 1976, VIRGINIA CITIZENS CO, VCASE, P0	1976	5.586	1976	1979

续表

排序	高突现性文献	发表年份	突现强度	突现起始年份	突现截止年份
26	*STANLEY, 1969, GEORGIA, VCASE, P0	1969	5.312	1976	1977
27	*GARRISON, 1964, LOUISIANA, VCASE, P0	1964	5.250	1966	1968
28	FRANKLIN, 1963, STAN L REV, V16, P107	1963	5.250	1966	1968
29	*NY TCO, 1971, US, VCASE, P0	1971	4.965	1976	1979
30	LUSKY, 1972, COLUM L REV, V72, P693	1972	4.820	1973	1980

5. 学科分布

通过 WOS 数据库的统计分析，我们可以得到隐私研究发文量前十的研究方向（见表2-2-4）以及发文量前十的学科（见表2-2-5），两者不尽相同，但又有一定程度的重合。

可以看出，对隐私议题介入最早也是发文量最高的研究方向为政府与法律，其次是心理学。商业与经济方向的发文量排在第三位，计算机科学方向的发文量排在第四位，第五位的是信息科学与图书馆科学方向。

就学科来看，发文量最高的学科为法学，发文总量为2120篇，占整个隐私研究领域总发文量的15.87%。其次是信息科学与图书馆科学，该学科从1928年就开始关注隐私议题，发文数量约为1358篇，占整个隐私研究总发文量的10.16%。排在第三位的学科是公共环境职业卫生，发文量为1067篇，占比约为7.99%。排名第四的是计算机科学与信息系统，发文量为951篇，约占总数的7.12%。排在第五位的是卫生保健科学与服务，发文量为727篇，占发文总数的5.44%，发文起始时间约为1966年。

表2-2-4　　　　隐私研究领域研究方向分布 Top10

排序	发文量	占总数百分比（%）	研究方向	发文起始年份
1	2331	17.45	GOVERNMENT LAW	1901
2	2297	17.19	PSYCHOLOGY	1928

续表

排序	发文量	占总数百分比（%）	研究方向	发文起始年份
3	2048	15.33	BUSINESS & ECONOMICS	1975
4	1408	10.54	COMPUTER SCIENCE	1975
5	1343	10.05	INFORMATION SCIENCE & LIBRARY SCIENCE	1969
6	1207	9.03	SOCIAL SCIENCES – OTHER TOPICS	1977
7	1053	7.88	PUBLIC ENVIRONMENTAL OCCUPATIONAL HEALTH	1979
8	897	6.71	HEALTH CARE SCIENCES & SERVICES	1966
9	632	4.73	COMMUNICATION	1967
10	720	5.39	ETHICS	1976

表2-2-5　　　　　隐私研究领域学科分布 Top10

排序	发文量	占总数百分比（%）	学科	发文起始年份
1	2120	15.87	LAW	1901
2	1358	10.16	INFORMATION SCIENCE LIBRARY SCIENCE	1969
3	1067	7.99	PUBLIC ENVIRONMENTAL OCCUPATIONAL HEALTH	1979
4	951	7.12	COMPUTER SCIENCE INFORMATION SYSTEMS	1975
5	727	5.44	HEALTH CARE SCIENCES & SERVICES	1966
6	722	5.40	ETHICS	1976
7	687	5.14	BUSINESS	1966
8	686	5.13	PSYCHOLOGY MULTIDISCIPLINARY	1928
9	641	4.80	COMMUNICATION	1967
10	563	4.21	NURSING	1969

6. 发文国家（地区）分布

本书对各主要国家（地区）的发文量进行统计分析。由图2-2-2可以看出，美国、英国以及加拿大处于核心位置。美国的发文量约占总发文量的43.92%，处于绝对的主导地位。美国发文量的首次集中凸显时间为1934年，比排名第二位的英国足足领先了35年。英国、加拿大、澳大利亚以及中国处于第二梯队，德国、土耳其及荷兰属于第三梯队，西班牙和

第二章 社交媒体中的隐私权研究：基于文献研究的考察

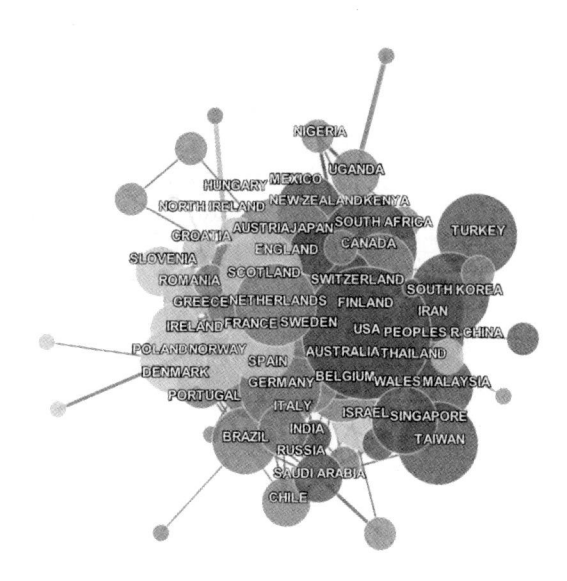

图 2-2-2　隐私研究议题的国家（地区）分布图谱

韩国处于第四梯队。从发文突增性来看，美国、马来西亚、土耳其分别为 26.54、7.52 以及 6.00，说明这些国家在 1934 年、2008 年以及 1999 年各有突破。中国学者的发文量于 1997 年开始首次集中凸显，总发文量为 597 篇（其中台湾地区有 238 篇），占整个隐私研究领域发文量的 4.45%，与美国等第一梯队的国家相比，中国学者研究的起始时间和首次集中凸显时间都比较晚且发文量较少（见表 2-2-6）。

表 2-2-6　　　　隐私领域主要发文国家（地区）Top30

排序	发文量	突增性	占总数百分比（%）	国家（地区）	首次发文凸显年份
1	5868	26.54	43.92	USA	1934
2	1142	—	8.55	ENGLAND	1969
3	738	—	5.52	CANADA	1971
4	682	—	5.10	AUSTRALIA	1975
5	597	—	4.45	PEOPLES R CHINA	1997
6	398	—	2.98	GERMANY	1992

续表

排序	发文量	突增性	占总数百分比（%）	国家（地区）	首次发文凸显年份
7	390	6.00	2.92	TURKEY	1999
8	372	—	2.78	NETHERLANDS	1995
9	265	—	1.98	SPAIN	2000
10	213	—	1.59	SOUTH KOREA	2003
11	195	—	1.46	SWEDEN	1976
12	170	—	1.27	BELGIUM	1999
13	159	—	1.19	FRANCE	1997
14	159	—	1.19	SCOTLAND	1993
15	156	—	1.17	ITALY	1993
16	145	—	1.09	ISRAEL	1996
17	138	—	1.03	SWITZERLAND	2002
18	121	—	0.91	FINLAND	1996
19	121	—	0.91	SOUTH AFRICA	1992
20	108	—	0.81	NORWAY	1995
21	100	—	0.75	BRAZIL	2002
22	96	—	0.72	NEW ZEALAND	1991
23	92	—	0.69	SINGAPORE	2002
24	90	—	0.67	JAPAN	1996
25	76	—	0.57	DENMARK	1992
26	72	—	0.54	AUSTRIA	1999
27	71	—	0.53	INDIA	2000
28	69	—	0.52	IRELAND	2005
29	67	—	0.50	WALES	1996
30	59	7.52	0.44	MALAYSIA	2008

7. 发文机构分布

就隐私研究领域的主要发文机构而言，哈佛大学首屈一指；宾夕法尼亚大学、华盛顿大学、密歇根大学以及多伦多大学紧随其后，处于第二梯队（如图 2-2-3）；印第安纳大学、哥伦比亚大学、伊利诺伊大学、马里兰大学、威斯康星大学、纽约大学以及乔治敦大学等处在第三梯队。从表

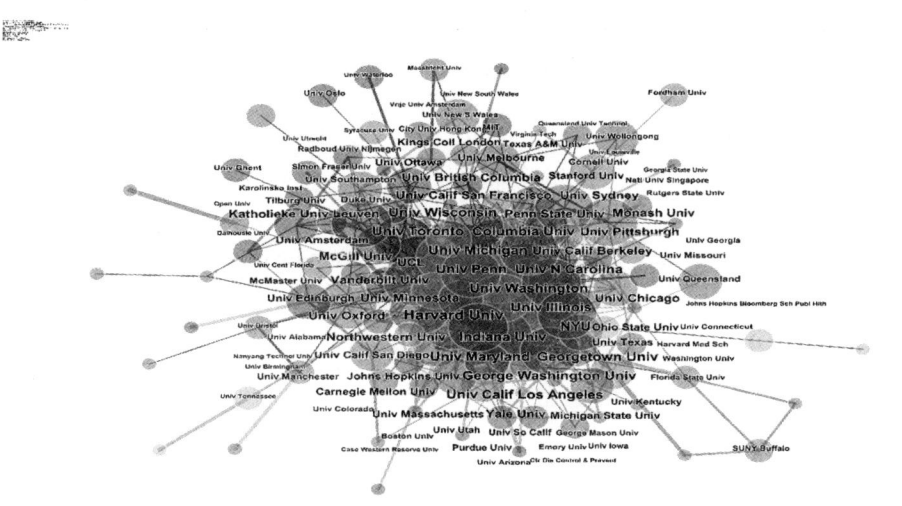

图 2-2-3　隐私研究领域的发文机构分布图谱

2-2-7可以看出，牛津大学在隐私领域的研究虽然起步时间比其他机构晚，但发文量却增长较快。从发文突增性来看，乔治·华盛顿大学为10.34（1999年）、莫纳什大学为7.76（2005年）、范德堡大学为7.36（1998年）、牛津大学为5.32（2008年）、多伦多大学为5.23（1998年），说明这些机构在上述相应年度各有突破。表2-2-7中的中心性表示学术影响力，此项哈佛大学仍遥遥领先。其他影响力较大的机构还有伦敦大学学院、宾夕法尼亚大学、华盛顿大学以及明尼苏达大学。

表 2-2-7　　　　**隐私研究领域发文机构 Top30 排名**

排序	频次	突增性	中心性	机构名称	发文突增年份
1	187	—	0.1	Harvard Univ	1998
2	127	—	0.07	Univ Penn	1998
3	126	—	0.05	Univ Washington	1998
4	121	—	0.03	Univ Michigan	1996
5	120	5.23	0.02	Univ Toronto	1998
6	107	—	0.02	Indiana Univ	1997
7	105	—	0.02	Columbia Univ	1999

续表

排序	频次	突增性	中心性	机构名称	发文突增年份
8	103	—	0.02	Univ Illinois	1997
9	103	—	0.03	Univ Maryland	1997
10	102	—	0.03	Univ Wisconsin	1997
11	99	—	0.01	NYU	1999
12	95	10.34	0.02	George Washington Univ	1999
13	93	—	0.03	Univ Calif Los Angeles	1997
14	92	—	0.03	Univ N Carolina	1997
15	91	—	0.03	Georgetown Univ	1997
16	90	—	0.03	Univ Calif San Francisco	1998
17	85	—	0.02	Univ British Columbia	1999
18	78	—	0.03	Penn State Univ	1999
19	77	—	0.04	Yale Univ	1999
20	75	—	0.05	Univ Minnesota	1999
21	73	—	0.02	Univ Calif Berkeley	1997
22	71	4.86	0.01	Univ Chicago	1998
23	71	—	0.03	Univ Pittsburgh	1999
24	70	5.32	0.03	Univ Oxford	2008
25	70	—	0.03	Univ Sydney	1999
26	67	—	0.02	Northwestern Univ	1999
27	61	7.36	0.02	Vanderbilt Univ	1998
28	57	7.76	0	Monash Univ	2005
29	56	5.21	0.09	UCL	2002
30	55	—	0.02	McGill Univ	1999

8. 重要期刊

目前，核心期刊乃至权威期刊的分类方式比较多，没有完全一致的界定，但大致可以较为笼统地称它们为重要期刊。重要期刊是一个学科或研究领域知识生产和传播的重要平台，又可以大致分为高发文量期刊和高共被引期刊等类别。

(1) 高发文量期刊

表2-2-8呈现的是发文量排名前30的刊物，可以看出发文量排前三的期刊依次为《计算机与人类行为》（COMPUTERS IN HUMAN BEHAVIOR）、《计算机法律与安全评论》（COMPUTER LAW SECURITY REVIEW）、《美国医学信息协会杂志》（JOURNAL OF THE AMERICAN MEDICAL INFORMATICS ASSOCIATION）。整体来看，计算机科学技术、信息科学与系统科学、医学、预防医学与公共卫生学相关的学术期刊发表隐私研究的论文较多。

表2-2-8　　　　隐私研究领域发文量较多的期刊Top30

排名	发文量	期刊中文名称	期刊英文名称
1	250	计算机与人类行为	COMPUTERS IN HUMAN BEHAVIOR
2	173	计算机法律与安全评论	COMPUTER LAW SECURITY REVIEW
3	143	美国医学信息协会杂志	JOURNAL OF THE AMERICAN MEDICAL INFORMATICS ASSOCIATION
4	95	法律、医学与伦理杂志	JOURNAL OF LAW MEDICINE ETHICS
5	85	商业伦理杂志	JOURNAL OF BUSINESS ETHICS
6	82	医学伦理杂志	JOURNAL OF MEDICAL ETHICS
7	78	医学互联网研究杂志	JOURNAL OF MEDICAL INTERNET RESEARCH
8	66	政府信息季刊	GOVERNMENT INFORMATION QUARTERLY
9	64	伦理与信息技术	ETHICS AND INFORMATION TECHNOLOGY
10	63	信息、传播与社会	INFORMATION COMMUNICATION SOCIETY
11	59	公共科学图书馆·综合	PLOS ONE
12	57	福德姆法律评论	FORDHAM LAW REVIEW
13	57	社会科学与医学	SOCIAL SCIENCE MEDICINE
14	55	黑斯廷斯法学杂志	HASTINGS LAW JOURNAL
15	54	临床护理杂志	JOURNAL OF CLINICAL NURSING
16	54	加利福尼亚法律评论	CALIFORNIA LAW REVIEW
17	54	爱荷华法律评论	IOWA LAW REVIEW
18	54	新媒体与社会	NEW MEDIA SOCIETY
19	54	护理伦理学	NURSING ETHICS

续表

排名	发文量	期刊中文名称	期刊英文名称
20	53	乔治华盛顿法律评论	GEORGE WASHINGTON LAW REVIEW
21	50	明尼苏达法律评论	MINNESOTA LAW REVIEW
22	49	BMC医学伦理学	BMC MEDICAL ETHICS
23	48	商务律师	BUSINESS LAWYER
24	47	网络心理行为与社交网络	CYBERPSYCHOLOGY BEHAVIOR AND SOCIAL NETWORKING
25	47	信息社会	INFORMATION SOCIETY
26	47	信息管理	INTERNATIONAL JOURNAL OF INFORMATION MANAGEMENT
27	47	斯坦福法律评论	STANFORD LAW REVIEW
28	45	健康事务	HEALTH AFFAIRS
29	45	国际医学信息杂志	INTERNATIONAL JOURNAL OF MEDICAL INFORMATICS
30	44	科学与工程伦理学	SCIENCE AND ENGINEERING ETHICS

（2）高被引期刊

期刊共引分析（Journal Co - citation Analysis，JCA）是在共引分析的基础上发展而来的，是指两种期刊的文献都被其他学术期刊同时引用，其他期刊的种数即为期刊共引强度。① 利用期刊共引关系可以确定学科或研究领域的重要期刊，对核心期刊的文献共引频次的分析则能够反映出这一期刊所刊登的文献的利用率及其含金量。② 利用 CiteSpace 绘制的高被引期刊图谱见图 2-2-4。

表 2-2-9 反映了核心期刊的被引频次以及凸显时间等具体指标。其中，《美国医学年会期刊》（*JAMA - JOURNAL OF THE AMERICAN MEDICAL ASSOCIATION*）是共被引最高的刊物，共 1451 次；第二名是《哈佛法律评论》（*HARVARD LAW REVIEW*），共被引 1429 次；第三名是《美国计算机协会通讯》（*COMMUNICATIONS OF THE ACM*），共被引 1288 次；第四名

---

① 庞景安：《科学计量研究方法论》，科学技术文献出版社 2002 年版。
② 赵蓉英、王菊：《国际信息检索模型研究的可视化分析》，《图书情报工作》2009 年第 3 期。

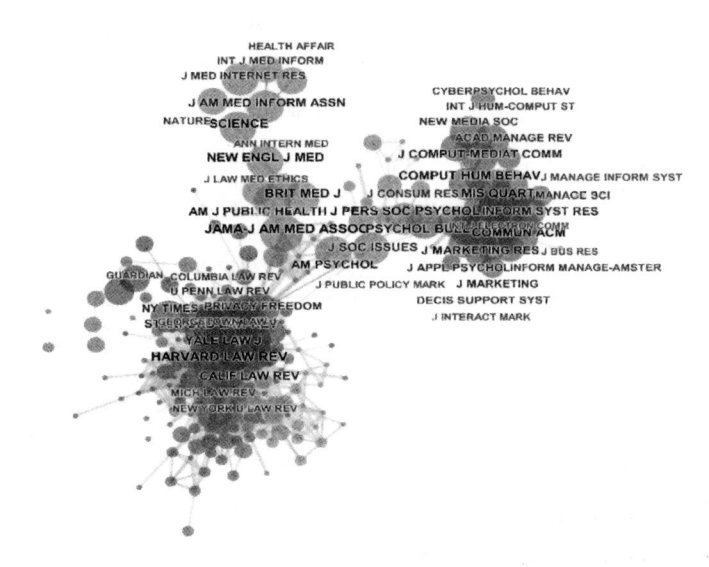

第二章　社交媒体中的隐私权研究：基于文献研究的考察

图 2-2-4　隐私研究领域高被引期刊图谱

是《个性与心理学杂志》(JOURNAL OF PERSONALITY AND SOCIAL PSYCHOLOGY)，共被引 1081 次；第五名是《管理信息系统季刊》(MIS QUARTERLY)，共被引 1078 次。总共引排在前十的期刊还有《社会科学与医学》(SOCIAL SCIENCE & MEDICINE)、《新英格兰医学杂志》(NEW ENGLAND JOURNAL OF MEDICINE)、《英国医学杂志》(BMJ – BRITISH MEDICAL JOURNAL)、《计算机与人类行为》(COMPUTERS IN HUMAN BEHAVIOR) 以及《心理学学报》(PSYCHOLOGICAL BULLETIN) 等管理学、医学、计算机科学技术以及心理学的期刊。

在排名前 30 的期刊中，属于医学的刊物有 7 种，分别是第 1 名的《美国医学年会期刊》、第 7 名的《新英格兰医学杂志》、第 8 名的《英国医学杂志》、第 13 名的《美国公共卫生杂志》(AMERICAN JOURNAL OF PUBLIC HEALTH)、第 20 名的《柳叶刀》(LANCET)、第 21 名的《美国医学信息协会杂志》(JOURNAL OF THE AMERICAN MEDICAL INFORMATICS ASSOCIATION) 以及第 30 名的《高等护理学杂志》(JOURNAL OF ADVANCED NURSING)。心理学的期刊有 4 种，分别是排名第 4 的《个性与心理学杂志》、排名第 10 的《心理学学报》、排名第 22 的《美国心理学家》

(*THE AMERICAN PSYCHOLOGIST*)以及排名第 24 的《应用心理学杂志》(*THE JOURNAL OF APPLIED PSYCHOLOGY*)。法学类的刊物共有 4 种,分别是第 2 名的《哈佛法律评论》、第 12 名的《耶鲁法律杂志》(*YALE LAW JOURNAL*)、第 15 名的《斯坦福法律评论》(*STANFORD LAW REVIEW*)和第 17 名的《加州法律评论》(*CALIFORNIA LAW REVIEW*)。除了少数期刊为综合性刊物,其余刊物都是管理学、计算机科学技术等学科的期刊。

表 2-2-9　　　　　　　　隐私研究领域高被引期刊 Top30

排序	频次	中心性	期刊名称	所属学科	被引凸显年份
1	1451	0.07	JAMA – JOURNAL OF THE AMERICAN MEDICAL ASSOCIATION	医学	1969
2	1429	0.05	HARVARD LAW REVIEW	法学	1931
3	1288	0.01	COMMUNICATIONS OF THE ACM	计算机科学技术	1984
4	1081	0.05	JOURNAL OF PERSONALITY AND SOCIAL PSYCHOLOGY	心理学	1976
5	1078	0.01	MIS QUARTERLY	信息科学与系统科学	2002
6	1071	0	SOCIAL SCIENCE & MEDICINE	交叉学科（社会科学与医学）	1993
7	1050	0.04	NEW ENGLAND JOURNAL OF MEDICINE	医学	1970
8	1037	0	BMJ – BRITISH MEDICAL JOURNAL	医学	1990
9	1016	0.05	COMPUTERS IN HUMAN BEHAVIOR	心理学	2008
10	974	0.04	PSYCHOLOGICAL BULLETIN	心理学	1975
11	952	0.01	SCIENCE	交叉学科（自然科学综合）	1971
12	898	0.09	YALE LAW JOURNAL	法学	1965
13	862	0	AMERICAN JOURNAL OF PUBLIC HEALTH	预防医学与公共卫生学	1990

续表

排序	频次	中心性	期刊名称	所属学科	被引凸显年份
14	856	0.01	INFORMATION SYSTEMS RESEARCH	信息科学与系统科学	2005
15	808	0.02	STANFORD LAW REVIEW	法学	1966
16	773	0.02	JOURNAL OF MEDICAL RESEARCH	医学	2002
17	765	0.03	CALIFORNIA LAW REVIEW	法学	1962
18	714	0.17	JOURNAL OF SOCIAL ISSUES	交叉学科（自然科学综合）	1981
19	696	0	JOURNAL OF COMPUTER-MEDIATED COMMUNICATION	新闻学与传播学	2008
20	693	0	LANCET	医学	1999
21	678	0.02	JOURNAL OF THE AMERICAN MEDICAL INFORMATICS ASSOCIATION	交叉学科（计算机与医学等）	1999
22	675	0.11	THE AMERICAN PSYCHOLOGIST	心理学	1969
23	662	0	LECTURE NOTES IN COMPUTER SCIENCE	计算机科学技术	2008
24	635	0.06	THE JOURNAL OF APPLIED PSYCHOLOGY	心理学	1928
25	632	0.01	THE NEW YORK TIMES	日报（新闻）	2011
26	627	0	JOURNAL OF MARKETING	经济学	1999
27	554	0.01	JOURNAL OF CONSUMER RESEARCH	经济学	2005
28	546	0	MANAGEMENT SCIENCE	管理学	2005
29	517	0	ACADEMY OF MANAGEMENT REVIEW	管理学	2002
30	490	0	JOURNAL OF ADVANCED NURSING	医学	2002

可以看出，《计算机与人类行为》《美国医学信息协会杂志》与《加

州法律评论》等少数几本期刊，既是高发文量期刊又是高共被引期刊。

9. 高被引作者

笔者基于研究者的被引排名，呈现被引用排名前 30 的学者（见表 2 - 2 - 10）及其影响力可视化图谱（见图 2 - 2 - 5）。就所属国家或地区来看，隐私研究领域排名前 30 的学者中有 27 位研究者属于美国的大学或研究机构，占总比例的 90%。就其所属学科而言，8 位作者属于信息科学与系统科学、7 位作者属于法学、4 位属于新闻学与传播学、3 位作者属于商学。不难看出，在相关期刊中，隐私研究领域影响力较大的学者主要源自信息科学与系统科学、法学、新闻学与传播学以及商学等。从单个作者的影响力来看，排名前十的作者中，前三位皆为法学学科的学者，其次是来自信息科学与系统科学等学科的学者，可见法学学科是隐私研究领域的领导力量和中坚力量。

围绕着这些在隐私研究领域发文时间早、研究介入性高、被引和影响力都特别突出的学者，隐私研究形成了以该群体为核心的学术权力地图。在这一谱系中，美国拥有强势影响力并占据研究前沿，话语体系较为突出。信息科学与系统科学、法学、商学等视角的研究影响力最为显著。当然，这与学科发展背景、研究者基数等因素不无关系，但不可否认的是，隐私研究"学科割据"的特征客观存在。影响力前 30 的作者当中没有中国学者上榜，说明中国在隐私研究领域的话语权较弱，这也与中国学者国际期刊发文量较少等客观因素有关。

笔者选取前五名的高被引作者做个简单的介绍。

艾伦·弗曼·威斯汀（Alan Furman Westin，1929—2013），美国哥伦比亚大学教授，研究方向为社会与法律，曾任美国社会与法律研究中心主席。[①] 其主要贡献是在 20 世纪六七十年代开展的关于消费者数据隐私及其保护的研究，威斯汀于 1967 年出版的著作《隐私与自由》（*Privacy and Freedom*）以及 1972 年出版的《自由社会的数据库》（*Databanks in a Free Society*）是隐私研究的经典论著。在他的著作中，明确提出了将隐私定义为"个体、组织、机构决定其自身什么时候，以何种方式，通过何种渠道将关于自己的信息传播给他人的要求"[②]。他的一系列开创性工作，推动了

---

① Westin Alan, *Privacy and Freedom*, New York: Atheneum, 1967.
② Westin Alan, *Databanks in a Free Society*, New York: Crown, 1972.

美国乃至全球范围内的隐私立法。受其影响，许多国家在20世纪60年代推动了"全球隐私运动"。

丹尼尔·J. 索洛夫（Daniel J. Solove），美国乔治·华盛顿大学法学院教授，国际著名信息技术隐私问题专家。出版隐私研究专著十余部，其中，2004 年出版的《数字人：信息时代的科技与隐私》（The Digital Person: Technology and Privacy in the Information Age）影响力较大。此外，他于 2007 年出版的《名誉的未来：互联网上流言、谣言与隐私》（The Future of Reputation: Gossip, Rumor, and Privacy on the Internet）以及 2008 年出版的著作《理解隐私》（Understanding Privacy）也被广泛引用，成为隐私研究领域的重要论著。①

塞缪尔·D. 沃伦（Samuel D. Warren），美国政治家和律师，与曾任美国大法官的路易斯·布兰代斯（Brandeis Louis）于 1890 年合著的《隐私权》（The Right to Privacy）被认为是最初提出隐私权概念的论文。他的成果奠定了隐私权研究的理论基础，在隐私研究领域极具开创性。②

亚历山大·阿奎斯蒂（Alessandro Acquisti），卡内基梅隆大学信息技术与公共政策学院教授，美国国家科学院公共反应委员会成员。其主要研究领域为隐私经济及隐私行为经济，特别是在在线社交网络隐私的研究方面成果卓著。与人合著的《数据隐私：理论、技术及实践》（Digital Privacy: Theory, Technologies and Practices）一书被广泛引用。③

欧文·阿特曼（Irwin Altman）美国著名社会心理学家，主要研究领域为社会环境中的人类行为与互动，因提出著名的"社会渗透理论"（Social Penetration Theory）而被人熟知。其与隐私研究相关的主要著作是 1975 年出版的《环境与社会行为：个人空间，隐私，集聚与地域》（Environment and Social Behavior: Personal Space, Privacy, Crowding and Territory）④。

---

① Doyle T. and Daniel J. Solove, Nothing to Hide: The False Tradeoff between Privacy and Security, *Journal of Value Inquiry*, 2012.
② Warren S. D. and Brandeis L. D., "The right to privacy", *Harvard Law Review*, 1985.
③ Acquisti A., Gritzalis S., Lambrinoudakis C., et al., "Digital Privacy: Theory, Technologies, and Practices", *Crc Press*, 2007.
④ Altman I., *Environment and social behavior: Personal space, privacy, crowding and territory*, Monterey, CA: Brooks Cole, 1975.

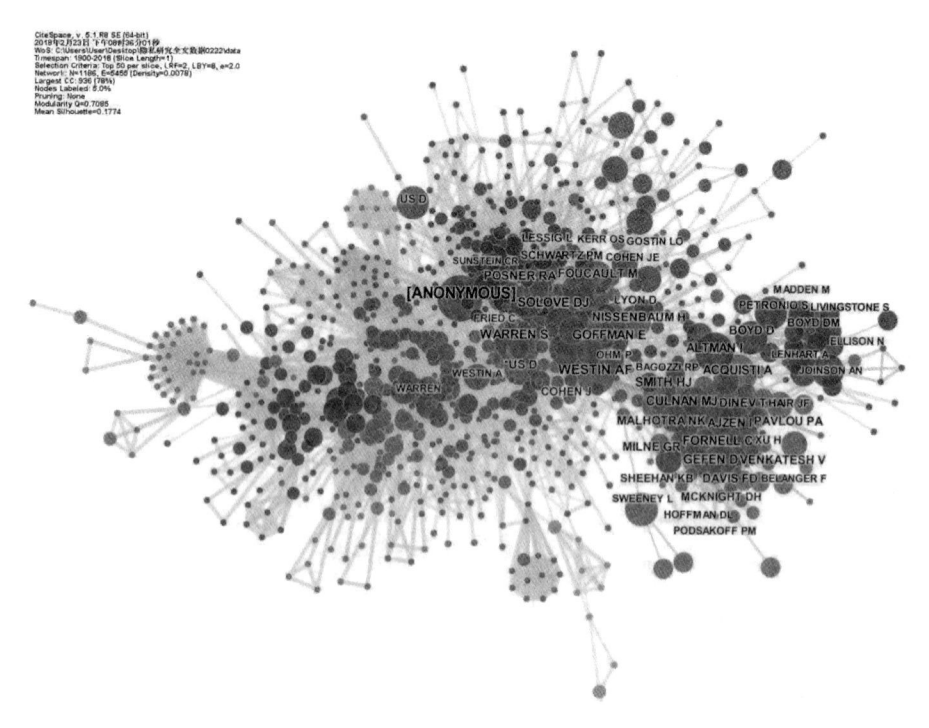

图 2-2-5 隐私研究领域高被引作者可视化图谱

表 2-2-10　　隐私研究领域高被引作者 Top30

排序	频次	作者	国家（地区）	所属学科	首次被引年份
1	781	Westin A. F.	美国	法学	1968
2	663	Solove D. J.	美国	法学	2003
3	590	Warren S.	美国	法学	1931
4	452	Acquisti A.	美国	信息科学与系统科学	2008
5	429	Altman I.	美国	心理学	1975
6	417	Culnan M. J.	美国	信息科学与系统科学	1968
7	415	Goffman E.	加拿大	社会学	1993
8	393	Smith H. J.	美国	信息科学与系统科学	1996
9	380	Fornell C.	美国	经济学	2003
10	368	Gefen D.	美国	信息科学与系统科学	2002
11	336	us D.	美国	团体作者	1975

续表

排序	频次	作者	国家（地区）	所属学科	首次被引年份
12	334	Foucault M.	美国	法学	1988
13	327	Ajzen I.	美国	心理学	2010
14	326	Dinev T.	美国	信息科学与系统科学	2009
15	323	Boyd D.	美国	新闻学与传播学	2006
16	320	Nissenbaum H.	美国	新闻学与传播学	2009
17	307	Posner R. A.	美国	法学	2007
18	303	Malhotra N. K.	美国	经济学	1980
19	301	Pavlou P. A.	美国	信息科学与系统科学	2007
20	293	Davis F. D.	美国	信息科学与系统科学	2000
21	281	Venkatesh V.	美国	计算机科学技术	2007
22	267	Milne G. R.	美国	经济学	2004
23	236	Cohen J.	美国	法学	1998
24	221	Xu H.	美国	信息科学与系统科学	1994
25	219	Schwartz P. M.	美国	法学	1995
26	219	Hair J. F.	美国	经济学	2010
27	218	Sheehan K. B.	美国	新闻学与传播学	2011
28	207	Lyon D.	加拿大	社会学	2005
29	205	Petronio S.	美国	新闻学与传播学	2004
30	204	WorldHealthOrganization	—	团体作者	2002

二 隐私研究领域近十年（2008—2018）演化谱系

一般说来，近期的文献往往更能揭示当前的研究现状，并指引下一阶段的研究工作。为此，我们选取近十年的文献，以主题和关键词为分析依据，探讨该领域当前的研究热点与未来的研究趋势。

（一）2008—2018年隐私研究的主题聚类

图2-2-6是近十年相关研究成果的主题聚类分析。排在第一的研究主题为"性别差异"（Gender Difference），第二是"情境性在线信息披露"（Situational Online Information Disclosure），第三是"数据代理"（Data Broker），第四是"自愿性信息披露"（Voluntary Information Disclosure），第五是"位置信息披露"（Location Information Disclosure），第六是"隐私保护

行为"（Privacy Protection Behavior），第七是"智能手机文化"（Smartphone Literacy），第八是"自我量化"（Self-quantification），第九是"隐私侵权主流化"（Mainstreaming Privacy Tort），第十是"实证证据"（Empirical Evidence）。可以看出，近年来隐私研究的主题既包含对以智能手机等移动互联网情境下隐私披露的类型和方式的探讨，也包括对隐私保护技能和行为的研究以及对隐私侵权的认知及规制的探索。

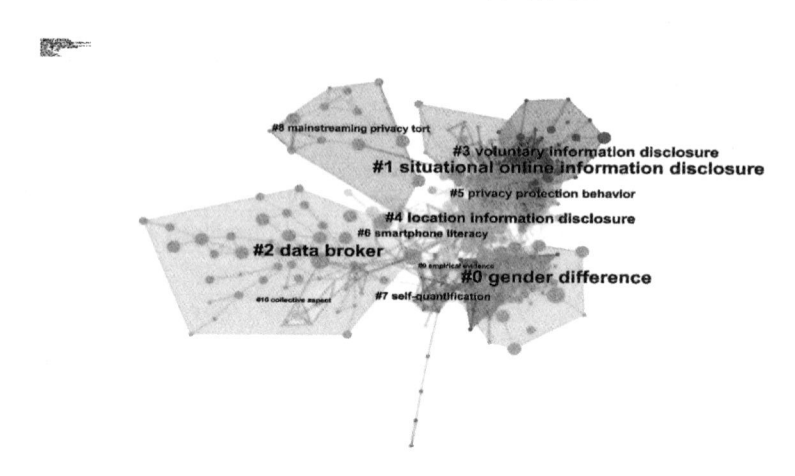

图 2-2-6 隐私研究领域近十年（2008—2018）主题聚类图谱

（二）2008—2018 年隐私研究的主题演变

我们以关键词聚类为分析依据，对 2008—2017 年度现有文献以 2 年为周期分别进行关键词聚类可视化操作。截至 2018 年 2 月 22 日，我们检索到的 2018 年文献总数有 120 篇，我们将其作为一个单独的周期进行观察。主题聚类的演变共分为六个阶段进行呈现（如图 2-2-7）。

2008—2009 年，排在前五的研究主题依次为："'小甜饼'使用"（Cookie Use）、"男性青少年"（Male Adolescent）、"公共卫生保密"（Public Health Confidentiality）、"南非医院"（South African Hospital）和"伦理问题"（Ethical Issue）。可以看出，这一年度关于隐私议题的研究主要涉及互联网技术、公共卫生、心理健康等范畴。观照的人群主要是男性青少年，从伦理层面探讨隐私的议题也比较多。

2010—2011 年，排在前五位的研究主题依次是："脚本泄露"（Disclosure Script）、"社会化网络"（Social Networking）、"健康研究"（Health Re-

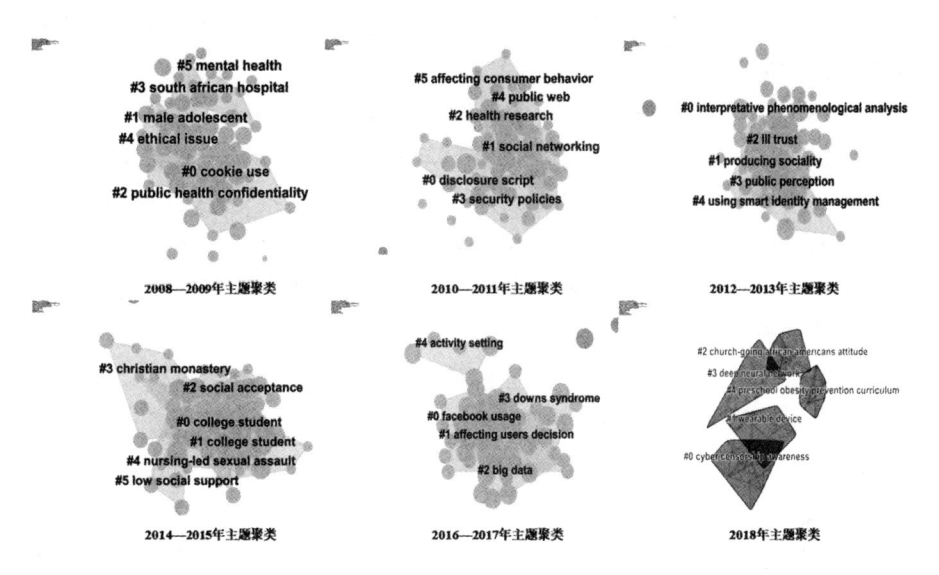

图 2-2-7 隐私研究领域近十年（2008—2018）研究主题流变图谱

search）、"安全政策"（Security Policies）及"公共网络"（Public Web）。研究者主要关注的是与网络、社会化网络等相关的议题，健康领域的议题依然是研究者关注的重点范畴。

2012—2013 年，排在前五位的研究主题依次是："解释现象学分析"（Interpretative Phenomenological Analysis）、"制造社会性"（Producing Sociality）、"疾病信任"（Ill Trust）、"公众认知"（Public Perception）和"智能身份管理应用"（Using Smart Identity Management）。相关研究关注的焦点议题是智能身份管理以及消费者隐私等。研究者比较重视焦点小组、解释性现象学分析等质性研究方法的应用。

2014—2015 年，排在前五位的研究主题依次是"大学生"（College Student）、"社会认可"（Social Acceptance）、"基督教修道院"（Christian Monastery）、"护理导致的性侵犯"（Nursing-led Sexual Assault）以及"较低的社会支持"（Low Social Support）。大学生群体成为研究者关注的重点人群，基督教堂及性侵犯等社会性话题成为主要的研究内容。

2016—2017 年，排在前五的研究主题依次是"脸谱网使用"（Facebook Usage）、"影响用户的决策"（Affecting Users Decision）、"大数据"（Big Data）、"唐氏综合征"（Downs Syndrome）以及"活动设置"（Activity Setting）。可以看出，近两年的隐私研究主题主要为以脸谱网为代表的社交媒体及大数据等内容。

2018年，排在前五位的研究主题依次是"网络审查意识"（Cyber Censorship Awareness）、"可穿戴设备"（Wearable Device）、"非裔美国人的宗教态度"（Church - going African Americans Attitude）、"深度神经网络"（Deep Neural Network）以及"学龄前儿童肥胖预防课程"（Preschool Obesity Prevention Curriculum）。不难看出，新技术环境下的隐私议题是隐私研究者关注的重点。

概言之，从研究者关注的研究主体来看，隐私研究领域近十年的发展经历了从最初的以医疗和公共卫生领域议题为主到基于电子商务的消费者隐私关注议题再到大数据和社交媒体时代的隐私研究议题的演化过程。从研究者对研究方法的应用情况来看，由最初的注重对单一研究方法，如质性研究方法的应用，转变为近几年对质性和量化研究方法的并重。从研究者的理论切入点来看，心理学、医学、法学、新闻学与传播学、社会学、信息科学与系统科学、计算机科学技术等领域的基础理论在近十年的研究中被广泛使用，这也从侧面说明，隐私领域已经成为一个跨学科的综合性研究领域。

（三）2008—2018年隐私研究的关键词演变

本书对2008—2017年度现有的文献以2年为周期分别进行关键词排序。同样地，笔者将2018年作为一个单独的周期进行观察。整个关键词流变总共分为六个阶段进行呈现（见表2-2-11）。

从关键词的演变来看，"模型"（Model）一词一直占据前三位，近几年排名第一位。"互联网"（Internet）一词在2010年至2015年一直占据第一位，至2016—2018年这一阶段排名有所降低，位列第四和第五。"行为"（Behavior）、"信任"（Trust）以及"关注"（Care）在这十年间也一直位列前十，尤其是对隐私行为的研究在近几年更受关注，位列所有关键词前五。有关"态度"（Attitude）的研究在2010—2013年前后达到一个高潮，近些年又有明显的下降趋势，2016—2017年排在第十八位。"科技"（Technology）一词的排名在2010—2017年间一直处于前十，显示出隐私研究的技术烙印。"社交媒体"（Social Media）和"监控"（Surveillance）从2014年开始成为重点研究范畴，其重要性近几年也一直呈现上升的态势。此外，"隐私披露"（Privacy Disclose）、"隐私关注"（Privacy concern）

和"隐私管理"(Privacy Management)等概念也都是隐私研究的重要内容。就2018年的研究关键词来看,"安全"(Security)和"健康"(Health)的排名显著提升,脸谱网依旧是研究的热点议题,对社交媒体(Social Media)的关注度也有较大的提升。

表2-2-11　隐私研究领域近十年(2008—2018)研究关键词演变

排序	2008—2009年关键词	2010—2011年关键词	2012—2013年关键词	2014—2015年关键词	2016—2017年关键词	2018年关键词
1	model	internet	internet	internet	model	model
2	internet	model	model	information	behavior	security
3	trust	information	information	model	information	health
4	behavior	behavior	behavior	care	internet	behavior
5	information	trust	trust	behavior	trust	internet
6	law	ethics	ethics	Facebook	Facebook	Facebook
7	ethics	health	health	technology	technology	intervention
8	system	care	care	trust	Care	trust
9	technology	technology	technology	ethics	Perception	system
10	care	attitude	attitude	system	online	social media
11	security	confidentiality	confidentiality	perception	health	prevention
12	disclosure	communication	communication	health	social media	perception
13	adolescent	perception	perception	online	ethics	online
14	attitude	impact	impact	attitude	risk	information privacy
15	confidentiality	E commerce	E commerce	social media	impact	surveillance
16	health	risk	risk	perspective	surveillance	privacy concern
17	perception	law	law	risk	adolescent	impact
18	online	informed consent	informed consent	adolescent	attitude	big data
19	risk	adolescent	adolescent	law	big data	technology
20	information technology	disclosure	disclosure	experience	perspective	policy
21	impact	satisfaction	satisfaction	disclosure	security	personality
22	surveillance	security	security	communication	disclosure	mental health

续表

排序	2008—2009年关键词	2010—2011年关键词	2012—2013年关键词	2014—2015年关键词	2016—2017年关键词	2018年关键词
23	informed consent	quality	quality	confidentiality	communication	media
24	communication	United states	United states	surveillance	system	health care
25	perspective	management	management	impact	privacy concern	experience
26	information privacy	online	online	security	service	determinant
27	nurse	experience	experience	quality	information privacy	care
28	nursing	community	community	service	experience	adult
29	issue	service	service	privacy concern	management	adolescent
30	satisfaction	information privacy	information privacy	information technology	adoption	self-disclosure

三 英语学界隐私研究中的中国学者

为了更好地了解中国学者在隐私领域的研究现状，笔者在第一阶段检索到的13361篇文献基础上进行筛选，得到中国学者的相关研究成果608篇。经过去重，得到597篇文献作为分析样本。

（一）中国学者隐私研究的主题聚类

图2-2-8是中国学者有关隐私研究的主题聚类分析结果。可以看出，排在前十的研究主题依次是"用户接受"（User Adoption）、"社会影响"（Social Influence）、"初始信任"（Initial Trust）、"理解在线后悔体验"（Understanding Online Regret Experience）、"社交网络站点"（Social Network Site）、"平衡用户"（Aligning Principal）、"实证分析"（Empirical Analysis）、"基于位置的服务延续"（Location-based Services Continuance）、"移动支付的接纳"（Mobile Payment Acceptance）以及"职员"（Staff Member）。与整个国际隐私研究领域相比，中国学者的研究更多地关注个体层面，比如对用户的接受和信任以及线上行为的探讨。此外，中国学者对新技术环境下隐私问题的观照更甚于国际学界，社交网络、基于位置的服

#11 staff member
#6 empirical analysis
#7 location-based services continuance
#10 mobile payment acceptance
#0 user adoption
#2 initial trust
#4 social network site
#1 social influence
#5 aligning principal
#3 understanding online regret experience

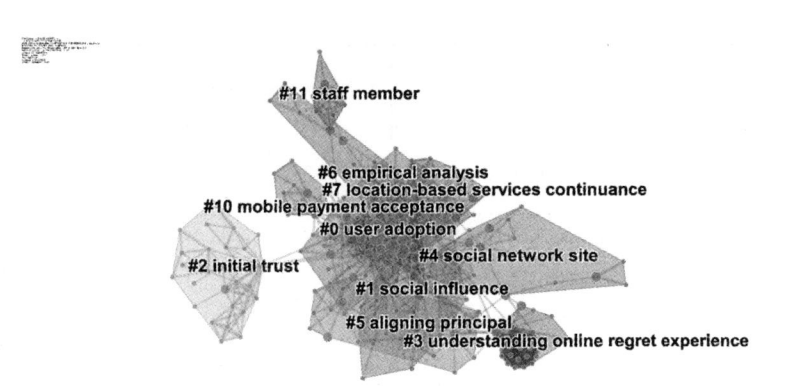

图 2-2-8　中国学者隐私研究的主题聚类图谱

务、移动支付等均是他们研究的主要议题。

(二) 中国学者隐私研究的关键词

就研究的关键词来看，排名前十的关键词分别为模型、隐私、信任、网络、线上、隐私关注、信息隐私、系统、信息科技以及行为（见表2-2-12）。可以看出，中国学者隐私研究的主要关键词与国际学术界基本一致。特别之处在于，中国学界对相关主题的研究起步时间大多晚于国际学界，这从侧面反映出中国学者在隐私研究领域的引领性尚且不足。就研究关键词的分布来看，中国学术界在隐私研究视域下对健康与公共卫生领域的关注度要显著低于国际学术界，如"健康"一词在国际学界隐私议题的研究中排在前十，而在中国学术界的相关研究中排在第二十九位。另一方面，中国学术界对隐私议题的研究带有一定本土特色，如"中国""台湾"等关键词的出现频次较多。

表 2-2-12　　中国学者隐私研究关键词 Top30

排序	频次	中心性	关键词	起始年份	排序	频次	中心性	关键词	起始年份
1	119	0.08	model	2003	16	31	0.02	information	2006
2	111	0.05	privacy	2003	17	31	0.02	Facebook	2013
3	92	0.13	trust	2005	18	31	0.05	satisfaction	2005
4	65	0.1	internet	2003	19	30	0.13	China	2006

续表

排序	频次	中心性	关键词	起始年份	排序	频次	中心性	关键词	起始年份
5	51	0.13	online	2007	20	30	0.07	electronic commerce	2005
6	45	0.07	privacy concern	2011	21	26	0.08	impact	2007
7	40	0.03	information privacy	2007	22	25	0	intention	2013
8	39	0.01	system	2005	23	24	0.06	service	2009
9	37	0.04	information technology	2007	24	23	0.07	taiwan	2009
10	37	0.05	behavior	2007	25	21	0.1	attitude	2006
11	37	0.05	perception	2006	26	21	0.03	user acceptance	2011
12	37	0.1	ecommerce	2007	27	20	0.06	technology acceptance model	2009
13	36	0.05	perspective	2010	28	20	0.03	management	2007
14	34	0.12	technology	2010	29	20	0.04	health	2011
15	33	0.03	adoption	2012	30	19	0.04	acceptance	2014

(三) 中国学者隐私研究的发文机构

表2-2-13反映了中国相关学术机构隐私研究的发文情况，我们选择发文量前30的机构进行分析。可以看出，香港城市大学发文量排在第一位，其次是香港理工大学，第三名是香港大学，第四名是台湾大学、第五名是台湾成功大学。排名前十的只有杭州电子科技大学和北京大学属于内地高校，分别位列第九和第十。就在隐私研究领域的学术影响力来看，前五名依次为香港城市大学、香港理工大学、台湾大学、台湾亚洲大学以及北京大学，它们在中国隐私研究领域起到引领性的作用。

表2-2-13　　　　　隐私研究领域中国机构Top30

排序	频次	中心性	机构	凸显年份	排序	频次	中心性	机构	凸显年份
1	35	0.36	City Univ Hong Kong	2006	16	7	0.02	Wuhan Univ	2015

续表

排序	频次	中心性	机构	凸显年份	排序	频次	中心性	机构	凸显年份
2	24	0.09	Hong Kong Polytech Univ	2009	17	7	0	Natl Sun Yat Sen Univ	2003
3	18	0.04	Univ Hong Kong	2009	18	7	0	Shanghai Jiao Tong Univ	2015
4	11	0.18	Natl Taiwan Univ	2011	19	6	0.01	Natl Taichung Univ Sci & Technol	2014
5	11	0.08	Natl Cheng Kung Univ	2009	20	6	0.01	Fudan Univ	2012
6	11	0	Natl Chung Hsing Univ	2012	21	6	0	Natl Chengchi Univ	2011
7	10	0.09	Asia Univ	2009	22	6	0	Huazhong Univ Sci & Technol	2011
8	9	0	Chinese Univ Hong Kong	1999	23	5	0.01	Hong Kong Univ Sci & Technol	2013
9	9	0	Hangzhou Dianzi Univ	2013	24	5	0.01	Natl Tsing Hua Univ	2011
10	8	0.09	Peking Univ	2013	25	5	0	Nanjing Univ	2013
11	8	0.05	China Med Univ	2011	26	5	0	Providence Univ	2010
12	8	0	Chang Gung Univ	2009	27	4	0.07	Natl Cent Univ	2009
13	7	0.05	I Shou Univ	2010	28	4	0.05	Natl Taiwan Univ Sci & Technol	2016
14	7	0.03	Tsinghua Univ	2015	29	4	0	Chinese Acad Sci	2014
15	7	0.02	Natl Chung Cheng Univ	2011	30	4	0	Natl Univ Kaohsiung	2007

（四）中国学者隐私研究的发文期刊

期刊发表被引用情况反映了一个期刊的学术影响力，表2-2-14呈现的是中国学者隐私研究议题相关发文期刊的被引量排名。可以看出，发文被引量前十的期刊依次为《管理信息系统季刊》（*MIS QUART ERLY*）、《信息系统研究》（*INFORMATION SYSTEMS RESEARCH*）、《计算机与人类行为》(COMPUT HUM BEHAV)、《美国计算机协会通讯》(COMMUN ACM)、《市场研究杂志》(J MARKETING RES)、《信息与管理》(INFORM MANAGE‐AMSTER)、《决策支持系统》(DECIS SUPPORT SYST)、《管理信息系统杂志》(J MANAGE INFORM SYST)、《国际电子商务杂志》(INT J ELECTRON COMM)和《市场营销杂志》(J MARKETING)。

表2-2-14　　中国学者隐私议题国际发表的高被引期刊

排序	频次	中心性	期刊名称	所属学科	首次发文凸显年份
1	212	0.04	MIS QUARTERLY	信息科学与系统科学	2003
2	177	0.04	INFORMATION SYSTEMS RESEARCH	信息科学与系统科学	2003
3	169	0.12	COMPUTERS IN HUMAN BEHAVIOR	心理学	2007
4	169	0.13	COMMUNICATIONS OF THE ACM	计算机科学技术	2002
5	151	0.07	JOURNAL OF MARKETING RESEARCH	经济学	2003
6	147	0.03	INFORMATION & MANAGEMENT	信息科学与系统科学	2007
7	144	0.01	DECISION SUPPORT SYSTEMS	计算机科学技术	2007
8	126	0.01	JOURNAL OF MANAGEMENT INFORMATION SYSTEMS	计算机科学技术	2007
9	112	0.02	INTERNATIONAL JOURNAL OF ELECTRONIC COMMERCE	计算机科学技术	2002
10	109	0.03	JOURNAL OF MARKETING	经济学	2003
11	98	0.01	PSYCHOLOGICAL BULLETIN	心理学	2003
12	98	0.01	MANAGEMENT SCIENCE	管理学	2003
13	95	0.02	JOURNAL OF BUSINESS RESEARCH	经济学	2003
14	0	0.04	JOURNAL OF THE ACADEMY OF MARKETING SCIENCE	经济学	2007

续表

排序	频次	中心性	期刊名称	所属学科	首次发文凸显年份
15	83	0.04	ACADEMY OF MANAGEMENT REVIEW	管理学	2007
16	80	0.11	JOURNAL OF APPLIED PSYCHOLOGY	心理学	2007
17	77	0.02	JOURNAL OF THE ASSOCIATION FOR INFORMATION SYSTEMS	信息科学与系统科学	2007
18	75	0.02	INTERNATIONAL JOURNAL OF HUMAN–COMPUTER STUDIES	计算机科学技术	2005
19	74	0.02	JOURNAL OF PERSONALITY AND SOCIAL PSYCHOLOGY	心理学	2007
20	73	0.03	JOURNAL OF INTERACTIVE MARKETING	经济学	2006
21	72	0.03	JOURNAL OF CONSUMER RESEARCH	经济学	2006
22	71	0.01	JOURNAL OF COMPUTER–MEDIATED COMMUNICATION	信息科学与系统科学	2011
23	68	0.01	ELECTRONIC COMMERCE RESEARCH AND APPLICATIONS	计算机科学技术	2011
24	68	0.01	BEHAVIOUR & INFORMATION TECHNOLOGY	计算机科学技术	2007
25	67	0.02	LECTURE NOTES IN COMPUTER SCIENCE	计算机科学技术	2005
26	66	0.01	EUROPEAN JOURNAL OF INFORMATION SYSTEMS	信息科学与系统科学	2011
27	64	0.01	ORGANIZATION SCIENCE	管理学	2006
28	63	0	INTERNATIONAL JOURNAL OF INFORMATION MANAGEMENT	信息科学与系统科学	2009
29	57	0.07	INTERNET RESEARCH	计算机科学技术	2007
30	56	0.01	JOURNAL OF SOCIAL ISSUES	社会科学	2006

(五) 隐私研究的中国学者概况

1. 高产作者

表2-2-15呈现的是在隐私研究领域发表量较高的前30位作者，可以看出发文量比较靠前的五位作者是香港大学的本杰明教授（Lowry Paul Benjamin）、杭州电子科技大学的周涛（Zhou T.）、台湾亚洲大学的蔡仲弘（Tsai Alan C.）、台湾南华大学的郭光明（Kuo Kuang-Ming）以及台湾亚洲大学的张翠兰（Chang Tsui-Lan）。

表2-2-15　　　　　　　　发文量较高的30位中国学者

作者	发表量	占总数百分比（%）	作者	发表量	占总数百分比（%）
Zhou T.	12	2.00	Hwang M. S.	4	0.67
Lowry P. B.	10	1.67	Lee Y. C.	4	0.67
Tsai A. C.	8	1.33	Lin C. C.	4	0.67
Kuo K. M.	7	1.17	Lin K. C.	4	0.67
Chang T. L.	6	1.00	Liu C. H.	4	0.67
Hui K. L.	6	1.00	Salvendy G.	4	0.67
Yen D. C.	6	1.00	Shen W. C.	4	0.67
Chang S. E.	5	0.83	Talley P. C.	4	0.67
Chen X.	5	0.83	Xu Y. J.	4	0.67
Li H.	5	0.83	Yang M. H.	4	0.67
Chen C. C.	4	0.67	Yao M. Z.	4	0.67
Chen J. V.	4	0.67	Zhang L.	4	0.67
Chen Y. H.	4	0.67	Zhang Y.	4	0.67
Elhai J. D.	4	0.67	Chang C. L. H.	3	0.50
Hall B. J.	4	0.67	Chang S. C.	3	0.50

2. 高被引作者

表2-2-16展示了隐私研究领域中国作者被引用的排名情况。与国际学术界的高被引作者相比，中国作者的被引用率相对较低，且其中大部分作者来自香港或台湾的高校与研究机构，内地（大陆）高校的高被引作者相对较少。

表2-2-16　　　　　隐私研究领域中国学者被引Top30

排序	频次	作者	凸显年度	排序	频次	作者	凸显年度
1	108	Fornell C.	2003	16	45	Bagozzi R. P.	2010
2	94	Gefen D.	2006	17	45	Mcknight D. H.	2007
3	79	Dinev T.	2007	18	42	Zhou T.	2012
4	69	Malhotra N. K.	2011	19	42	Milne G. R.	2006
5	67	Pavlou P. A.	2007	20	41	Hoffman D. L.	2003
6	60	Ajzen I.	2003	21	40	Bhattacherjee A.	2007
7	60	Smith H. J.	2007	22	37	Westin A. F.	2007
8	58	Culnan M. J.	2006	23	35	Liu C.	2008
9	57	Xu H.	2011	24	34	Acquisti A.	2008
10	56	Davis F. D.	2003	25	32	Belanger F.	2011
11	55	Hair J.	2009	26	32	Kim D. J.	2010
12	52	Podsakoff P. M.	2011	27	29	Lowry P. B.	2012
13	51	Venkatesh V.	2009	28	27	Bansal G.	2011
14	46	Chin W. W.	2003	29	25	Awad N. F.	2013
15	46	Hair J. F.	2003	30	24	Li Y.	2012

3. 中国学者隐私研究的学术合作谱系

图2-2-9是对中国学者隐私研究成果的作者合作网络分析结果。我们发现，中国学者隐私议题的研究以香港大学的本杰明教授、杭州电子科

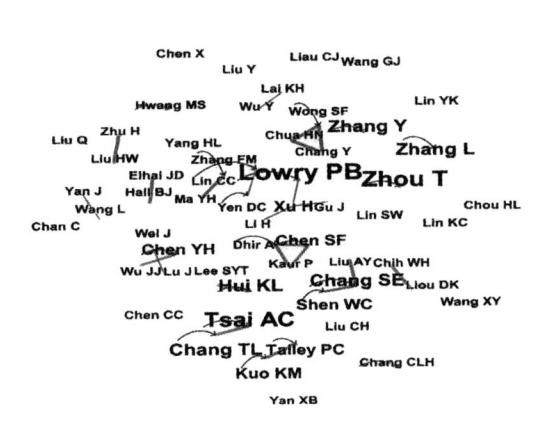

图2-2-9　中国学者隐私研究领域的科研合作网络图谱

技大学的周涛教授以及台湾亚洲大学的蔡仲弘教授为中心形成比较分散的学术合作网络，从合作网络的节点数量来看，中国隐私研究领域内的相互合作并不多。

四 英语学界"百年隐私"研究的主要特点

本节主要着眼于隐私议题的相关研究，分别就 Web of Science 数据库收录的 1900—2018 年相关期刊的所有隐私研究论文、该研究领域近十年（1998—2018）的发展脉络及演化趋势、中国学者在该领域的整体研究情况和近期研究趋势做了较为系统的梳理。分别就研究文献、研究学者、关键词、研究主题、机构、期刊等方面展开分析，研究的基本结论如下。

（一）隐私研究发展历程的转向：从"先导阶段"个体权利意识的觉醒推动到技术逻辑范式驱动

在隐私权概念的产生之初，隐私研究首先作为一个法学议题被学术界所关注。其后在相对较长的一段时间内，隐私研究都带有明显的对权属属性论争的印记。但随着研究的不断推进，影响信息传播的各种技术不断兴起，互联网、电子商务、在线交易、社交网络、大数据、云计算、人工智能等概念不一而足，技术发展的底层逻辑促使隐私研究跳脱出权属属性的单一维度，走向多学科、多元视角的综合性研究。隐私研究逐渐延展为法学、心理学、计算机科学以及管理科学等综合性的研究议题，隐私研究越来越成为一个系统性工程，单一学科的研究很难将其推向更高层次。

（二）隐私研究的全球动态：从美国率先涉足到美欧共同参与再到"全球多极化"趋势

隐私权的概念最初产生于美国，在随后的一段时间内，隐私相关议题的研究一直由美国的机构和学术团体所主导。随着欧盟对个人信息保护政策的不断加强，欧盟各国的机构和学术团体开展了一系列与相关政策密切关联的研究，欧盟在隐私研究领域的影响力也不断增高。可以看出，多数研究都围绕着《美国宪法第四修正案》和欧盟的《一般数据保护条例》展开。近年来，与隐私息息相关的"大数据""跨境数据"等议题的研究不断兴起，隐私研究已然突破单一的地域限制，成为一个重要的全球性议题。随着中国等发展中国家互联网的持续发展，对公民隐私信息、跨境数据中的隐私问题等诉求会逐渐加强。可以想见，未来的隐私研究可能朝着全球广泛参与的"多极化"趋势演进。但同时，与多极化趋势明显不相符的是，中国和俄罗斯等国家在相关英文核心期刊上发表隐私研究的数量还很少，虽然近几年中国学者相关研究发表的总量在上升，但具体到各高校和科研机构，这一数量还远远不足。"多极化"的研究趋势亟待更多优秀的中国学者参与到隐私研究的全球性议题中。

（三）隐私研究议题中的三方主体：政府规制、企业主导与个人式微

笔者发现，现有隐私议题相关研究中的主体可以分为政府（国家）、企业和个人三个大的方面。首先，在涉及政府（国家）的隐私议题中，一般关注的是宏观层面的作为，如相关法律法规的制定和执行情况。其次，综观所有的隐私研究文献，八成以上的内容的研究对象都关涉企业主体，如电子商务网站的隐私问题、社交媒体中的隐私问题。且这些研究大都站在企业的立场上，或为其探索有利于个人信息让渡的模型和策略，或为个人信息的收集以及数据的挖掘与利用辩护。商业化因素在隐私研究中占据前所未有的强势地位。相较之下，个体在隐私议题中被讨论更多的则是隐私保护意识、信任、态度、行为等话题。笔者认为，隐私议题的相关研究要达到一种主体间的相对平衡，这就要求研究者从政府、企业、个人等多维度出发，综合考量其中的问题。

（四）英语核心期刊隐私研究的中国图式：逐步融入国际学术界又呈现本土特色

就相关期刊发表中国学者隐私研究论著的数量来看，虽然总发文量排在全球前十位（597篇），但其被引用率和学术影响力尚且不足。整体来看，香港和台湾高校是中国隐私研究英文核心期刊发表的主力军，内地（大陆）学者隐私议题的相关研究成果在英文核心期刊上发表的还比较少。就发表时间来看，内地学者对相关话题的关注整体滞后于国际学术界，在该领域的学术引领性不高。但同时我们也看到，相关成果自2010年以后持续较快增长，可见中国学者参与国际隐私议题的势头进一步增强。就学科来看，排名前五的依次是计算机科学技术、商学、医学、新闻学与传播学、法学。就其学术影响力而言，排名靠前的依次为计算机与信息科学、医学、新闻学与传播学。整体而言，近十年来中国学者隐私研究的关注话题与国际学界基本一致，信息控制、信息披露、隐私保护仍是主要内容。

但与此同时又有明显的本土特征，如以中国本土的网络、传播媒介、其他实体机构和人群为研究对象。

第三节 社交媒体隐私研究的知识图谱与前沿热点

一 英语学界社交媒体隐私研究的框架、脉络与发展趋势

1. 发文量总趋势

一个研究议题的发展变迁往往可以通过相关主题的学术论文在时间序列上的呈现情况来判断。就社交媒体隐私的相关研究来看，最初出现相关文献的时间是 1994 年，说明学术界早在 1994 年前后就已经开始关注到社交媒体隐私这一议题。如图 2-3-1 所示，在 1994 年至 2008 年的近 15 年时间里，该议题的发文量总数仅为 13 篇。可见在此期间，学界对该议题的关注度较小。自 2009 年开始，有关社交媒体隐私研究的发文量逐年递增，从 2009 年的 13 篇一直到 2017 年的 205 篇，学界对该议题的关注度持续上升。这说明，从 2009 年开始，社交媒体领域的隐私议题逐渐成为一个重要的社会性议题。

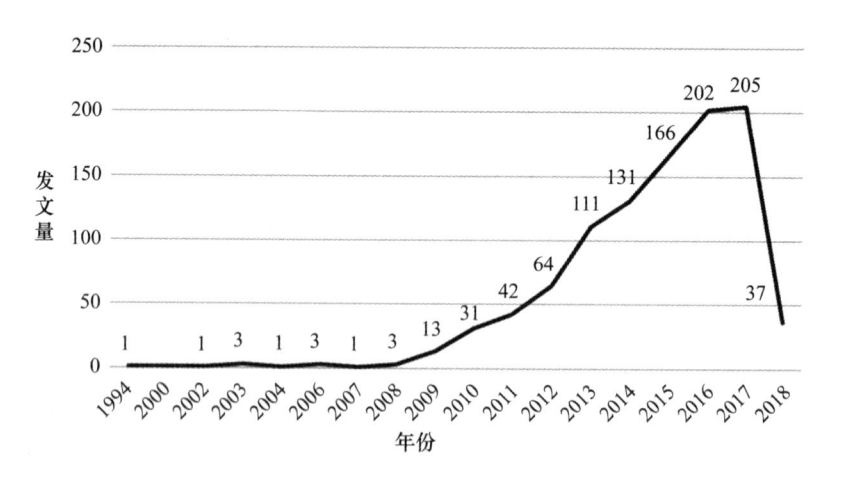

图 2-3-1 社交媒体隐私研究发文趋势（1994—2018）

第二章　社交媒体中的隐私权研究：基于文献研究的考察

2. 研究关键词

关键词是文献核心内容的集中概括，能够较好地反映某一研究领域的主题分布与特点。而关键词共现分析的方法论基础则源于心理学的邻近联系法则与知识结构与映射原则，即两词之间的联系可以用同时感知到两词的相对频率来衡量，其联系强度决定了用语过程中词汇的选择只有存在关联的词汇才能被同时想起、说出或写下。[1] 我们利用 CiteSpace 的关键词探索功能，基于文献共被引频次，选取社交媒体隐私研究领域频次最高的30个关键词（表2-3-1）进行分析。

表2-3-1　　　　社交媒体隐私研究领域关键词 Top30

排序	频次	中心性	关键词	中文名称
1	302	0.13	privacy	隐私
2	258	0.07	Facebook	脸书
3	198	0.06	social media	社交媒体
4	177	0.1	internet	网络
5	139	0.04	social network	社交网络
6	124	0.15	online social network	在线社交网络
7	93	0.04	model	模型
8	86	0.12	information	信息
9	85	0.05	disclosure	披露
10	80	0.12	behavior	行为
11	70	0.07	communication	传播
12	64	0.11	adolescent	青少年
13	63	0.07	trust	信任
14	50	0.06	self disclosure	自我披露
15	50	0.03	technology	科技
16	47	0.03	privacy concern	隐私担忧
17	47	0.09	ethics	伦理
18	35	0.05	community	社区

---

[1] 游毅、索传军：《国内信息生命周期研究主题与趋势分析——基于关键词共词分析与知识图谱》，《情报理论与实践》2011年第10期。

续表

排序	频次	中心性	关键词	中文名称
19	34	0.06	information privacy	信息隐私
20	33	0.1	Twitter	推特
21	32	0.01	personality	个性
22	31	0.09	impact	影响
23	30	0.01	perception	获取
24	30	0.03	identity	身份
25	24	0.04	student	学生
26	24	0.04	risk	风险
27	24	0.05	gender	性别
28	23	0.04	attitude	态度
29	23	0	surveillance	监视
30	19	0.23	e-commerce	电子商务

从关键词共现频次的角度来看，排名前十的关键词依次为"privacy"（隐私）、"Facebook"（脸书）、"social media"（社交媒体）、"internet"（网络）、"social network"（社交网络）、"online social network"（在线社交网络）、"model"（模型）、"information"（信息）、"disclosure"（披露）以及"behavior"（行为）。

就关键词的中心性来看，"e-commerce"（电子商务）、"online social network"（在线社交网络）以及"privacy"（隐私）的中心性排名前三，分别为0.23、0.15以及0.13。这说明，整个社交媒体隐私的研究从关注的主体上以最初的电子商务平台为核心转移到后期的在线社交媒体环境，有关隐私的研究主要围绕这两个大的媒介环境展开。

就关键词的媒介属性而言，"Facebook"和"Twitter"作为英语世界最受欢迎的两款社交软件，分别排在关键词的第3位和第20位。可以看出，学界对隐私议题所关涉的社交媒介环境，以用户数量和月活度最高的媒介平台Facebook为主体，以Twitter等其他的社交媒体、社交媒介平台或在线社交网络为辅。

就关键词的使用者主体属性而言，"adolescent"（青少年）及"student"（学生）两个关键词分列第12位和第25位。这从侧面反映出研究者主要关注的研究对象为青少年群体，而青少年作为社交媒体时代的原住民，其本身具有天然的互联网属性，对该群体的集中关注有助于隐私议题研究的顺利开展。

此外，"model"（模型）一词排名第7。从研究方法的角度来看，整个社交媒体隐私议题的研究具有明显的量化取向。"privacy concern"（隐私担忧）作为一个关键的研究点，位列所有关键词的第16。"surveillance"（监视）作为一个介入性研究变量也出现在前三十个关键词之中。

通过以上关键词的分析，不难看出，整个社交媒体情景下的隐私研究，其实质是对早期电子商务研究环境下的隐私及其保护的延展和接续，而社交媒体环境下的隐私议题又发轫于在线社交网络；社交媒体平台下的隐私主要关涉媒介使用者（以青少年群体为典型代表）在 Facebook 和 Twitter 等社交媒体上存在的隐私泄露或伦理等方面的风险，其主要的研究变量涉及媒介使用者"信任""态度""自我披露""行为"等变量。

3. 高被引作者及其合作网络

（1）高被引作者

基于作者高被引分析（图2-3-2），可以看出社交媒体隐私研究领域的主要作者及其影响力。

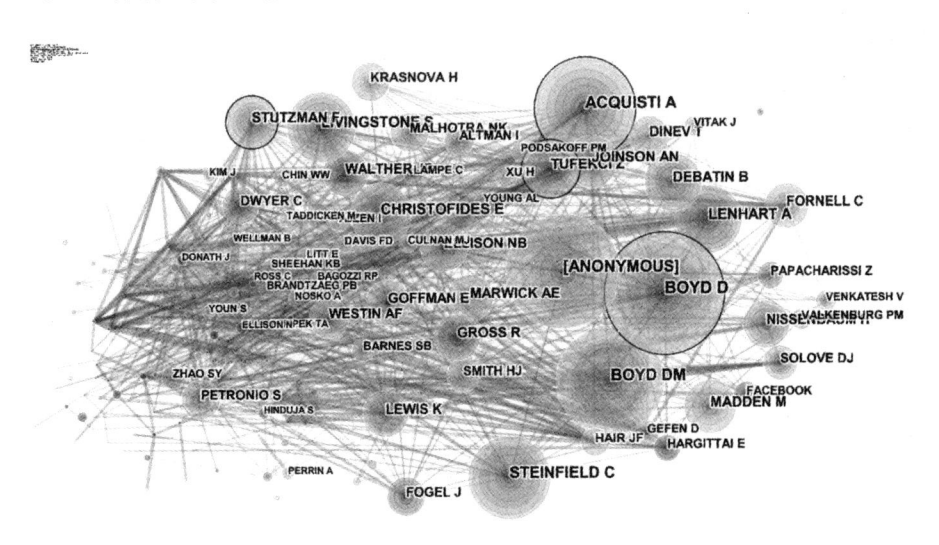

图2-3-2 英语学界社交媒体隐私相关研究高被引作者图谱（1994—2018）

从图 2-3-2 可以看出，在社交媒体隐私研究领域的作者高被引图谱中，丹娜·博伊德（Boyd D. M.）、亚历山德罗·阿奎斯蒂（Acquisti A.）、查尔斯·斯蒂芬（Steinfield C.）以及索尼娅·利文斯通（Livingstone S.）等人处于核心位置，围绕这些研究者形成了整个研究群体的引用图谱。除了上述4位作者，被引次数超过100次的还有学者阿曼达·伦哈特（Lenhart A.）。本书将以被引频次和突现性两个主要指标为依据，分别梳理被引率前五名作者的相关信息，其余研究者的相关情况详见表 2-3-2。

表 2-3-2　　社交媒体隐私研究领域高被引作者 Top30

排序	频次	突现性	中心性	作者	首次被引年份
1	333	—	0.16	Boyd D. M.	2009
2	146	—	0.15	Acquisti A.	2009
3	121	—	0.04	Steinfield C.	2010
4	104	—	0.02	Livingstone S.	2008
5	101	5.22	0	Lenhart A.	2010
6	92	—	0.04	Christofides E.	2010
7	87	—	0.14	Tufekci Z.	2009
8	85	4.51	0.02	Debatin B.	2012
9	81	—	0.07	Joinson A. N.	2010
10	79	—	0.11	Stutzman F.	2010
11	79	—	0.03	Madden M.	2010
12	72	—	0.02	Ellison N. B.	2009
13	70	—	0.04	Nissenbaum H.	2010
14	69	—	0.03	Goffman E.	2008
15	69	—	0.01	Marwick A. E.	2013
16	69	—	0.03	Lewis K.	2010
17	69	—	0.04	Gross R.	2010
18	67	—	0.04	Fornell C.	2010
19	66	—	0.04	Walther J. B.	2010
20	62	7.46	0.04	Dinev T.	2010
21	61	—	0.03	Westin A. F.	2011
22	60	—	0.01	Krasnova H.	2012
23	59	—	0.02	Malhotra N. K.	2010
24	59	—	0.02	Fogel J.	2009

续表

排序	频次	突现性	中心性	作者	首次被引年份
25	59	—	0.02	Petronio S.	2011
26	56	—	0.06	Dwyer C.	2010
27	55	—	0.08	Solove D. J.	2010
28	48	3.95	0.02	Smith H. J.	2010
29	47	0.09	0	Altman I.	2010
30	42	4.41	0.05	Hargittai E.	2009

丹娜·博伊德，微软公司首席研究员，兼任纽约大学客座教授，数据与社会研究中心的创始人兼总裁（Data & Society），加州大学伯克利分校信息学院博士。她曾当选2011年度世界经济论坛全球青年领袖，是一位业界和学术界双栖的杰出学者。其研究主要关注技术变革对社会的影响以及对社会关系的重构，主要研究兴趣集中在社交媒体、青年文化、大数据与隐私等方面。[1] 其2014年出版的专著《复杂性：网络青少年的社交生活》（It's Complicated：The Social Lives of Networked Teens），以青少年群体的社交媒介使用为出发点，探讨了隐私、身份、安全、风险等相关因素，在社交媒介隐私的相关研究中被广泛引用。

亚历山德罗·阿奎斯蒂，卡内基梅隆大学信息技术与公共政策学院教授，美国国家科学院公共反应委员会成员。其主要研究领域为隐私经济及隐私行为经济，尤其在在线社交网络隐私研究方面成果卓著。与人合著的《数据隐私：理论、技术及实践》（Digital Privacy：Theory，Technologies and Practices）一书被广泛引用。

查尔斯·斯蒂芬，密歇根州立大学媒体与信息系教授，富布赖特访问学者。其主要关注领域为信息与通信技术变革产生的社会影响，主要研究旨趣集中在传播与信息科技、传播、信息技术以及社会网络分析等方面。合著出版物五部，发表论文近150篇，在将社会资本的概念运用于在线社交网络分析方面做出了很大的贡献。

---

[1] Danah Boyd, *Data & Society researchers*, 2018-04-02, https：//datasociety.net/people/boyd-danah, 2019-05-08.

索尼娅·利文斯通，伦敦政治经济学院媒体与传播系社会心理学教授。① 其主要关注领域为文化研究、社会心理、信息与传播科技。出版学术专著和合著20余部，发表学术论文近200篇。她在网络技术衍生的机遇与风险方面做了大量的实证研究，特别是在儿童网络权益的保障方面成果卓著，在数字和网络时代儿童网络权益的保障、儿童隐私的保护以及儿童的网络学习和参与研究等方面建树颇深。因在儿童网络安全方面做出的杰出贡献，她在2014年被授予大英帝国勋章（OBE）。

阿曼达·伦哈特，美国皮尤研究中心（Pew Research Center）调查中心副主任、高级研究员。在互联网与新媒体技术背景下的青少年研究方面发表了一系列调查报告和学术论文。② 其在《今日美国》《纽约时报》等媒体上发表的有关青少年社交媒体使用的研究报告被广泛引用。她在网络隐私、网络欺凌、网络安全等方面的研究引起了学术界的广泛关注。

（2）高产作者学术合作谱系

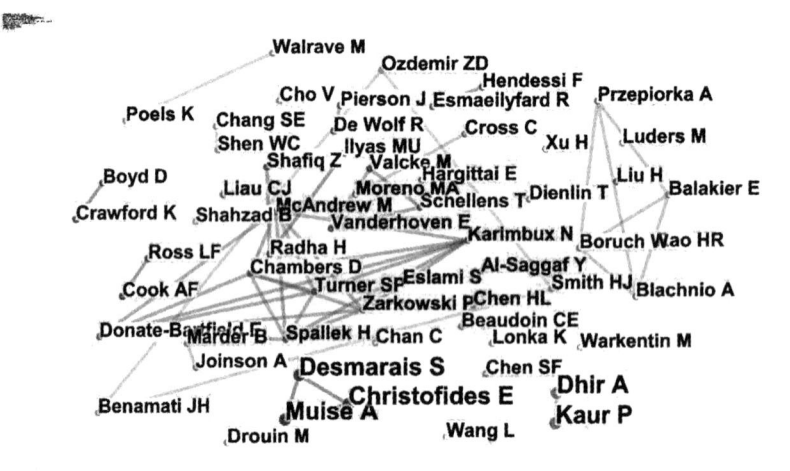

图2-3-3　英语学界社交媒体隐私作者合作图谱（1994—2018）

就合作者网络来看，如图2-3-3所示，一些高被引作者如赛尔日·德斯马赖欺（Desmarais S.）、艾米莉·克里斯托弗（Christofides E.）、阿

---

① Professor Sonia Livingstone O. B. E., 2017-09-15, http://www.lse.ac.uk40lse/WhosWho/AcademicStaff/SoniaLivingstone.aspx, 2018-11-12.

② Pew Research Center, 2018-04-02, http://www.pewresearch.org/about, 2019-02-22.

曼迪普·迪尔（Dhir A.）、普尼特·考尔（Kaur P.）等的呈现多为点状分布或单一方向的线条分布。这说明，该领域的高被引作者之间的合作相对较少，具有高影响力的作者通常为独立著作或与其他领域的学者合作。在已有的合作者网络中还可以看出，网状分布和交互的线条较为稀疏，这也从侧面反映出该领域整体上的内部学术合作较少，尚未形成学术共同体就单一话题共同研究和发表的格局。

4. 国家（地区）分布

社交媒介领域的隐私研究是一个全球性议题，在该领域，传统互联网和社交媒介肇始较早且发展较成熟的国家或地区，往往其学术发表数量越多、学术影响力越强。从各个国家（地区）相关学术著作的发表情况可以看出其对该话题的关注和重视程度。图 2-3-4 展示了全球范围内各个国家（地区）的学术共同体在本书领域的学术权力地图。可以看出，美国在其中居于绝对的主导地位，处于第二梯次的是英国、澳大利亚以及中国，第三梯次的是加拿大、德国、韩国以及荷兰等国家。美国处于整个学术权力地图的中心位置，周围是第二、第三梯次的国家（地区），整个社交媒体隐私研究领域的影响力情况呈现以美国为中心的放射状。

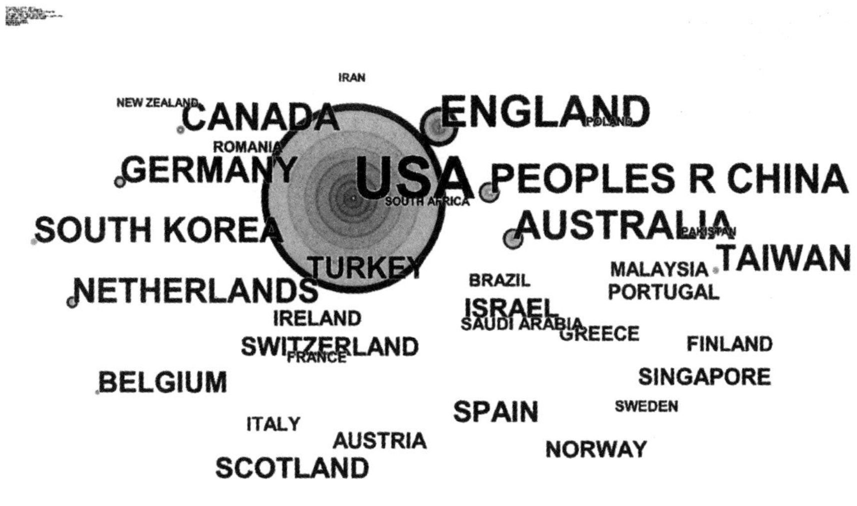

图 2-3-4 英语学界社交媒体隐私研究国家（地区）分布图谱（1994—2018）

排名在前十的国家（地区）还有澳大利亚（发文量 45 篇，中心性 0.13）、加拿大（发文量 39 篇，中心性 0.02）、德国（发文量 32 篇，中心性0.13）、韩国（发文量27篇）、荷兰（发文量25篇，中心性0.11）、土耳其（发文量16篇）以及比利时（发文量15篇）。可以看出该领域的主要发文区域为北美、欧盟以及东亚地区，其它国家（地区）的发文量和中心性参见表2-3-3。

表2-3-3　社交媒体隐私领域主要发文国家（地区）Top20

排序	发文量	中心性	占总数百分比（%）	国家（地区）	首次发文凸显年份（%）
1	368	0.59	45.10	USA	2009
2	82	0.14	10.05	PEOPLES R CHINA	2012
3	78	0.29	9.56	ENGLAND	2011
4	45	0.13	5.51	AUSTRALIA	2012
5	39	0.02	4.78	CANADA	2010
6	32	0.13	3.92	GERMANY	2009
7	27	—	3.31	SOUTH KOREA	2010
8	25	0.11	3.06	NETHERLANDS	2013
9	16	—	1.96	TURKEY	2013
10	15	—	1.84	BELGIUM	2014
11	15	—	1.84	SCOTLAND	2014
12	14	—	1.72	SPAIN	2012
13	11	—	1.35	ISRAEL	2014
14	10	0.02	1.23	SWITZERLAND	2010
15	8	0.02	0.98	NORWAY	2010
16	8	—	0.98	SINGAPORE	2012
17	7	—	0.86	AUSTRIA	2010
18	6	0.01	0.74	PORTUGAL	2014
19	6	0.01	0.74	FINLAND	2014
20	6	—	0.74	IRELAND	2015

5. 研究机构分布

科研机构是学术研究共同体的核心组成部分，为了探索社交媒体隐私研究领域的科研机构学术权力谱系，本书基于相关文献的共被引情况，通过 CiteSpace 的机构分析功能，呈现出全球范围内学术机构的影响力现状（图 2-3-5）。

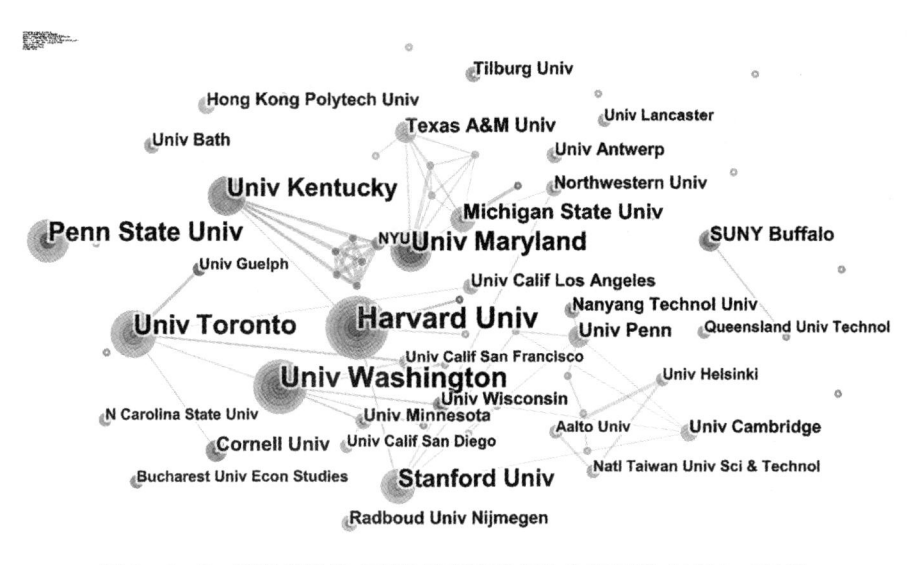

图 2-3-5　英语学界社交媒体隐私研究机构分布图谱（1994—2018）

从图 2-3-5 可以看出，哈佛大学、宾夕法尼亚大学、华盛顿大学以及多伦多大学处于比较核心的区域，各机构的呈现多以点状分布为主，机构间的联系网络比较稀疏，从一定程度上反映出该领域的主要研究之间的合作发表较少。

就相关学术结构的发文量和中心性指标来看，哈佛大学发文量最高（15 篇），其次是宾夕法尼亚大学（13 篇），第三是华盛顿大学（11 篇），第四是密歇根大学和多伦多大学（各 10 篇），第五是印第安纳大学（9 篇）。上述前五位的机构关注该议题的时间都比较早，集中分布在 1998 年前后。就中心性指标而言，学术影响力最高的是哥伦比亚大学（中心性为 0.06），其次是哈佛大学（中心性为 0.05），第三是印第安纳大学、伊利诺伊大学、纽约大学以及加利福尼亚大学旧金山分校（中心性均为 0.03）。纽约大学和加利福尼亚大学旧金山分校虽然发文量较少，但影响力比较高。其余机构的相关信息详见表 2-3-4。

表2-3-4　　社交媒体隐私领域主要发文机构Top30

排序	频次	中心性	机构名称	发文突增年份
1	15	0.05	Harvard Univ	1998
2	13	0.01	Univ Penn	1998
3	11	0.01	Univ Washington	1998
4	10	0	Univ Michigan	1996
5	10	0.02	Univ Toronto	1998
6	9	0.03	Indiana Univ	1997
7	8	0.06	Columbia Univ	1999
8	6	0.03	Univ Illinois	1997
9	5	0.01	Univ Maryland	1997
10	5	0	Univ Wisconsin	1997
11	5	0.03	NYU	1999
12	5	0	George Washington Univ	1999
13	4	0	Univ Calif Los Angeles	1997
14	4	0.01	Univ N Carolina	1997
15	4	0	Georgetown Univ	1997
16	4	0.03	Univ Calif San Francisco	1998
17	4	0	Univ British Columbia	1999
18	4	0	Penn State Univ	1999
19	4	0	Yale Univ	1999
20	4	0	Univ Minnesota	1999
21	4	0	Univ Calif Berkeley	1997
22	4	0.02	Univ Chicago	1998
23	4	0	Univ Pittsburgh	1999
24	3	0	Univ Oxford	2008
25	3	0	Univ Sydney	1999
26	3	0	Northwestern Univ	1999
27	3	0	Vanderbilt Univ	1998
28	3	0	Monash Univ	2005
29	3	0	UCL	2002
30	3	0	McGill Univ	1999

6. 学科分布

社交媒体隐私议题的研究具有多学科交叉的天然属性，不同学科在研究范式、研究方法、切入角度以及成功转化等方面都有各自的优势和特点。基于该领域研究的共性和普遍性，开展不同学科之间的相互交流合作，不仅可以促进对热点议题的综合研究，还可以促进学科融合发展和学术创新。

图 2-3-6 呈现的是社交媒体隐私研究领域不同学科之间的学术权力地图，可以看出，在国际学术界，研究该领域的主要学科为心理学、计算机相关学科以及传播学等学科。从图 2-3-6 可以看出，各学科之间的连线比较密集，这说明该领域的跨学科研究比较多。

图 2-3-6 社交媒体隐私研究的学科分布图谱

具体而言，如表 2-3-5 所示，排名前五的学科依次为心理学（发文量 224 篇，占总数的 22.05%）、计算机科学（发文量 164 篇，占总数的 16.14%）、图书馆和情报科学（发文量 157 篇，占总数的 15.45%）、传播学（发文量 147 篇，占总数的 14.47%）以及经济学（发文量 119 篇，占总数的 11.71%），其中经济学的相关研究又主要集中于营销与广告等话题。

作为一个肇始于法学学科的传统议题，随着新兴传播技术的发展以及媒介环境的变迁，隐私议题逐渐扩展到其他各个相关学科，其中尤以心理学的研究数量最多、影响力最大，传播与信息科学学科也是该议题的主要生发地。此外，医疗和公共健康领域对该议题的关注也比较多。相较之下，法学学科对具体议题的相关研究比较少，在所有学科群中排名第十（发文量 47 篇，占总数的 4.63%）。

表2-3-5　　社交媒体隐私研究领域发文量较多学科Top20

排名	发文量	占总数百分比（%）	学科名称	学科中文名
1	224	22.05	PSYCHOLOGY	心理学
2	164	16.14	COMPUTER SCIENCE	计算机科学
3	157	15.45	INFORMATION SCIENCE LIBRARY SCIENCE	图书馆和情报科学
4	147	14.47	COMMUNICATION	传播学
5	119	11.71	BUSINESS ECONOMICS	经济学
6	67	6.59	SOCIAL SCIENCES OTHER TOPICS	社会科学其他
7	59	5.81	ENGINEERING	工程学
8	59	5.81	SOCIOLOGY	社会学
9	49	4.82	HEALTH CARE SCIENCES SERVICES	卫生保健服务科学
10	47	4.63	GOVERNMENT LAW	政府法律学
11	41	4.04	EDUCATION EDUCATIONAL RESEARCH	教育学
12	34	3.35	MEDICAL INFORMATICS	情报学
13	31	3.05	PUBLIC ENVIRONMENTAL OCCUPATIONAL HEALTH	公共健康
14	24	2.36	SCIENCE TECHNOLOGY OTHER TOPICS	科学技术其他
15	23	2.26	TELECOMMUNICATIONS	电信学
16	20	1.97	PSYCHIATRY	精神病学
17	19	1.87	PHILOSOPHY	哲学
18	17	1.67	NURSING	护理学
19	15	1.48	BIOMEDICAL SOCIAL SCIENCES	生物医学与社会科学
20	15	1.48	PEDIATRICS	儿科学

7. 发文期刊分布

学术期刊是研究成果发表和交流的重要载体，是学科建设、实务管理、新人培养、专业信息传播的重要阵地。[①] 高被引则其中呈现了相关领域学术贡献较大、影响力较高的学术成果。为了探究社交媒体隐私研究

---

① 叶继元：《学术期刊的质量与创新评价》，《浙江大学学报》（人文社会科学版）2013年第2期。

领域认可度高、影响力较大的相关学术刊物，笔者分别呈现出该研究领域被引量和发文量较高的部分期刊，以期对相关研究者的投稿和发表给以借鉴。

（1）高被引期刊

从表2-3-6可以看出，社交媒体隐私研究领域被引量最高的期刊为 *Computers in Human Behavior*（被引量362次，中心性0.07），属于心理学。排名第二的期刊是 *Journal of Computer - mediated Communication*（被引量360，中心性0.05），属于新闻学与传播学。第三是 *New Media & Society*（被引量256，中心性0.01），属于新闻学与传播学。第四是 *Cyberpsychology, Behavior & Social Networking*（被引量209，中心性0.05），属于心理学。第五是 *Mis Quarterly*（被引量159，中心性0.01），属于信息科学与系统科学。

就中心性指标来看，在社交媒体隐私研究领域影响力最大的期刊是 *Journal of Social Issues*（中心性0.17），属于心理学。其他影响力较大的期刊还有 *Journal of Applied Social Psychology*（中心性0.11），属心理学；*Journal of Marketing Research*（中心性0.09），属于经济学；*Proceedings of the National Academy of Sciences of the United States of America - physical Sciences*（中心性0.06），属于交叉学科（自然科学）；*Information Systems Research*（中心性0.05），属于信息科学与系统科学。

整体来看，排名前三十的高被引期刊中，有8本期刊属于新闻学与传播学，有7本期刊属于心理学，有6本期刊属于信息科学与系统科学，有4本期刊属于计算机科学与技术。可见，综合影响力较大的分别是心理学、新闻学与传播学以及信息科学与系统科学。

表2-3-6　　　　**社交媒体隐私领域主要发文期刊Top30**

排序	频次	中心性	期刊名称	所属学科	凸显年份
1	362	0.07	COMPUTERS IN HUMAN BEHAVIOR	心理学	2009
2	360	0.05	JOURNAL OF COMPUTER - MEDIATED COMMUNICATION	新闻学与传播学	2009
3	256	0.01	NEW MEDIA & SOCIETY	新闻学与传播学	2009
4	209	0.05	CYBERPSYCHOLOGY, BEHAVIOR & SOCIAL NETWORKING	心理学	2009

续表

排序	频次	中心性	期刊名称	所属学科	凸显年份
5	159	0.01	MIS QUARTERLY	信息科学与系统科学	2010
6	141	0	JOURNAL OF PERSONALITY & SOCIAL PSYCHOLOGY	心理学	2009
7	134	0.04	LECTURE NOTES IN COMPUTER SCIENCE	信息科学与系统科学	2009
8	134	0	CYBERPSYCHOLOGY BEHAVIOR & SOCIAL NETWORKING	心理学	2013
9	134	0.05	INFORMATION SYSTEMS RESEARCH	信息科学与系统科学	2010
10	124	0.04	COMMUNICATIONS OF THE ACM	计算机科学技术	2010
11	109	0.01	PSYCHOLOGICAL BULLETIN	心理学	2009
12	106	0.09	JOURNAL OF MARKETING RESEARCH	经济学	2010
13	102	0	COMMUNICATION RESEARCH	新闻学与传播学	2010
14	93	0.01	JOURNAL OF BROADCASTING & ELECTRONIC MEDIA	新闻学与传播学	2011
15	90	0.02	JOURNAL OF MEDICAL INTERNET RESEARCH	新闻学与传播学	2011
16	90	0.02	SCI TECHNOL SOC	交叉学科	2009
17	89	0.03	JOURNAL OF THE AMERICAN SOCIETY FOR INFORMATION SCIENCE AND TECHNOLOGY	信息科学与系统科学	2010
18	83	0.17	JOURNAL OF SOCIAL ISSUES	心理学	2010
19	82	0	DECISION SUPPORT SYSTEMS DECIS SUPPORT SYST	信息科学与系统科学	2010
20	82	0	PROCEEDINGS OF THE SIGCHI CONFERENCE ON HUMAN FACTORS IN COMPUTING SYSTEMS	计算机科学技术	2010

续表

排序	频次	中心性	期刊名称	所属学科	凸显年份
21	82	0.02	INFORMATION, COMMUNICATION & SOCIETY	新闻学与传播学	2013
22	77	0.11	JOURNAL OF APPLIED SOCIAL PSYCHOLOGY	心理学	2011
23	76	0	THE NEW YORK TIMES	日报（新闻）	2009
24	73	0.06	PROCEEDINGS OF THE NATIONAL ACADEMY OF SCIENCES OF THE UNITED STATES OF AMERICA – PHYSICAL SCIENCES	交叉学科（自然科学）	2011
25	72	0.01	JOURNAL OF COMMUNICATION	新闻学与传播学	2013
26	71	0	INTERNATIONAL JOURNAL OF HUMAN – COMPUTER STUDIES	计算机科学技术	2010
27	69	0.01	HUMAN COMMUNICATION RESEARCH	新闻学与传播学	2010
28	65	0	INFORMATION & MANAGEMENT	信息科学与系统科学	2014
29	61	0	PLOS ONE	交叉学科	2014
30	57	0	JOURNAL OF MANAGEMENT INFORMATION SYSTEMS	计算机科学技术	2010

（2）发文量较高期刊

从表2-3-7可以看出，发文数量最高的期刊为心理学刊物 *Computers in Human Behavior*（发文总数129篇，占总发文量的12.697%）。其发文量总数遥遥领先，超过整个研究领域相关成果的十分之一。发文量第二的是新闻学与传播学刊物 *Information Communication Society*（发文总数32篇，占总发文量的3.150%），第三是心理学刊物 *Cyberpsychology Behavior & Social Networking*（发文总数27篇，占总发文量的2.657%），第四是新闻学与传播学刊物 *New Media & Society*（发文总数20篇，占总发文量的1.969%），第五是卫生保健服务科学期刊 *Journal of Medical Internet Research*（发文总数

19篇，占总发文量的1.870%）。其余发文量较高的刊物详见表2-3-7。

表2-3-7 社交媒体隐私研究领域发文量较多的期刊Top25

排名	发文量	百分比（%）	期刊英文名称
1	129	12.697	COMPUTERS IN HUMAN BEHAVIOR
2	32	3.150	INFORMATION COMMUNICATION SOCIETY
3	27	2.657	CYBERPSYCHOLOGY BEHAVIOR & SOCIAL NETWORKING
4	20	1.969	NEW MEDIA & SOCIETY
5	19	1.870	JOURNAL OF MEDICAL INTERNET RESEARCH
6	15	1.476	COMPUTER LAW SECURITY REVIEW
7	13	1.280	TELEMATICS AND INFORMATICS
8	12	1.181	ETHICS AND INFORMATION TECHNOLOGY
9	11	1.083	INTERNATIONAL JOURNAL OF COMMUNICATION
10	9	0.886	BEHAVIOUR INFORMATION TECHNOLOGY
11	9	0.886	INTERNATIONAL JOURNAL OF INFORMATION MANAGEMENT
12	9	0.886	JOURNAL OF COMPUTER MEDIATED COMMUNICATION
13	9	0.886	JOURNAL OF THE ASSOCIATION FOR INFORMATION SCIENCE AND TECHNOLOGY
14	9	0.886	PLOS ONE
15	8	0.787	INFORMATION MANAGEMENT
16	8	0.787	INTERNET RESEARCH
17	7	0.689	INTERNATIONAL JOURNAL OF HUMAN COMPUTER STUDIES
18	7	0.689	JOURNAL OF COMMUNICATION
19	6	0.591	ASLIB JOURNAL OF INFORMATION MANAGEMENT
20	6	0.591	CYBERPSYCHOLOGY JOURNAL OF PSYCHOSOCIAL RESEARCH ON CYBERSPACE
21	6	0.591	GOVERNMENT INFORMATION QUARTERLY
22	6	0.591	INTERNATIONAL JOURNAL OF HUMAN COMPUTER INTERACTION
23	6	0.591	JOURNAL OF ADOLESCENT HEALTH
24	6	0.591	MEDIA CULTURE SOCIETY
25	6	0.591	SCIENCE AND ENGINEERING ETHICS

8. 关键性文献

"关键文献是研究范围内至关紧要、起决定作用的那部分文献，其选择依据常以重要性为准。"① CiteSpace 的关键文献指的是由连接两个或两个以上聚类的节点构成的文献。② 其呈现出的关键性文献往往代表了相关领域知识流动的重要节点或拐点，对整个研究领域的知识生产和研究转向具有指导性意义。本书涉及的关键性文献分为两个部分，一是指该领域的高被引文献，二是整个研究领域内的"突现性"文献。一篇文献知识的累积引文频次能够衡量其在某一学科领域内的影响力，但是不能确定一篇文献知识在某一特定时间段内的影响力。显然，通过 CiteSpace 的突现探测，将 Web of Science 数据库中相关领域的知识流在某一特定时间内词频变化率高、引文增长速度快的突现词和突变文献从海量数据中拣选出来，能更好地分析该学科或领域的前沿动态。③ 而突现性文献正好可以实现这样的需求。

（1）高被引文献

由图 2-3-7 可以看出，伯恩哈德·德巴汀（Debatin B.）于 2009 发表的论文处于中心位置，此外，影响力较高的还有索尼妮·利文斯通（Livingstone S.）发表于 2008 年的论文、查尔斯·斯坦菲尔德（Steinfield C.）于 2007 年发表的论文以及艾米莉·克里斯托菲德（Christofides E.）于 2009 年发表的论文。其他学者的著作与这些作品一道构成了较为密集的共被引网络。

基于文献共被引频次，本书呈现出社交媒体隐私领域被引用较高的 30 篇文献（见表 2-3-8）。为了进一步呈现这些高被引文献的研究成果，本书对被引量前五的文献进行简要评析。其余文献的相关信息一并列举在表 2-3-8 中，以供参详。

《批判性分析：大数据对于文化、科技以及学术现象的冲击》（*Critical Questions for Big Data Provocations for a Cultural, Technological, and Scholarly Phenomenon*）一文于 2012 年发表在新闻学与传播学专业 SSCI 期刊 *Informa-*

---

① 张云、华薇娜、袁顺波：《利用引文确定领域关键文献的方法探析》，《图书情报工作》2016 年第 1 期。

② Chen C., "The centrality of pivotal points in the evolution of scientific networks", *in International Conference on Intelligent User Interfaces*. ACM, 2005, pp. 98–105.

③ 程结晶、丁慢、朱彦君：《国外信息管理领域知识流的新兴趋势及可视化分析》，《现代情报》2017 年第 4 期。

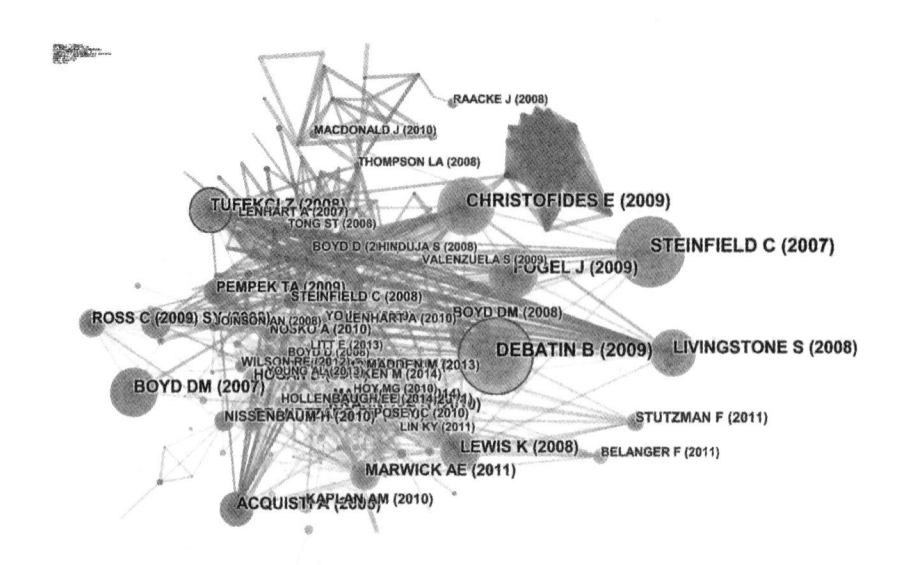

图 2-3-7 英语学界社交媒体隐私相关研究被引图谱（1994—2018）

tion Communication & Society 上，截至 2018 年 3 月底，被引量已达 841 次。其作者为该领域总被引第一的微软首席研究员、纽约大学客座教授丹娜·博伊德（Boyd Danah）。这篇论文主要通过阐述大数据技术的发展带给社会各行各业的冲击，探讨了大数据技术带给社会和人民日常生活的利害关系，预警了一个隐私裸奔时代的到来。文章通过分析大数据对于传统知识定义的改写，提出在大数据环境下，对客观性和精准性认知的要求实际上是具有误导性的。文章指出，数据并非越大就越好，脱离了具体的情景，大数据就失去了其自身的意义。当时的大数据面临一系列的伦理问题，而对大数据的有限访问也造成了新的数字鸿沟。文章最后指出，大数据作为一种工具，应该更多地被考虑到参与和改造世界的进程中来，呼吁学术界对大数据进行审慎思考。

《富有活力的内容创作中的机遇与风险：青少年在社交媒体使用中的亲昵行为、隐私及自我表达》（Taking Risky Opportunities in Youthful Content Creation: Teenagers' Use of Social Networking Sites for Intimacy, Privacy and Self - expression）一文于 2008 年发表在新闻学与传播学专业 SSCI 期刊 New Media & Society 上，总被引达 548 次。其作者为该领域共被引第三的伦敦政治经济学院媒体与传播系社会心理学教授索尼娅·利文斯通（Livingstone Sonia)。这篇文章主要探讨青少年群体在社交网络中的行为,揭示了社交媒体环境中机遇与风险的微妙关系。文章指出,年纪较小的孩子会以一种修饰度较高、风格独特的身份标签出现在社交网络中。而年龄较长的孩子则表现得更加朴素,对生活中的社会关系的认同感也更高。其主要的贡献是提出了社交网站对于青少年群体的分级制度,该措施可以更好地保障青少年群体在社交媒介环境中的权益。

《推荐系统机制纵览》(*Recommender Systems Survey*)一文于 2013 年发表在计算机科学专业 SCI 期刊 *Knowledge - based Systems* 上,其作者是马德里理工大学政治学院应用智能系统系讲师博巴迪拉·吉赛斯(Bobadilla Jesús)。该研究通过对推荐系统的工作原理、应用现状与应用前景进行分析,指出其在整合社会信息、物联网场景中的应用等方面的广阔前景和巨大价值。文章指出,推荐系统机制的应用可以分为三个阶段,传统的门户网站阶段、Web 2.0 时代基于用户偏好的社交场景应用阶段以及将来大规模应用网络集成数据的 Web 3.0 阶段。在此背景下,用户的注册信息、偏好信息、消费行为等场景的信息以及位置信息等涉及个人隐私的数据都将变得愈发重要。① 这也引发了学界对以人工智能为代表的未来媒介技术隐私的担忧。

《脸书与在线隐私:态度、行为及不可预期的结果》(*Facebook and Online Privacy: Attitudes, Behaviors, and Unintended Consequences*)一文于 2009 年发表在新闻学与传播学专业 SSCI 期刊 *Journal of Computer - Mediated Communication* 上,作者是美国俄亥俄大学新闻学院教授德巴廷·博思哈德(Debatin Bernhard)。该研究通过对 Facebook 隐私问题的实证研究,发现用户虽然声称自己比较了解隐私议题,却会在 Facebook 平台中披露较多的隐私信息;用户普遍认为隐私泄露是由自身以外的因素造成的,研究指出,改变用户的态度对于加强隐私保护意义重大。② 这一研究成果因为指出了影响用户隐私保护的关键性变量——用户态度这一因素而被广泛引用。放诸到其他社交媒介环境下,这一现象是否成立?如果成立,应该如何针对

---

① Bobadilla J., Ortega F. and Hernando A., "Recommender systems survey", *Knowledge - Based Systems*, Vol. 46, No. 1, 2013.

② Debatin B., Lovejoy J. P., Ann - Kathrin H. M. A., et al., "Facebook and Online Privacy: Attitudes, Behaviors, and Unintended Consequences", *Journal of Computer - mediated Communication*, Vol. 15, No. 1, 2009.

用户的态度这一变量去提高隐私保护的意识和能力？围绕这一论点，学者们相继展开了大量研究。

《社会科学领域的脸书研究综述》（*A Review of Facebook Research in the Social Sciences*）一文于2012年发表在人文社会科学综合性SSCI期刊 *Perspectives on Psychological Science* 上，该文的作者是圣路易斯华盛顿大学心理学系教授罗伯特·E.威尔逊（Wilson Robert E.）。该研究通过分析以往关于Facebook研究的412篇学术论文，比较系统地从用户特征、使用动机、身份展示、社交互动以及隐私与信息披露五个方面对以往研究做了综合性评述。其之所以会被后来社交媒体隐私研究的相关论著广泛引用，是因为它比较明确地将隐私与信息披露这一议题同身份特征、社交互动等放在同一个层面去梳理，肯定了隐私议题作为社交媒体环境下一个重要分支的地位，推动了学术界对该领域的持续关注和重视程度。①

表2-3-8　　社交媒体隐私研究领域高被引文献Top30

排序	总被引	文章标题	作者	发表年份	期刊名称
1	841	Critical Questions for Big Data Provocations for a Cultural, Technological, and Scholarly Phenomenon	Boyd Danah	2012	Information Communication & Society
2	548	Taking Risky Opportunities in Youthful Content Creation: Teenagers' Use of Social Networking Sites for Intimacy, Privacy and Self-expression	Livingstone Sonia	2008	New Media & Society
3	506	Recommender Systems Survey	Bobadilla J.	2013	Knowledge-based Systems
4	348	Facebook and Online Privacy: Attitudes, Behaviors, and Unintended Consequences	Debatin Bernhard	2009	Journal of Computer-Mediated Communication
5	332	A Review of Facebook Research in the Social Sciences	Wilson Robert E.	2012	Perspectives on Psychological Science

---

① Wilson R. E., Gosling S. D., Graham L. T., "A Review of Facebook Research in the Social Sciences", *Perspectiveson Psychological Science A Journal of the Association for Psychological Science*, Vol. 7, No. 3, 2012.

第二章 社交媒体中的隐私权研究：基于文献研究的考察

续表

排序	总被引	文章标题	作者	发表年份	期刊名称
6	307	Private Traits and Attributes are Predictable from Digital Records of Human Behavior	Kosinski Michal	2013	Proceedings of the NAS
7	267	Internet Social Network Communities: Risk Taking, Trust, and Privacy Concerns	Fogel Joshua	2009	Computers in Human Behavior
8	260	A New Dimension of Health Care: Systematic Review of the Uses, Benefits, and Limitations of Social Media for Health Communication	Moorhead S. Anne	2013	Journal of Medical Internet Research
9	240	Information Disclosure and Control on Facebook: Are They Two Sides of the Same Coin or Two Different Processes?	Christofides Emily	2009	Cyberpsychology & Behavior
10	222	Students' and Teachers' Use of Facebook	Hew Khe Foon	2011	Computers in Human Behavior
11	205	Online Social Networking by Patients with Diabetes: A Qualitative Evaluation of Communication with Facebook	Greene Jeremy A.	2011	Journal of General Internal Medicine
12	204	The Taste for Privacy: An Analysis of College Student Privacy Settings in an Online Social	Lewis Kevin	2008	Journal of Computer-Mediated Communication
13	197	The Impact of Polices on Government Social Media Usage: Issues, Challenges, and Recommendations	Bertot John Carlo	2012	Government Information Quarterly
14	161	Understanding Generation Y and Their Use of Social Media: A Review and Research Agenda	Bolton Ruth N.	2013	Journal of Service Management

续表

排序	总被引	文章标题	作者	发表年份	期刊名称
15	157	Using the Facebook Group as a Learning Management System: An Exploratory Study	Wang Qiyun	2012	Mis Quart
16	156	Online Social Networks: Why we Disclose	Krasnova Hanna	2010	Journal of Information Technology
17	143	"But the Data is Already Public": On the Ethics of Research in Facebook	Zimmer Michael	2010	Ethics and Information Technology
18	143	Gender, Cancer Experience and Internet Use: A Comparative Keyword Analysis of Interviews and Online Cancer Support Groups	Seale Clive	2006	Social Science & Medicine
19	142	The Effects of Trust, Security and Privacy in Social Networking: A Security-based Approach to Understand the Pattern of Adoption	Shin Dong-Hee	2010	Interacting with Computers
20	138	All about Me: Disclosure in Online Social Hetworking Profiles: The Case of Facebook	Nosko Amanda	2010	Computers in Human Behavior
21	122	What's Different about Social Media Networks? A Framework and Research Agenda	Kane Gerald C.	2014	Mis Quart
22	114	Friends, Fans, and Followers: Do Ads Work on Social Networks? How Gender and Age Shape Receptivity	Taylor David G.	2011	Journal of Advertising Research
23	113	Too Many Facebook "Friends"? Content Sharing and Sociability Versus the Need for Privacy in Social Network Sites	Brandtzaeg Petter Bae	2010	International Journal of Human-Computer Interaction
24	112	Granny and the Robots: Ethical Issues in Robot Care for the Elderly	Sharkey Amanda	2012	Ethics and Information Technology

第二章　社交媒体中的隐私权研究：基于文献研究的考察

续表

排序	总被引	文章标题	作者	发表年份	期刊名称
25	112	Privacy, Professionalism and Facebook: A Dilemma for Young Doctors	MacDonald Joanna	2010	Medical Education
26	108	Patients' and Health Professionals' Use of Social Media in Health Care: Motives, Barriers and Expectations	Antheunis Marjolijn L.	2012	Patient Education and Counseling
27	107	Managing Customer Relationships in the Social Media Era: Introducing the Social CRM House	Malthouse Edward C.	2013	Journal of Interactive Marketing
28	104	Social Media: A Review and Tutorial of Applications in Medicine and Health Care	Grajales Francisco Jose	2014	Journal of Medical internet Research
29	102	"You Have one Identity": Performing the Self on Facebook and Linkedin	van Dijck Jose	2013	Media Culture & Society
30	96	Social Networking on Smartphones: When Mobile Phones Become Addictive	Salehan Mohammad	2013	Computers in Human Behavior

（2）突现性文献

突现性文献是指引用量突然发生变化的节点文献，这类节点通常代表某一研究领域的兴起或转变，其具有创新性的特点，引用突现文献的文章会反映出新兴主题。① 社交媒体隐私领域的研究通常受制于传播科技与媒介环境变迁，新技术、新场景的出现往往可以催生新的研究问题、研究范式与研究成果。为了找出该领域创新性的研究成果，本书利用 CiteSpace 的突现文献探索功能，呈现出突现值较高的 30 篇文献（表 2 - 3 - 9）。限于篇幅，本书仅对前五篇文献进行简要述评。

《青少年社交媒介情境下的内容协商探究——网络隐私的视角》（*Net-*

---

① 黄鲁成、张璐、吴菲菲：《基于突现文献和 SAO 相似度的新兴主题识别研究》，《科学学研究》2016 年第 6 期。

worked Privacy: How Teenagers Negotiate Context in Social Media）一文于 2014 年发表在新闻学与传播学 SSCI 期刊 New Media & Society 上，突现值排名第一（8.719）。该文由福特汉姆大学的艾丽斯·马威克（Alice Marwick，现任北卡罗来纳大学教堂山分校传播系助理教授）与丹娜·博伊德（Danah Boyd）合著。文章通过考察青少年群体在 Facebook 上的在线隐私情况，指出传统的隐私模式具有个人主义的色彩，认为当时的社交媒体隐私技术模式主要遵从个人信息控制的路径。文章提出了一个全新的网络隐私模型，该模型为网民实现隐私保护提供了有效的解决方案。

《信息隐私研究：一个跨学科的综述》（Information Privacy Research: An Interdisciplinary Review）一文于 2011 年发表在信息科学与系统科学类 SCI 期刊 MIS Quarterly 上，突现值排名第二（7.291）。该文的作者是美国迈阿密大学农业学院决策科学与管理信息系统学系的杰夫·H. 史密斯（H. Jeff Smith）。文章通过对以往 320 种隐私条款和 128 本相关著作进行梳理分析，将隐私研究的成果分为两个方面：一是基于伦理层面的规范性命名、单纯的描述以及实证性的分析；二是基于被研究者所属的个体、群体、组织以及社会层级的分析。根据以上两种分类，作者提出了以往研究的三个重要领域：信息隐私的概念化、信息隐私与其他构念之间的关系以及这些关系在具体情境中的意义。最后，文章指出了对 APCO 模型（隐私问题的前因—结果模型）的警惕。该研究将以往有关信息隐私的研究成果做了系统的梳理和分类，为以后相关研究的开展提供了较为全面的理论素材，具有很高的指导意义。

《社交网络中的"隐私悖论"：隐私担忧、个体特征及社会关系感知对不同形式的自我表露的影响》（The "Privacy Paradox" in the Social Web: The Impact of Privacy Concerns, Individual Characteristics, and the Perceived Social Relevance on Different Forms of Self-Disclosure）一文于 2014 年发表在新闻学与传播学 SSCI 期刊 Journal of Computer-Mediated Communication 上，突现值排名第三（6.960）。该文的作者为德国汉堡大学传播系教授莫妮卡·泰迪肯（Monika Taddicken）。该研究通过对 2739 名德国互联网用户的调查，测量了隐私担忧的潜在影响、用户的心理特征、对社交网络的态度以及自我表露等概念，研究发现，隐私担忧对自我披露几乎没有影响，但这组关系在引入不同变量时会有其他情形。社会关系感知以及使用互联网应用的数量对其隐私担忧存在影响，当需要用户提供敏感信息时，一般性的披露意愿会很重要。隐私悖论指的是用户一方面会出于各种不同原因披露自己的人口信息、偏好信息、使用习惯以及住址等信息,另一方面却意识到这种披露存在一定程度的威胁并对此表示担忧。① 隐私悖论在社交媒体环境下表现得尤为明显,有学者在不同媒介环境、不同使用人群、不同地域范围内证实了隐私悖论现象的存在。该研究的意义在于,通过大规模地对已有研究成果进行验证,明确了隐私悖论现象的存在,为网络服务商或在线社交媒介平台提升服务质量和优化隐私保护策略提供了镜鉴。

《在线社交网络:我们为什么披露信息》(Online Social Networks: Why We Disclose)一文于 2010 年发表于信息科学与系统科学类 SCI 期刊 Journal of Information Technology 上,突现值排名第四(6.860)。该文的作者是波茨坦大学的汉娜·克拉斯诺娃(Hanna Krasnova)。文章通过对 259 个有关自我表露的结构方程模型进行实证检验,发现用户线上披露信息的原因主要是维护和发展线上关系和享受平台的便利性。该研究指出了隐私风险(Privacy Risks)这一阻碍信息披露的关键变量,进而发现信任(Trust)和隐私设置功能的可用性(Network Provider and availability of Control Options)负向影响用户的隐私风险感知(Users' Perception of Risk)。汉娜·克拉斯诺娃的研究对不同社交媒体环境下如何引入不同变量及其适用性方面具有启发意义。

《社交网站:定义、历史及学术成果》(Social Network Sites: Definition, History, and Scholarship)一文于 2007 年发表于新闻学与传播学 SSCI 期刊 Journal of Computer - Mediated Communication 上,突现值排名第五(6.280)。其作者为微软首席研究员、纽约大学客座教授丹娜·博伊德。文章比较系统地阐述了 SNS(社交网站)的定义、发展历史以及学术成果,认为社交网站即基于 Web 的服务,主要有三个特点:一是在一个有边界的系统内建构一个公开或半公开的概要性文件;二是通过对方共享的连接机制使列表中的相关人员互相联通;三是在系统内部的浏览列表中其他人提供的信息可与之交互。这种连接的性质和命名在节点与节点之间可能存在差异性。在梳理 SNS 发展的历史时,文章从六度分割理论谈起,认为

---

① Lenhart A., Madden M., "Teens, Privacy and Online Social Networks: How teens manage their online identities and personal information in the age of MySpace", Pew Internet & American Life Project, 2007.

SNS 发端于 1997 年，第一次发展浪潮集中分布在 1997—2001 年；第二次浪潮集中分布在 2001—2007 年。通过对典型应用的分析，清晰地呈现了 SNS 从发端到冲击传统门户网站再到风靡全球的过程。在有关 SNS 学术研究成果的述评中，文章认为当时的研究集中在线上印象关系管理、网络以及网络的结构、线上或线下的连接以及隐私问题等几个大的方面。社交网站的兴起引发了在线网络隐私研究的新命题、新思路和新方法，丹娜·博伊德在以往研究基础上对 SNS 的定义被后来的研究广泛引用，其对社交网站发展历史以及现有学术研究成果的梳理具有很大的创新性，为社交媒体环境下的隐私研究指明了方向。

表 2-3-9　　社交媒体隐私研究领域突现性文献 Top30

文献信息	年份	强度	起始	截止
MARWICK AE, 2014, NEW MEDIA SOC, V16, P1051	2014	8.719	2016	2018
SMITH HJ, 2011, MIS QUART, V35, P989	2011	7.291	2015	2018
TADDICKEN M, 2014, J COMPUT - MEDIAT COMM, V19, P248	2014	6.960	2016	2018
KRASNOVA H, 2010, J INF TECHNOL, V25, P109	2010	6.860	2015	2018
BOYD DM, 2007, J COMPUT - MEDIAT COMM, V13, P210	2007	6.280	2013	2015
YOUNG AL, 2013, INFORM COMMUN SOC, V16, P479	2013	6.083	2016	2018
STEINFIELD C, 2007, J COMPUT - MEDIAT COMM, V12, P1143	2007	5.852	2014	2015
BELANGER F, 2011, MIS QUART, V35, P1017	2011	5.691	2015	2018
BOYD D, 2014, ITS COMPLICATED SOCI, V0, P0	2014	5.210	2016	2018
PERRIN A, 2015, SOCIAL MEDIA USAGE 2, V0, P0	2015	5.209	2016	2018
STUTZMAN F, 2010, CHI2010: PROCEEDINGS OF THE 28TH ANNUAL CHI CONFERENCE ON HUMAN FACTORS IN COMPUTING SYSTEMS, VOLS 1-4, P1553	2010	4.772	2016	2018
HOLLENBAUGH EE, 2014, COMPUT HUM BEHAV, V30, P50	2014	4.734	2015	2018
VITAK J, 2012, J BROADCAST ELECTRON, V56, P451	2012	4.674	2016	2018
ZHAO SY, 2008, COMPUT HUM BEHAV, V24, P1816	2008	4.659	2014	2015
DONATH J, 2004, BT TECHNOL J, V22, P71	2004	4.650	1990	2011

续表

文献信息	年份	强度	起始	截止
MADDEN M, 2013, TEENS SOCIAL MEDIA P, V0, P0	2013	4.513	2016	2018
WALTHER JB, 2008, HUM COMMUN RES, V34, P28	2008	4.491	2010	2012
LOWRY PB, 2011, J MANAGE INFORM SYST, V27, P163	2011	4.423	2014	2015
LIN KY, 2011, COMPUT HUM BEHAV, V27, P1152	2011	4.417	2015	2018
WILSON RE, 2012, PERSPECT PSYCHOL SCI, V7, P203	2012	4.376	2014	2016
KRAMER ADI, 2014, P NATL ACAD SCI USA, V111, P8788	2014	4.336	2016	2018
ACQUISTI A, 2006, LECT NOTES COMPUT SC, V4258, P36	2006	4.009	1990	2010
VALENZUELA S, 2009, J COMPUT - MEDIAT COMM, V14, P875	2009	3.970	2013	2014
TONG ST, 2008, J COMPUT - MEDIAT COMM, V13, P531	2008	3.912	2010	2012
BOYD D, 2008, THESIS U CALIFORNIA, V0, P0	2008	3.836	2014	2015
BOYD D, 2008, CONVERGENCE, V14, P13	2008	3.750	1990	2012
LEWIS K, 2008, J COMPUT - MEDIAT COMM, V14, P79	2008	3.616	2014	2015
HINDUJA S, 2008, J ADOLESCENCE, V31, P125	2008	3.613	2010	2011
ELLISON NB, 2007, J COMPUT - MEDIAT COMM, V12, P0	2007	3.610	2010	2011
HONG WY, 2013, MIS QUART, V37, P275	2013	3.588	2015	2016

二 英语学界社交媒体隐私研究的主题分析

主题共现分析指的是基于从文章的标题、摘要、关键词中提取一定的主题词，建构共词网络来实现对相关文献主要研究内容和趋势判断的分析方法。通过对某一领域特定时间段内相关文献的对比和聚类分析，能够识别并呈现出该学科或研究领域的动态演进过程和学术发展脉络。[①] 为了探

[①] Chen C., "CiteSpace Ⅱ: Detecting and visualizing emerging trends and transient patterns in scientific literature", *Journal of the Association for Information Science & Technology*, Vol. 57, No. 3, 2006.

究现有社交媒体隐私研究相关成果的主要内容和动态演进过程，本书在 CiteSpace 中基于文献共被引情况，执行主体聚类分析。

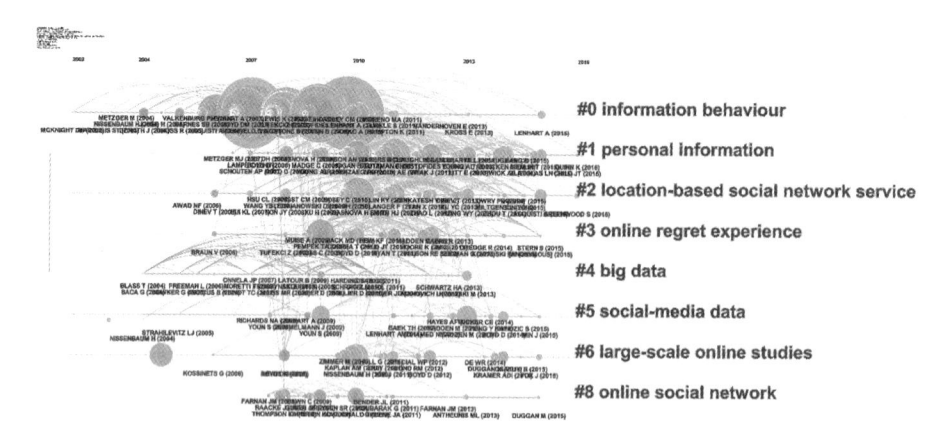

图 2-3-8　英语学界社交媒体隐私相关主题聚类（1994—2018）

聚类结果如图 2-3-8 所示，排名第一的研究主题是"信息行为"（Information Behaviour），排名第二的是"个人信息"（Personal Information），第三是"基于位置的社交网络服务"（Location-based Social Network Service），第四是"在线反悔机制"（Online Regret Experience），第五是"大数据"（Big Data），第六是"社交媒体数据"（Social-media Data），第七是"大规模在线学习"（Large-scale Online Studies），第八是"在线社交网络"（Online Social Network）。

从以上聚类结果可以看出，社交媒体环境下的隐私研究主要涉及对媒介使用者信息行为的研究。作为研究者关注的核心议题，从最初的 SNS 发展到 Facebook、Twitter 等社交媒体，个人信息的边界不断扩展和衍生，与之关联的"大数据""社交媒体数据"等概念也成为研究者深入探讨的话题。基于位置的社交网络服务一直是学界关注的重点议题，结合用户注册信息、消费与生活偏好信息以及移动终端位置信息的综合性推荐服务系统在给人们生活带来极大便利的同时，也给用户带来了隐私信息泄露、人身安全威胁等风险。此外"大规模在线学习"作为人工智能背景下社交媒体隐私研究的一个新议题，在近几年的重要性越发凸显。超级智能时代，人的隐私与机器行为之间的边界问题、大规模数据采集与机器学习过程中造成的隐私侵权问题等都成为当下和未来必须重点关注的议题。

三 英语学界近五年研究主题及关键词演变

（一）研究主题演变

基于CiteSpace的主题聚类功能，对文献的考察将以时间切分的方式，分别生成每一时间段的共现主题或关键词，经过对不同时间区间信息的纵向比照和分析，可以历时性地呈现一个学科或研究领域前沿热点的动态变化过程和知识演进脉络。[①] 本书将社交媒体隐私研究领域的相关文献以一年为时间段进行切分，在主题聚类的基础上分别呈现出近五年来的研究主题，以期对该领域近五年研究脉络的演进和知识生产的进程有一个较为系统的把握。

类似地，本书以相同的思路，对近五年来每一年度社交媒体隐私研究的关键词进行统计分析，以期对微观层面具体研究话题的展开做出动态的分析和直观的描述。[②]

如图2-3-9所示，2014年主题聚类的结果依次为"群组隐私信息管理策略"（Group Privacy Management Strategies）、"使用习惯"（Use habit）、"线上领域研究引导"（Conducting Online Field Studies）以及"脸书案例"（Facebook Case）。就关键词的呈现来看（见表2-3-10），排名前十的关键词依次为脸书、隐私、互联网、社交媒体、社交网络、信息、模型、行为、传播以及披露。可以看出，2014年，社交媒体隐私领域研究所关注的重点是以Facebook为主的社交媒体平台，媒介使用习惯、隐私管理策略是其考察的重要内容。此外，从关键词的分布可以看出研究者比较注重量化研究和实证研究。

2015年的主题聚类结果依次为"基于位置的社交媒体服务"（Location-based Social Network Service）、"隐私担忧"（Pricacy Concern）、"社交网站"（Social Network）以及"脸书使用行为"（Facebook User Behavior）。就关键词的分布来看，排名前十的关键词依次为隐私、脸书、社交媒体、在线、网络、社交网站、传播、模型、社交网络以及行为。可以看出，在

[①] Chen C., "CiteSpace Ⅱ: Detecting and visualizing emerging trends and transient patterns in scientific literature", *Journal of the Association for Information Science & Technology*, Vol. 57, No. 3, 2006.

[②] 由于本书所选取的Web of Science数据的截止时间是2018年3月31日，因而在对2018年度相关研究进行考察时，由于文献数量较少，最终呈现的主题聚类数和关键词的基数相对较小。

图 2-3-9　英语学界近五年社交媒体隐私研究主题聚类演变（2014—2018）

2015 年的社交媒体隐私研究中，Facebook 依然是最主要的研究对象，隐私担忧、基于位置的社交媒体服务作为两个重要议题凸显出来。

2016 年的主题词聚类结果依次为"照片留言"（Untag Photo）、"年龄差异"（Age difference）以及"自我披露分析"（Analyzing Self-disclosure）。就关键词来看，排名前十的关键词依次为隐私、脸书、社交媒体、网络、在线、模型、行为、社交网络、青少年，以及社交网站。整体而言，2016 年该领域的研究更多地关注不同年龄层次的人在社交网络或社交媒体互动中的差异性，尤其对青少年这一群体的关注比较突出。

2017 年的主题聚类结果依次为"社交网站"（Social Networking Site）、"脸书使用"（Facebook Use）以及"移动社交化旅游"（Mobile Social Tourism）。此外，排名前十的关键词依次为隐私、脸书、社交媒体、互联网、模型、行为、在线、社交网站、隐私担忧以及信息。整体来看，该年度的社交媒体隐私研究受移动互联网发展的影响比较突出，Facebook 依旧是学界关注的主流研究对象。

2018 年的主题聚类结果分别为"模仿"（Observational Learning）和"消费异化"（Consumer Alienation）。排名前列的关键词有脸书、隐私、信息、模型、社交网站、互联网、自我披露、传播、社交媒体以及科技。

第二章 社交媒体中的隐私权研究：基于文献研究的考察

（二）研究关键词演变

就近五年研究主题和研究关键词的演变来看，社交媒体领域的隐私研究受传播科技的影响比较突出，媒介环节的变迁、大数据、云计算、人工智能技术的兴起和发展不断带给隐私研究新的议题。就研究对象而言，近五年来 Facebook 在社交媒体隐私研究中占据绝对的主导地位，这也说明 Facebook 平台已经成为隐私研究的核心地带。作为一个集社交、营销、娱乐、服务为一体的超级社区，Facebook 的平台性地位越来越突出。就该议题关注的媒介使用者来看，青少年群体一直是被重点观察的对象。近几年来，社交媒体环境下儿童隐私保护议题也不断增多。就研究方法而言，社交媒体隐私研究一直以量化研究和实证研究为主导，近几年的一个突出特点是，结合大数据等技术对在线网络数据和媒介使用者行为进行分析的研究越来越多。

表2-3-10 社交媒体研究领域近十年（2008—2018）研究关键词演变

排序	2014年关键词	2015年关键词	2016年关键词	2017年关键词	2018年关键词
1	Facebook	privacy	privacy	privacy	Facebook
2	privacy	Facebook	Facebook	Facebook	privacy
3	internet	social media	social media	social media	information
4	social media	online	internet	internet	model
5	social network	internet	online	model	social network
6	information	social network site	model	behavior	internet
7	model	communication	behavior	online	self-disclosure
8	behavior	model	social network	social networking site	communication
9	communication	social network	adolescent	privacy concern	social media
10	disclosure	behavior	social networking site	information	technology
11	social network site	site	communication	self disclosure	online
12	trust	trust	information	trust	behavior
13	attitude	information	trust	social network	motivation

续表

排序	2014年关键词	2015年关键词	2016年关键词	2017年关键词	2018年关键词
14	personality	technology	media	adolescent	impact
15	community	adolescent	disclosure	media	china
16	adolescent	self disclosure	privacy concern	identity	health
17	ethics	privacy concern	impact	information privacy	intervention
18	online	perspective	ethics	networking site	information privacy
19	self-disclosure	information privacy	self disclosure	perception	internetuser
20	network	personality	technology	perspective	management

四 英语学界社交媒体隐私研究的中国图式

为探究中国学者在英语学术界发文议题的类型、研究主题、学术影响力以及对该领域的学术贡献。本书在第一阶段筛选的816篇文献中再筛选出82篇中国学者的相关论著作为分析对象。

（一）发文量分析

就发文量而言，中国学者就社交媒体隐私议题发表英文国际核心期刊论文103篇[①]，约占整个研究领域发表总量的十分之一。由图2-3-10可以看出，中国学者介入该议题的时间为2010年，而由前文的分析可知，国际学界对该议题的介入时间为1994年，相较而言，中国学者开始关注这一议题的时间较晚。自2011年至2017年，发文量一直呈现较快的增长，至2017年达到一个小的峰值（28篇）。可以看出，近几年中国学者参与该议题研究并发表相关学术著作的积极性逐步提高。

（二）研究主题

由图2-3-11可知，中国学者在该领域比较关注的议题主要有"基于位置的社交媒体服务"（Location-based Social Network Service）、"品牌参与"（Brand Participation）、"社交网站使用"（Social Network Site Usage）以及"在线数据"（Electronic Data）。

---

① 实际发表数为103篇，该数据是Web of Science核心合集数据库中的统计结果。最终分析的总数为82篇，这是经过CiteSpace去重和筛选后的结果。两组数据均将中国台湾地区的发表量合并处理。

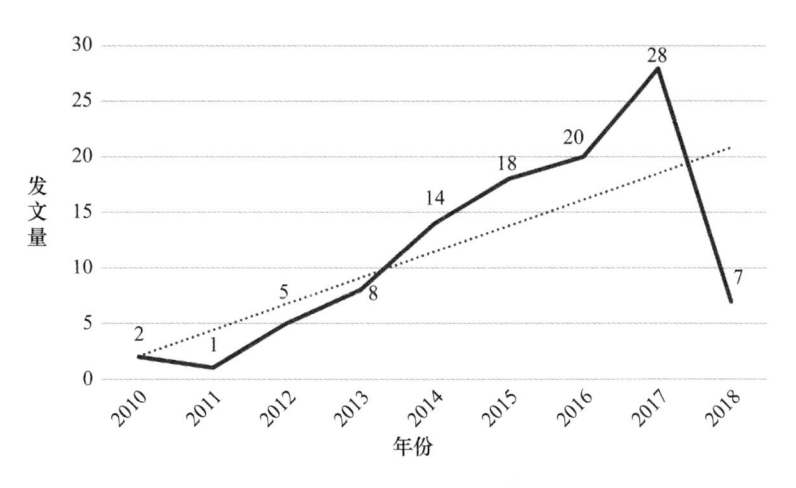

第二章 社交媒体中的隐私权研究：基于文献研究的考察

图 2-3-10　学者社交媒体研究的英文核心期刊发文趋势（2010—2018）

图 2-3-11　社交媒体隐私研究的主题聚类

（三）研究关键词

中国学者在社交媒体隐私研究领域出现频次较高的关键词有脸书、模型、隐私、信任、互联网、隐私担忧、在线、社交媒体以及获取。整体而言，中国学者关注最多的媒介平台与国际学界的研究并无二致，Facebook 以 24 次排名第一。其余排名前十的关键词与国际学术界基本一致，由于在国际核心期刊中发表著作的学者大多来自中国台湾和中国香港地区，而 Facebook 作为这些地区的主流社交软件，所受到的重视程度也比较高。

有别于国际学术界的是，信任（Trust）在中国学界研究关键词中排名第四，而这一关键词在国际学界的排名仅为第 13 位；类似地，"满足"（Satisfaction）在中国学界研究的关键词中排名第 12，而在国际学术界的研究中却未进入前 30。这说明在社交媒体隐私的相关研究中，中国学者比较重视对"使用与满足""信任"等变量的探讨。

而微信作为中国大陆使用人数最多、活跃度最高的社交媒体,在整个社交媒体隐私研究中并未凸显。这也从侧面折射出中国学术界对微信和微博等社交媒介环境中的隐私研究关注度不高的现实。

表2-3-11　社交媒体隐私研究领域发文量较多机构Top15

排名	发文量	占总数百分比(%)	学科名称	机构中文名
1	6	7.32	NATL TAIWAN UNIV SCI TECHNOL	台湾科技大学
2	5	6.10	CITY UNIV HONG KONG	香港城市大学
3	5	6.10	HONG KONG POLYTECH UNIV	香港理工大学
4	4	4.88	HANGZHOU DIANZI UNIV	杭州电子科技大学
5	4	4.88	NANJING UNIV	南京大学
6	4	4.88	NATL SUN YAT SEN UNIV	中山大学
7	4	4.88	UNIV HONG KONG	香港大学
8	4	4.88	UNIV MACAU	澳门大学
9	3	3.66	CHANG GUNG UNIV	台湾长庚大学
10	3	3.66	CHINESE ACAD SCI	中国科学院
11	3	3.66	CHINESE UNIV HONG KONG	香港中文大学
12	3	3.66	NATL CHENG KUNG UNIV	台湾成功大学
13	3	3.66	NATL CHUNG HSING UNIV	台湾中兴大学
14	3	3.66	NATL DONG HWA UNIV	台湾东华大学
15	3	3.66	NATL TAIWAN UNIV	台湾大学

根据表2-3-11,中国社交媒体隐私研究领域发文量较多的机构主要为中国香港和中国台湾的高校和科研机构,相较而言,中国内地(大陆)高校和科研机构参与该领域研究较少,在国际核心期刊发表研究成果的数量也不多。

五　中文学界社交媒体隐私研究的框架、脉络与发展趋势

(一)中文学界社交媒体隐私研究的基本内容

1. 发文趋势分析

在整个社交媒体隐私研究领域,中国学界核心期刊的发文量总数为

168 篇。由图 2-3-12 可以看出，中文核心期刊最早发表该领域研究成果的时间是 2009 年。而英文学界早在 1994 年就开始了这一领域的研究，相较之下，中文学界的相关研究起步时间较晚。就发文趋势而言，从 2011 年至 2017 年，该领域学术成果的发表数量不断增长，至 2017 年达到 42 篇。

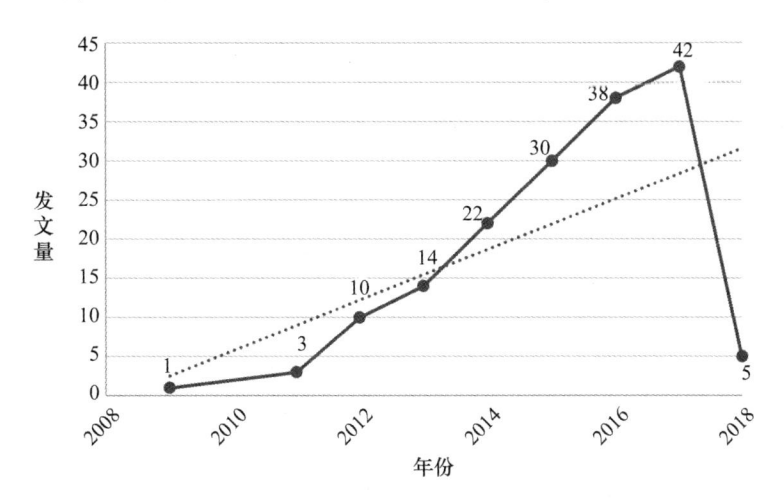

图 2-3-12 中文学界核心期刊社交媒体隐私研究的发文趋势

2. 主要发文机构

为了探究国内社交媒体隐私研究领域的主要发文机构，本书呈现出发文数量较多的前十个机构（如表 2-3-12 所示）。发文量最高的机构是中南大学信息科学与工程学院，该机构自 2016 年开始连续发表相关研究论文 7 篇；发文量第二的是广州大学计算机科学与教育软件学院，自 2016 年开始连续发文 5 篇；发文量第三的是中国科学院大学，自 2014 年开始连续发文 4 篇。整体来看，在发文量排名前十的机构中，有 7 个机构为信息科学或计算机科学类单位，新闻传播学领域发文量较多的是重庆大学新闻学院。可以看出，中文学界主要关注该议题的学科或机构多为信息科学与计算机科学的学者，新闻传播学界对该议题的关注度较少。

表 2-3-12　　学界社交媒体隐私研究高产机构 Top10

排序	频次	单位	开始年度
1	7	中南大学信息科学与工程学院	2016
2	5	广州大学计算机科学与教育软件学院	2016

续表

排序	频次	单位	开始年度
3	4	中国科学院大学	2014
4	3	西北工业大学计算机学院	2017
5	2	南京信息工程大学经济管理学院	2017
6	2	重庆大学新闻学院	2017
7	2	湖南大学信息科学与工程学院	2016
8	2	四川大学公共管理学院	2017
9	2	中国科学院信息工程研究所信息安全国家重点实验室	2016
10	2	中国科学院软件研究所可信计算与信息保障实验室	2014

3. 高产作者及合作网络

从中文学界社交媒体隐私研究的发文数量来看，发文量第一的是罗恩涛（总发文数为4篇），其余比较高产的作者还有袁勤俭、申琦、王国军、杜承宪、朱光以及孟小峰，发文量均为3篇。

从相关研究的引文情况来看，约书亚·梅罗维茨（Joshua Meyrowitz）、欧文·戈夫曼（Erving Goffma）、阿迪·萨莫尔（Adi Shamir）、雅各布·尼尔森（Jakob Nielsen）以及丹娜·博伊德是被引率最高的五位学者，国内学者中被引量较高的有张新宝、孟小峰、徐敬宏等人。其余被引量较高的学者见图2-3-13。

从研究者的合作关系来看，中文学界社交媒体隐私研究者之间的相互合作并不多，大多数研究者的研究成果为独著或与其他研究方向的学者合著。如图2-3-14所示，研究者之间的联系比较稀少，大多数呈现为独立的圆圈分布，这说明该领域尚未形成一个明显的学术共同体。

(二) 研究主题与关键词

1. 研究主题

通过对中文学界社交媒体隐私研究的关键词进行聚类分析（见图2-3-15），可以看出，相关研究所关注的中心议题是隐私保护，与之相关联的其他主要议题有社交网站、社交媒体、新媒体环境等，对具体社交媒体的研究主要以微信朋友圈为主。此外，涉及数据的议题也是中文学界研究的重点，包括保护数据挖掘、数据集、数据发布、隐私数据等具体内容。另外，有关个人信息保护和隐私权保护的议题中心性也比较突出。这说明

第二章 社交媒体中的隐私权研究：基于文献研究的考察

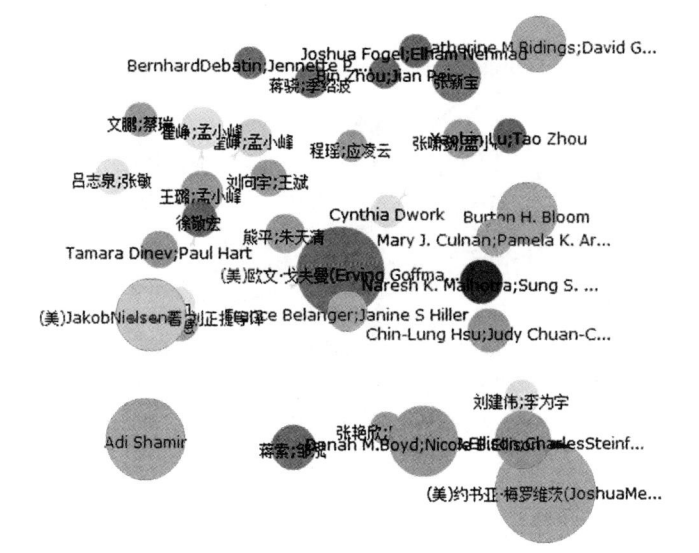

图 2-3-13 中文学界社交媒体隐私研究核心期刊文献共被引图谱
（资料来源：CNKI）

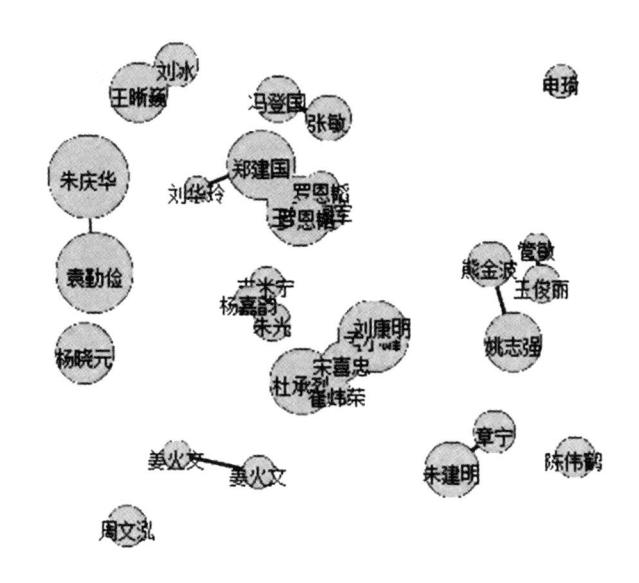

图 2-3-14 中文学界社交媒体隐私研究核心期刊文献合作者网络图谱

中文学界社交媒体隐私研究具有比较鲜明的策略研究导向，多数研究的主题聚类结果指向保护这一概念。

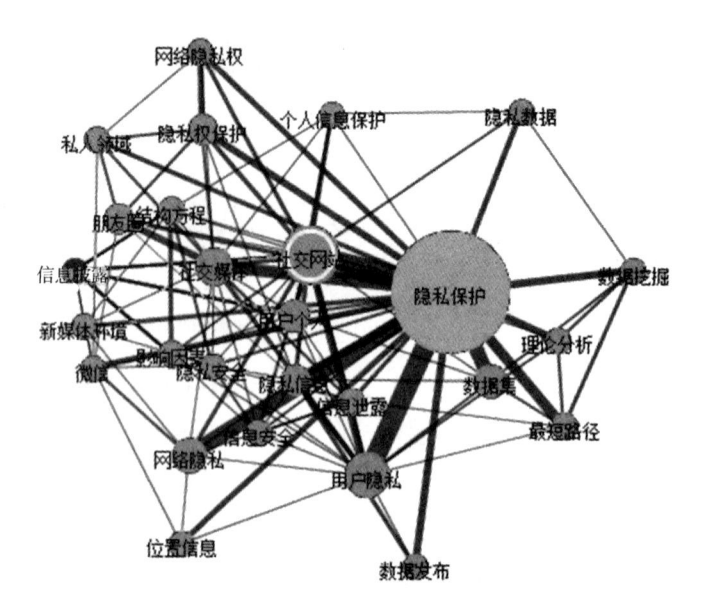

图 2-3-15　中文学界社交媒体隐私研究核心期刊文献关键词聚类图谱
（资料来源：CNKI）

就研究主题来看，通过对所有研究关键词进行聚类分析，得到以下五个研究主题，分别是隐私风险、边权重、移动社交网络、微信朋友圈以及信息损失（见图 2-3-16）。

图 2-3-16　主题聚类可视化

2. 研究关键词

具体到关键的频次和排序，从表 2-3-13 可以看出，排名前五的关键词依次为隐私保护、社交网络、属性加密、多授权中心以及用户隐私。此外排名比较靠前的关键词还有移动社交网络、数据集、微信、社交媒体、隐私权、微信朋友圈等。就具体的社交媒介平台而言，除了关键词排名第八的微信和排名第十一的微信朋友圈，新浪微博也是比较受关注的研究对象。

表2-3-13　中文学界社交媒体隐私研究核心期刊文献关键词排名

排名	频次	突现性	中心性	关键词
1	143	—	0.44	隐私保护
2	67	—	0.83	社交网络
3	63	10.25	0.01	属性加密
4	60	11.5	0	多授权中心
5	25	—	0	用户隐私
6	19	—	0.06	移动社交网络
7	13	—	0	数据集
8	9	—	0	微信
9	7	—	0.06	社交媒体
10	7	—	0	隐私权
11	7	—	0.01	微信朋友圈
12	6	—	0	匿名
13	5	—	0.04	新浪微博
14	5	—	0	位置信息
15	5	—	0	私人领域
16	5	—	0	数据挖掘
17	4	—	0	隐私
18	4	—	0	用户个人
19	3	—	0.06	隐私悖论
20	3	—	0	信息损失

整体而言，中文学界对社交媒体隐私议题的研究数量尚且不多，但近几年一直呈现上升趋势，且增速较快。从研究的介入时间来看，中文学界对该议题的研究起步比较晚，发文密度也比较低。

相较于英文学界，中文学界的相关研究更加关注对社交媒体环境下隐私保护策略及隐私保护技术的探讨。就具体的社交媒体情景而言，Facebook 在英文学界的所有研究中占据绝对的中心地位,而中文学界更多地从宏观层面关注社交媒体。虽然微信是其最主要的研究对象,但其在关键词的排名仅为第八位,这与 Facebook 在英文学界排名所有关键词第一形成了鲜明的对比。

就研究者的分布情况来看,中文学界的研究者多来自信息科学与计算机科学等领域,而英文学界最主要的研究群体来自心理学、计算机科学、图书与情报学以及新闻传播学领域,中文学界新闻传播学学科对该议题的关注度远远低于英语学界的平均水平。此外,英文学界有一个鲜明的特征是,不论是从研究人员的数量,还是研究成果的影响力来看,来自谷歌、微软、Facebook 等业界研究者的学术贡献都比较突出。而国内一线互联网平台、社交媒体机构的从业人员或研究人员在该领域的学术贡献微乎其微。

第三章

泛场景视域下的社交媒体隐私

第一节　移动互联网商业模式下的
数据共享与隐私泄露

移动互联网重塑着人们的生活方式和工作方式，新网民的稳健增长和 PC 端网民的持续转换，带动了移动终端网民规模的不断扩大。

一方面，移动设备的加快普及，降低了互联网的使用门槛。中国互联网络信息中心（以下简称"CNNIC"）发布的《2018 年中国互联网络发展状况统计报告》[1]（以下简称《2018 年报告》）显示，截至 2018 年 12 月，我国手机网民规模达 8.29 亿，较 2017 年底增加 5653 万人，网民中使用手机上网人群占比达到 98.6%，手机不断挤占其他个人上网设备的使用，占据主导地位。

另一方面，移动互联网与线下经济联系日益紧密，推动消费模式向资源共享化、设备智能化和场景多元化发展。首先，移动互联网发展为共享经济的出现提供可能，共享租车、网约车和旅行短租等共享商业模式的出现，提高了社会资源的利用效率，降低了资源交换成本；其次，智能可穿戴设备、人工智能等行业的发展，推动着移动互联网软硬件的互联互通；最后，用户消费支付场景、学习工作场景等向多元化、细化融合发展，推动移动互联网服务边界不断扩展。从餐饮住宿、物流快递、资金借贷到交

---

[1] 中国互联网络信息中心：《第 43 次中国互联网络发展状况统计报告》，2019 年 2 月 28 日，http://www.cnnic.net.cn/hlwfzyj/hlwxzbg/hlwtjbg/201902/P020190318523029756345.pdf，2020 年 3 月 12 日。

通出行、生活服务、医疗保健、知识技能,从消费到生产,移动互联网几乎渗透到所有的领域。

一 社交关系与移动支付:移动互联网的商业模式

1. 定义

移动互联网已成为学界和业界共同关注的热点,但尚未就其定义达成共识,以下将介绍几种具有代表性的移动互联网定义。

移动互联网的英文对照词汇是"mobile internet",早期 Chae & Kim 曾对移动互联网作出简略定义,即"可借助移动设备(mobile divices)无线(wireless)联结互联网数字化内容的网络"[1],其仅从硬件(技术)载体层面考虑,对移动互联网的理解有一定的历史局限性;当前,国内获认可度较高的定义是在 2011 年中国工业和信息化部电信研究院发布的《移动互联网白皮书》[2]中提出的,移动互联网是"以移动网络作为接入网络的互联网及服务,包括三个要素:移动终端、移动网络和应用服务",罗军舟等[3]和吴吉义等在其文章中均援引该定义;吴吉义等人亦指出移动互联网的四个特性,即"终端移动性、业务及时性、服务便利性和业务/终端/网络的强关联性",认为其是一种"实现包括传统移动通信、传统互联网及其各种融合创新服务的新型业务模式"。[4]

Liu & Li 在回顾当期统计数据后指出,中国已成为全球最大的移动互联网商业市场。[5]经过初期的野蛮生长,国内移动互联网行业逐步走向有序化、集聚化与共享化,一些成熟的移动应用相继推出,以当前两款最具代表性的移动应用产品支付宝和微信为例,对其功能逻辑进行剖析,一定程度上能窥见移动互联网商业模式的基本形态。

---

[1] Chae M., Kim J., "What's so different about the mobile Internet?", *Communications of the Acm*, Vol. 46, No. 12, 2003, pp. 240 – 247.

[2] 中国工业和信息化部电信研究院:《移动互联网白皮书》,2017 年 6 月 3 日,http://www.miit.gov.cn/n1146312/n1146909/n1146991/n1648536/c3489473/part/3489474.pdf,2018 年 5 月 5 日。

[3] 罗军舟、吴文甲、杨明:《移动互联网:终端、网络与服务》,《计算机学报》2011 年第 11 期。

[4] 吴吉义等:《移动互联网研究综述》,《中国科学:信息科学》2015 年第 1 期。

[5] Liu Y., Li H., "Mobile internet diffusion in China: an empirical study", *Industrial Management & Data Systems*, Vol. 110, No. 3, 2010, pp. 309 – 324.

2. 以"人流"和"钱流"为核心

2013年，深耕熟人社交的微信开通"微信支付"功能，在社交应用基础上绑定移动支付；2016年，专注于移动支付的支付宝推出"生活圈"，正式开辟社交模块。微信和支付宝，分别是腾讯集团和阿里巴巴集团旗下的两个拳头产品，一个从社交逐步渗入支付、金融，另一个则正加快从支付、金融闯进社交。双方分属赛道的两端，但同时快速驶向"重支付、重社交"的"中点"，这也表明当前移动互联网商业竞赛的主战场在于"社交"与"支付"，换句话说，即注重"人流"的社交关系和注重"钱流"的移动支付。

除此之外的诸多应用，其商业逻辑依旧不离"人流"与"钱流"。譬如，携程、饿了么、大众点评等细分应用，其商业逻辑在于通过聚合消费资讯信息（如旅游出行、外卖点单等），吸引"人流"，再通过营销手段从用户、商家和广告主处"掏钱"，获取"钱流"；再譬如，各类视频、新闻、直播类App，则是通过优质的内容供给来吸引"人流"，并进一步累积"钱流"。

与注重"人气"和"财源"的传统商业模式做对比不难发现，移动互联网的商业模式亦未脱离"凝聚人流，累积钱流"的本质。实际上，两者并无太多不同，移动互联网中的"社交关系"，是用户现实关系的进一步延伸，而移动互联网中的"移动支付"，则是用户为满足现实交易需求的再创造，无非是实现了移动化、便捷化和虚拟化。

二 移动互联网商业模式下的数据处理与共享

（一）机构联合：数据的开放与共享

移动互联网商业发展的第一个趋势，在于通过机构联合实现数据的开放与共享。以移动支付和位置服务为代表的移动端信息技术的创新发展，实现了参与者的泛在互联，让人们的生活更为简单快捷，目前已经初步完成对用户现实社交关系的"线上转移"和移动支付习惯的"线上培养"，这也为分享经济的发展奠定了基础。2016年2月，国家信息中心等单位发布的《中国分享经济发展报告》[①] 显示，移动互联网商业从最初的汽车、房屋分享迅速渗透到金融、餐饮、空间、物流、教育、医疗等多个领域和

[①] 国家信息中心信息化研究部：《中国分享经济发展报告》，2016年8月，http://www.sic.gov.cn/archiver/SIC/UpFile/Files/Htmleditor/201602/20160229121154612.pdf，2017年4月5日。

细分市场，并加速向农业、能源、生产、城市建设等更多领域扩张。

但是，现阶段的分享经济仍是"物的分享"，用户与用户之间分享闲置的产品或服务，停留在初级社会资料共享的阶段上。然而，最具商业价值的用户行为数据却缺乏足够的流动性，互联网企业各自掌握一部分用户数据，却极少进行企业间的数据共享，从而形成一个个的数据孤岛。造成此类现象的原因有很多，譬如缺乏行政和市场动力，共享技术存在局限，为了规避因数据来源不干净而造成的额外审查等。

通过大数据技术对用户的原始数据进行挖掘和分析，是实现数据价值的第一道剥离，但数据的价值如何进一步产生增量，则有赖于通过机构间的数据共享予以实现。举个例子，电商平台与社交平台之间达成合作，既能使商家获得社交平台提供的潜在消费者数据，用以调整营销策略；又能让社交平台运营商盘活手上的数据资源，通过"数据销售"获利。

从体验来说，用户数据通过互联网得到合理匹配，能快速帮助服务提供者优化其服务能力，实现精准的服务抵达；从效率来说，数据共享降低了数据的闲置率，极大地提高了数据的价值增量；从成本来说，数据共享降低了部分企业的数据获取成本，数据在机构之间流动也降低了企业管理、维护和存储数据的传统成本；从产业创新来说，机构间的数据共享，将创造一系列以提供数据共享服务为核心的产业岗位，促进移动互联网产业的进一步发展。

此外，数据在机构之间的共享，从实质上打破了原有的商业规则，过去的"独占用户资源"理念被"共享用户资源"理念取代。数据共享可以挖掘的还有很多，不仅仅是机构之间的横向共享，还可以是跨时间、跨时代的纵向共享。

（二）优化算法：提高数据使用的精准度

移动互联网商业发展的第二个趋势，是进一步提高数据的精准性，这主要体现为两个阶段：前期对数据的精确处理和后期对商业广告的精细推送。

数据处理包括数据的收集、加工和转移三个环节。对于数据收集而言，其核心思路是收集途径要合法合规、收集体量追求最少最优。中国仅手机网民的人数便高达6.60亿，庞大的移动网络使用人群意味着同样庞大的用户数据，对于任何一家公司而言，要对所有数据包进行分析和储存必然不现实，因此需根据自身需求，对数据库的存留量最小化，这对数据筛选等算法提出了更高要求。

此外，精准地使用数据也很重要。无论是通过传统的经验范式，还是凭借当前以大数据为主的技术手段，实现广告的有效抵达是所有商家所追求的终极目标。在降低广告投放成本的同时提升广告投放效益，关键在于数据使用的精准度。精细推送商业广告，应是未来移动互联网发展的题中之意。

（三）技术脱敏：降低和筛除敏感数据

移动互联网商业发展的第三个趋势，在于对数据进行脱敏处理。色达尧（Sedayao）总结认为，"数据脱敏是保证数据隐私的一种方式，其技术本质在于对关键机密数据文本进行模糊化处理"。[①]

在全球定位服务、移动客户端以及基于定位信息的社交媒体应用越来越普及的当下，企业机构获取用户信息的技术门槛越来越低。过去，个人总是轻易地隐藏在大众背后（hide behind the mass），享受着匿名带来的绝对自由，而当今，用户不断被技术裹挟到前台，时常面临着隐私暴露的风险。所以，在大数据等信息处理技术的背后，不仅仅是精准的服务享受，还必然涉及用户隐私保护和监管等一系列问题。

从技术上看，保护用户的数据隐私在于进行数据脱敏。有两个问题需要尽早厘清——哪些信息需要脱敏？目前有哪些脱敏技术被投入应用？

2011年，马哈纳瓦哈拉（Machanavajjhala）等人提出，"若未对数据进行脱敏处理便予以公开个人信息，将引发严重的社会问题"[②]，而推动用户数据的隐私保护，往往能使企业对数据处理的成效事半功倍。

但并不是所有的用户信息都需要进行处理，用户信息可分为两类：一般信息和敏感信息。敏感信息是那些一经泄露，会对主体信息造成不良影响的信息，譬如用户的医疗病例、金融活动、犯罪记录等信息，从处理原则和相关法规来看，敏感信息的使用需要经过用户明示同意，而一般信息则是默示同意的。因此，需要进行脱敏处理的是用户的敏感信息，而一般信息则无处理必要。

[①] Sedayao J., "Enterprise Architect I. I. T., Enhancing cloud security using data anonymization", *White Paper*, *Intel Coporation*, 2012.

[②] Machanavajjhala A., Kifer D., Gehrke J., et al., "l - diversity: Privacy beyond k - anonymity", *ACM Transactions on Knowledge Discovery from Data* (*TKDD*), Vol. 1, No. 1, 2007, pp. 3 - es.

隐私数据脱敏的第一步是对所有可标识列进行移除或是脱敏,使得攻击者无法直接标识用户。当前有多种数据脱敏方式,比如 K 隐匿技术（K - Anonymity）、L 多样处理技术（L - Diversity）①和 T 密闭技术（T - Closeness）②,以下将对三种技术的发展脉络与优缺点作简要介绍。

2002 年,洛林·斯威尼（L. Sweeney）研发出 K - Anonymity 数据脱敏技术,从理论上来说,对于 K - Anonymity 数据集的任意纪录,攻击者只有 1/k 的概率能识别具体用户,从而降低隐私数据泄露风险；但是,K - Anonymity 技术无法防止用户的属性泄露,具有一定的脆弱性；马哈纳瓦哈拉等人于 2007 年提出 L - Diversity 技术,相对于 K - Anonymity 标准,符合 L - Diversity 标准的数据集显著降低了属性数据泄露的风险,但 L - Diversity 标准也有不足之处,如难以实现以及无法防御特定类型的属性数据泄露；同年,Li 等人提出 T - Closeness 标准,一定程度上弥补了前两种方法的不足,但也存在导致用户数据信息丢失的问题。

三 移动互联网商业模式下的隐私泄露

网络安全事件对大部分网民构成影响。CNNIC 发布的《2018 年报告》显示:过去一年里,在网民遭遇的安全事件中,网上诈骗的占比为 28.1%,个人信息泄露的占比为 27.3%,账号或密码被盗的为 17.7%（见图 3 - 1 - 1）。

保护用户的数据隐私,是移动互联网商业发展的前提基础。隐私保护问题在当前我国移动端（以手机为主）网民群体中面临诸多考验。2018 年 11 月,360 公司发布的《2018 年第三季度中国手机安全状况报告》③指出,安卓平台恶意程序窃取用户隐私的比例高达 62.1%。原因主要在于用户对手机安全问题感知程度低,安全意识较差,以及不具备手机信息安全事件的处理经验。

对于移动互联网而言,无论是用户社交互动的信息安全,移动支付的

---

① Sweeney L., K - Anonymity, "a model for protecting privacy, International Journal on Uncertainty", *Fuzziness and Knowledge - based Systems*, Vol. 10, No. 5, 2002, pp. 557 - 570.

② Sweeney L., K - Anonymity, "a model for protecting privacy, International Journal on Uncertainty", *Fuzziness and Knowledge - based Systems*, Vol. 10, No. 5, 2002, pp. 557 - 570.

③ 360 公司:《2018 年第三季度中国手机安全状况报告》,2018 年 11 月 29 日,http://zt.360.cn/1101061855.php?dtid=1101061451 & did =210801941f, 2019 年 6 月 3 日。

网上诈骗	26.6% / 28.1%
个人信息泄露	27.1% / 27.3%
账号或者密码被盗	18.8% / 17.7%
设备中病毒或木马	21.8% / 14.5%
以上都没有	47.4% / 49.2%

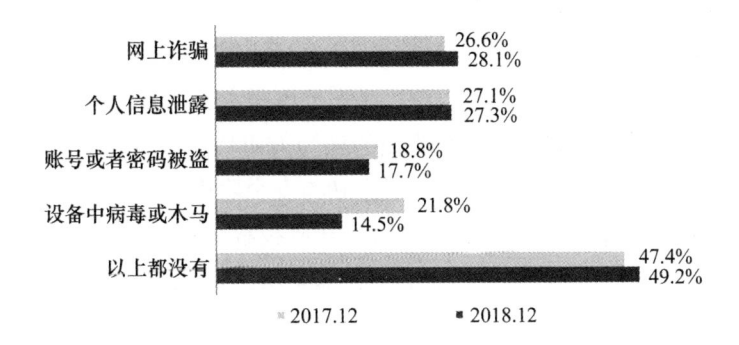

■ 2017.12　■ 2018.12

图 3-1-1　网民遭遇安全事件类别

资料来源：CNNIC《中国互联网络发展状况统计报告》。

金融安全，还是推动机构共享的数据安全，都需要注重隐私保护问题。聚集"人流"和"钱流"的关键在于维护好"数据流"，保护用户数据隐私因此成为一切发展的前提。

移动互联网中隐私保护工作具有高度系统性，需要多方努力。其既需要国家层面的法律规制保护，行业层面的自律和媒体行业监察，也需要公司层面的技术保护，此外它也对用户个人提出要求，需要网民在使用移动设备时关注隐私的自我保护。

第二节　陌生人视野下的社交媒体隐私侵权问题

一　陌生人视野下的移动社会化媒体

本节分析了移动社会化媒体的运作机制，以及社会各方面是如何通过监控移动社会化媒体来获取用户个人信息的。移动社会化媒体满足了陌生人社会的交友需求，也带来了许多隐患和问题，需要采用综合、动态的办法对其进行规范和治理。

（一）移动社会化媒体在中国的兴起与发展

移动社会化媒体包括智能手机和手持互联网终端上加载的各种社会化媒体应用。它们一般都采用苹果、谷歌或微软的操作系统，以 App 的形式实现用户间的互动。尽管手机用户数据库通常是匿名的，在与其他数据一起分析时却能够导致个人信息泄密。智能手机越来越普及，比计算机方便携带，却拥有比计算机还强大的功能，移动应用也越来越多。智能手机相比普通手机能泄露的信息更多，比如个人姓名、手机号码、经常登录网站的 ID、密码、用户所处的位置等。智能手机带来的社会监控包括身份监控、行为监控和终端监控，这些监控的施为方可以是商业与政治机构，也可以是社会中的其他人，因此埋下了隐私与安全隐患。

当下智能手机的 App 常常要求用户开放授权该应用并不需要的权限，特别是在安卓手机系统中。大部分 App 都要求读取用户手机中的联系人、短信、照片等个人隐私信息。例如，作为两款游戏应用，《愤怒的小鸟》要求有短信读取和发送的权限，《水果忍者》会读取你的电话号码。用户身份及行为数据成为 App 制作者的重要收入来源，也是所谓的"大数据"产业的基础。此外，智能手机的 App 也常常"开有后门"，默默地将用户的个人信息收集、传播，因此手机用户在使用智能手机的 App 时一定要提高警惕，不要安装使用来历不明的 App。万一移动设备丢失，尽快更改相关系统的密码，如果与在线交易及工作相关，还需立即通知相关的服务支持人员以便采取及时行动降低潜在的损失。

由于移动性地理定位技术的发展，手机相比计算机与人的行动关联更紧密，正在编织关于用户个人信息的天罗地网。智能手机上常常装备 GPS 定位系统，同时移动通信运营商也能通过信号进行定位。2010 年发生在德国的一起诉讼案提供了手机隐私追踪的一个实例。德国绿党政治家马尔特·斯皮茨（Malte Spitz）把德国电信告上了法庭，因为在过去 6 个月里，运营商共记录了 35000 次马尔特·斯皮茨的位置信息，另一家网站 Zeit Online 则根据这些信息重新还原了马尔特·斯皮茨近几个月来的旅行路径。苹果公司也受到了隐私泄密问题的困扰，iPhone 会自动记录数个月的手机位置信息。谷歌公司也通过他们的智能手机收集用户即时的位置信息，并在 1 个多小时内多次将这些信息发回公司的数据库（Robert Lee Hotz，2011）。

据日本 KDDI 研究所 2012 年 1 月 20 日的报告显示，在调查 400 种智能手机热门免费应用软件后发现，约 6% 的软件将电话号码、终端用户 ID、位置信息及使用软件一览表在用户不知情的情况下向外部发送。虽然有些服务需要获取用户的位置信息等，但有些信息与软件提供的服务无关。该研究所调查了美国谷歌公司"Android Market"网站提供的软件，对游戏、电子书、新闻发送等各种软件进行了调查。调查结果显示，181 个软件泄露了终端 ID 信息,并将其与位置信息等组合后向外发送,或造成用户行动及兴趣等外泄,此类软件约占 6%。

基于真实用户信息的安全问题还可能影响到国家主权。2010 年以来,沙特、阿联酋、印度等国纷纷因安全问题及通信监管问题与通信终端厂商发生纠纷,其争议主要围绕服务器跨境监管和信息加密运输问题。一方面,由于某些智能终端厂商的应用服务器设在国外,其提供的"数据同步上传"等功能可将用户手机中的邮件、通信录、日程表等信息通过网络实时传至国外服务器上,由此带来用户信息泄露或被滥用的安全隐患(工业和信息化部电信研究院,2011)。

中国有很多基于地理位置的陌生人社交手机应用非常流行,如微信、陌陌等。和 Facebook 一样,用户在智能手机的 App 上提供的信息就不再只属于用户自己,至少该网站的数据清除操作令人担忧。当用户注册失败后,其信息仍将在线保存数月或几年的时间。从理论上讲,当信息在索引中被删除后,用户需要在 URL(网页地址)中输入信息来查看相片或资料,但是其实通过精巧的搜索就能查看所有留存的相片或资料。这些留存在移动互联网上的个人信息会带来一定的隐私与安全隐患。

(二)陌生人社会中的移动社会交往

陌生人社会这个概念最早由弗里德曼(Freedman, 1979)提出,后来得到广泛应用。社会学家齐美尔(Simmel, 1950)也较早阐述了陌生人社会思想。陌生人社会是与熟人社会相对应的一个概念。传统中国属于熟人社会,至今仍然没有摆脱"差序格局"的社会交往模式,陌生人社会则是一个法制社会和契约社会。随着城市化与现代化进程的推进,我国大部分省会城市和沿海发达地区进入了陌生人社会这一社会形态。乡土中国在向陌生人社会的转型过程中面临了较大的困难,特别是在中国同时又进入网络社会的情况下,中国语境下的陌生人社会面对更巨大的社会信任问题。

由于现代化的冲击,中国社会的陌生化带来了许多社会问题与隐忧。由于长期的城乡分隔,大量的农村居民流动到城市后,给城市的资源分配带来了巨大压力,加上我国经济体制改革之后,城市底层贫民的数量有一定的增加,这些失业和流动人口就形成了城市的"游民",他们缺少获得稳定收入的能力,成为社会不稳定的重要因素。而移动社会化媒体的年轻化、低门槛特征使得这一群体有机可乘。加上手机的符号资本功能,使得他们为了获取一种身份象征,即使节衣缩食也要购买一部智能手机。基于移动互联网的陌生人交友应用是吸引年轻人使用智能手机的重要因素。当然，在城市社会中流动的陌生人不仅来自农村，也可能来自城市，进行短期或长期的工作性流动。

陌生人社交指的是两个或两个以上原本素不相识的人发生社会交往关系的过程。对于人类社会来说，陌生人社交从来都不是一个新鲜的现象，大部分熟人社交关系都是从陌生人社交关系中建立起来的，人们常在会议、聚餐、舞会等与陌生人交换联系方式，拓展社交范围。陌生人社会化媒体指的是以社会网络相关原理为基础，以拓展陌生人之间的社交关系为主要功能，以智能手机为载体的互联网应用，主要包括微信、陌陌、米聊等。在社会化媒体环境下，陌生人社交从来不像今天这样以较大的社会规模、较低的技术条件与准入门槛，渗透到社会交往的方方面面，这种现象的发生固然是因为技术手段的进步，同时社会发展的需求也大大推进了陌生人社交的发展。

严格意义上说，所有的社会化媒体都可以是陌生人社会化媒体，也可以是熟人社会化媒体，这取决于该产品的用户群定位与发展策略。区分是否是陌生人社会化媒体的标准是：一款社会化媒体应用是否用于创造用户之间基于地理位置的"偶遇"，同时并不追求维持长时间的强关系，也不以聚集某类基于共同学缘、业缘、趣缘的人群到一个虚拟社区中为目标。用时髦的话说，就是"只求曾经拥有，不求天长地久"。一旦交往双方通过陌生人交友软件结识，投缘的话就会转入手机、QQ等强关系应用来维系友谊，话不投机则可能永不再见，这对快节奏的现代城市人群来说，有着方便快捷的特征。陌生人社交相当于一顿"情感快餐"，能够迅速满足当事人的情感需求。

陌生人社交的出现具有深刻的社会动因。中国社会快速的现代化与城市化导致了人际关系的疏离，传统社区中生存的有机共同体被现代化进程瓦解为原子化的个人。孤独感成为现代社会中城市人的共同特征，特别是没有成家、精神空虚的年轻人大量存在，"京漂""沪漂""穗漂"现象的客观存在是陌生人社交发展的必要条件。有人发现，进行陌生人社交的女性一般都是"持着中高端智能设备，活跃在一、二线城市，时间碎片化，现实生活圈单一却缺乏社交关系"的女性，再加上年轻人的工作、婚姻压力都比较大，陌生人交友也是他们排遣和宣泄社会压力的一个渠道。陌生人交友具有巨大的社会价值与商业价值，现在获得巨大成功的互联网应用都具有陌生人交友的元素。QQ 目前已经成为一种维系强关系的应用，但在它最初兴起的时候人们通常使用它跟陌生人建立与维持弱关系。目前 BBS 社区的用户中大部分人仍然处于一种陌生人社交的关系，但并不妨碍他们针对共同感兴趣的话题进行交流。微博社交属于陌生人和熟人社交的混合，当它偏重于大规模信息传播的媒体属性时，陌生人社交的特性就显露出来，大量互不相识的人同时"围观"一个共同关注的社会事件。

基于互联网的陌生人社交在中国由来已久。"网恋"对中国人来说已经不是个生词，自蔡智恒的《第一次亲密接触》一书于 1999 年发行后，中国社会就对其有了广泛的认知、接受并且进行了实际操作，大量的婚恋网站如雨后春笋般成长起来，名列前茅的几家甚至已经前往美国上市。在 21 世纪初期，大规模在线陌生人社交场所 QQ 聊天室曾经红极一时，在最盛期曾数以万计，为腾讯带来了巨大的访问流量，使其得到快速发展。但是由于管理不善，出现色情、暴力等社会问题，在 2009 年的互联网"扫黄打非"专项行动中榜上有名，QQ 聊天室于 2009 年 1 月起被无限期关闭。太阳底下无新事，今天基于社会化媒体的陌生人社交是否也会遭遇同样的命运？陌生人社交存在哪些特性与问题以及应该如何治理？这些是本书要研究的问题。

当下应用较为广泛的移动型陌生人社会化媒体包括微信、陌陌、米聊、遇见等。它们的共同特征是都基于移动互联网的技术构架，能够使用地理位置系统，并且综合了文字、图像、声音、视频等多种手段进行同步或异步的交流互动。与以往的互联网社区不同，陌生人社交应用并非是围绕趣缘、学缘等社会关系建构起来的"想象的共同体"。相反，这些应用强调的是偶遇性。

美国学者米尔格拉姆（Milgram，1967）曾经提出了"六度空间"理论，认为全球的所有人经过最多 6 个人便能跟其一个人有某种社会关系。当然这种社会关系的强度已经非常弱，以至于你根本无法拜托他为你做什么事情。陌生人社交也可以依据其生熟程度划分为不同的层级。像人人网这种以学缘为主的社会化媒体就几乎处于圈层的中心，因为它的用户都是以学校、年级、班级为单位的，有名册可以查询，同时也有同学的监督与筛查。而基于血缘关系的家族社交网络的中心度就更高，因为有族谱可查。而微博则介于熟人社会和陌生人社会之间，在大范围的社会传播过程中，以陌生人之间的互动为主。

陌生人社交可能为用户带来较多的社会资本。根据格兰诺维特（Granovetter，1974）的研究，弱连接能够为个体带来更多的社会资本。因为在同一个社会群体中，这些人群所拥有的社会资源和社会地位相近，因此有价值的社会资源需要通过跨群体和跨阶层的社会交往才能够获得。陌生人社交应用为跨阶层的社会交往提供了条件。因为基于互联网的社会交往是缺失线索的，人们可以隐匿自己的长相、声音、职业背景以及过往的经历，较低社会阶层的用户可以有选择地隐匿和展示自己，突出虚假的或具有较高吸引力的个人特质（如财富、外貌）来参与社会交往，获得自己所需的社会资本。

社会化媒体为用户提供了展示自己的空间，网络空间中的行动者根据自己的需求，选择性地展示和隐匿关于自身的社会线索，塑造美好的在线社会形象。有人曾转发了一个"五一微博××指南"，从中可以窥见人们如何利用社会的拜金心理塑造自己的个人形象："1. 坚持用手机发微博抱怨：巴黎免税店人太多了。2. 拍自家鱼缸发微博：在普吉岛潜水好怕怕。3. 发蓝天大海图，写：马尔代夫我爱你。4. 发求救微博：行李在戴高乐机场丢失！紧急求救求转发！5. 发低调微博：×，看见瓜瓜了，他憔悴了。6. 上述微博必须在凌晨三点后发以表明时差。"这种网络表演不一定纯属搞笑，很大一部分人都可能信以为真。

在陌生人社交活动中城市中下层的跨阶层沟通越来越频繁，再加上作为城市中层的白领阶层的职业身份不一定稳定，时刻面临收入下降甚至失业的危险，因此他们的横向与纵向社会流动都比较频繁。数以亿计的年轻人集中在少数的东部沿海大城市中，"屌丝""蚁族"成为社会的流行语。在这样的背景下，移动社会化媒体成为年轻人结交朋友、获取社会资本的工具。很多人寄希望于通过移动社交应用认识所谓的"高富帅"或"白富美"，从而一举进入较高的社会阶层，完成"华丽转身"。但这样的故事一般都只存在于童话之中，跨阶层的结合在现实社会中难以成功，由此产生的报复和泄愤、网络欺凌与倾轧也造成了不少社会问题。

二 社交媒体中的隐私侵权

（一）基于移动社会化媒体的陌生人社交的安全与隐私隐患

大量的新闻报道显示，基于社会化媒体的陌生人社交活动带来了许多针对人身、财产的犯罪事件，包括诈骗、强奸、抢劫等。最近更是出现了一种基于微信应用的"三点定位法",罪犯可以通过地理定位工具获得对方的实时位置信息,便于侵犯他人的财产甚至是身体。有不少女性受害者在财产损失之余,还遭遇了性侵犯。

信息不对称是造成陌生人社交危害性的主要原因。罪犯一般会以匿名的方式出现,而受害者往往都披露了真实的照片或真实的年龄、性别、姓名,甚至在自己的社会网络上披露了自己的真实身份,包括职业、收入水平等。犯罪和受害者的社会经验和媒介素养也存在较大的差距。罪犯长期混迹于社会,掌握了大量欺骗、盗窃和威胁的方法,不谙世事的受害者自然不是他们的对手,只能束手就擒。罪犯还常常使用一些社会工程学的方法,通过分析他人纰漏的个人资料获得其真实身份信息和行为特征。同时在线下见面时利用人性的弱点展开攻击,进行人身和财产侵害。

陌生人社交中的犯罪活动能够成功,一般都利用了社会化媒体的技术特征。陌生人社会化媒体都具有建构用户形象的功能,人们通过贴照片、发表日志的方法进行媒介仪式的操演,塑造自己在对方心目中的良好形象。但绚丽的羽毛也会招来猎枪的招呼,同样,在社会化媒体上"炫美""炫富"的人也很容易被罪犯盯上。罪犯也可以使用同样的方法引诱受害者"上钩"。陌生人社会化媒体的技术特征是基于移动位置服务,使得相近的社会空间中的活动的陌生人能够彼此结识。

同时,陌生人社会化媒体跟短信一样,往往采用异步式的传播方式,使得交往双方都能够比较从容地制定交往策略。与短信不同的是,社会化媒体还可以采用图像、声音、视频的传播手段,客观上营造一种"做游戏"的效果,为参与者带来刺激、快乐的用户体验。同时这种传播的异步性还给参与者带来一定的安全感,人们可以"随时、随地、随意"地回复别人的信息,避免了面对面的尴尬。基于智能手机的陌生人社交应用还能有效地避免日常生活中的社会监控,在解除了来自国家、家庭、学校、工作机构和其他熟人的监督之后,人们就不再受传统社会道德的约束,这就解释了为何一些女性在现实生活中羞于接受陌生人的搭讪,却在网络交往中大方地与陌生人对话。

现在一些陌生人社会化媒体也逐渐走向商业化,使得商业机构的广泛强制性传播成为可能。商家通过内容运营商向特定地理位置或特定身份的用户人群强制性地推送一些商业性信息,侵入个人生活,使得用户在休闲或工作时间无时无刻不接收运营商推送的商业信息。用户的身份信息、行为信息、文本信息都被媒体运营机构所监控，借此可以分析用户的喜好、收入和其他个人信息，从而为商家制定更精准的营销策略做准备。因此时下热门的"大数据"其实就是拿用户信息做文章，并且作为运营商吸收投资、改善营销策略的依据。数据挖掘在客观上也可以使用户获得更为个性化的服务，但必须在用户知情、同意的前提下进行。

基于社会化媒体的社会伤害给当下的人际社会信任和整体社会资本都带来了巨大的负面影响。本来在我国实现市场经济转轨之后人际信任就变得异常脆弱，在传统信任已经瓦解、系统信任尚未建立的社会条件下，人们对陌生人社交更是谈虎色变。媒体的市场化运作导向使得它们不惜夸大社会化媒体的危害，编造耸人听闻的因陌生人社交受害的故事，所形成的"道德恐慌危机"使得人们对陌生人社交应用抱有戒心。同时这类社交应用也面临巨大的政策风险，有被勒令停止运营之虞，2009年QQ聊天室停止运营就是前车之鉴。

（二）移动社会化媒体的规范与治理

为了实现对信息社会的精确监控与治理，我国自2005年起在全国推行了手机用户实名制，目前几乎全部智能手机用户都实现了实名入网，但实施手机实名制之后却加剧了个人信息的泄露。我国手机实名制实施三年以来，并未实现对不良信息的治理；相反，罪犯在得到用户的身份信息之后更有针对性地投放营销短信甚至诈骗短信、电话。手机实名制带来的负面效应到现在都没有得到重视和治理，没有有力的压力和施压途径导致相关部门和运营商也没有动力去治理。

2011年西安警方破获全国首例非法出售、获取公民个人信息的系列案件，与以往盗取个人信息不同的是，此案涉及的是手机定位窃取个人信息这种新型涉密案。在通信信号覆盖范围内透过安卓或苹果等智能手机下载并运行手机定位软件后，用户一方面可以享受手机定位服务带来的各种便利，另一方面其个人信息亦会同时暴露在互联网世界之中。在23名被告中，1名是中国移动授权单位的职员，5名是中国电信、中国移动、中国联通的客服人员和电信营业厅的服务员，还有部分是"私家侦探"。一名中国移动前员工说，由于客户信息存储涉及的链条很长，接触涉密信息的人员众多，加之层层利益关系，很多时候也就"睁一只眼，闭一只眼""相互吃回扣"，监管容易落空。

过去由于缺乏与个人信息相关的法律保护，通信运营商泄密的事件屡见不鲜，当手机实名制实现之后，个人隐私更是无所遁形。2011年，有记者调查发现，查询手机、固话等个人通信记录这个明显侵犯个人隐私的违法行为竟已经成为一个庞大的地下产业，一家公司甚至称，只要提供广州的手机号码，半年内任何一个月的通信记录都可以在一天之内提供，收费是500元/月。有人持高仿真二代身份证挂失了当事人的手机卡，申请新卡后查询其通信记录。因此，制定移动互联网应用的相关法律对此类侵权行为进行规范刻不容缓。国家、社会及个人都需要在法律的框架下行事，即使是政府也应该遵守法律的规范，而不仅仅是法律制定者与执行者。

移动社会化媒体对中国社会来说是一个新兴事物，并且在当下的社会背景下，其所产生的问题更是错综复杂。我们需要去伪存真，分析乱象掩盖下的本质。移动社会化媒体所导致的社会问题很大程度来源于社会自身，而技术相对来说是中性的，这些问题的凸显是一些长期没有得到解决的社会矛盾的表现。陌生人社会理应是一个契约社会和法治社会，而当下并没有形成一个为社会各阶层所接受并达成共识的社会契约，也没有一个能够发挥实际作用的社会核心价值观，社会公平正义的实现仍存在较大困难。因此，陌生人社交活动所面临的问题在根本上也是被当下的政治、经济结构所决定的。

在整体社会架构短期内无法有大的改观之前，我们也可以从中观和微观的层面改善现有的状况。从微观层面来看，加强用户的防范意识和媒介素养是防范网络欺诈的最有效途径。学校、家庭在关注子女学习成绩的同时，也应该关注他们的心理、人身安全问题，对他们的陌生人社交活动实施有效的监控。最重要的还是用户自身在进行陌生人交友时要加强戒备，对自己的人身、财产安全予以关注和警惕。从较为中观的层面来看，陌生人社会化媒体还是一个新兴事物，它还没有有效的盈利模式，运营商想马上通过这类媒体向用户强制性投放营销信息无异于杀鸡取卵，将使用户对这一有广泛市场前景的应用失去兴趣。因此，企业需要肩负起应有的社会责任，维护新媒体传播环境的健康、有序发展。政府需要对企业特别是运营商的行为进行监督，防止其泄露用户隐私、出卖用户个人数据以牟取不正当利益。

第四章

社交媒体隐私权保护的实证研究

第一节 隐私声明的真实功能考察
——基于对社交网站隐私声明的文本分析与比较研究

一 隐私声明研究简述

（一）隐私声明的研究背景

1. 个人信息泄露情况

层出不穷的互联网新技术和新应用，在满足用户各种需求的同时也威胁着用户的个人信息安全和隐私权。由国家互联网应急中心发布的《2018年我国互联网网络安全态势报告》[①]显示，我国关键信息服务设施、云平台等面临的安全风险十分突出，API 攻击、数据泄露、分布式拒绝服务攻击等问题十分严重。中华人民共和国工业和信息化部网站公布的《中国网民权益保护调查报告 2016》[②]显示，54% 的网民认为个人信息泄露情况严重，84% 的网民曾亲身感受到由于个人信息泄露带来的不良影响，我国网民因垃圾信息、诈骗信息、个人信息泄露等遭受的经济损失高达 915 亿元。

2. 法律保护措施

在法律方面，我国已经出台了一系列法律法规对各类网络用户的个人信息进行保护。比如，2000 年出台的《互联网电子公告服务管理规定》第

[①] 国家互联网应急中心：《2018 年我国互联网网络安全态势报告》，2019 年 4 月 18 日，https://baijiahao.baidu.com/s?id=1631083634373851799&wfr=spider&for=pc，2019 年 7 月 1 日。

[②] 参见《中国网民权益保护调查报告 2016》，2016 年 6 月 22 日，http://www.isc.org.cn/zxzx/xhdt/listinfo-33759.html，2017 年 4 月 27 日。

十二条规定"电子公告服务提供者应当对上网用户的个人信息保密,未经上网用户同意,不得向他人泄露,但法律另有规定的除外"。① 2012 年 12 月施行的《全国人民代表大会常务委员会关于加强网络信息保护的决定》中也明确了对公民个人电子信息的保护。2014 年 3 月 15 日实施的新修订的《消费者权益保护法》和国家工商管理总局于 2014 年 2 月 13 日发布的《网络交易管理办法》,都对网络环境下的消费者个人信息使用做了明确规定。2016 年 11 月 7 日表决通过的《网络安全法》也明确加强了对个人信息的保护及对网络诈骗的打击力度。2020 年 5 月 28 日通过的《民法典》对隐私权和个人信息保护均作了说明。2021 年 8 月 20 日通过的《个人信息保护法》对个人信息权益的保护作了全方位规定。

3. 行业自律保护机制

在网络隐私的行业自律保护方面,有研究指出,我国有关网络隐私权保护的行业自律,主要表现在两个层面:一是整个互联网行业的自律;二是各个网站及其从业者的自律(徐敬宏,2009)。其中,整个互联网行业的自律主要体现在《中国互联网行业自律公约》和《中国电子商务诚信公约》等公约的制定和出台上,各个网站及其从业者的自律则主要体现在各互联网企业(及其网站)对相关公约的遵守以及其他相关的自律措施上。

我国互联网行业出台了一系列的自律公约和规章来保护用户的个人信息和隐私权。比如 2002 年颁布的《中国互联网行业自律公约》第 8 条规定,"自觉维护消费者的合法权益,保守用户信息秘密;不利用用户提供的信息从事任何与向用户做出的承诺无关的活动,不利用技术或其他优势侵犯消费者或用户的合法权益"。② 2004 年出台的《中国电子商务诚信联盟公约》共有八大条款,其中第二条就是关于消费者隐私权保护的。该条款规定:"加强消费者隐私权管理,确保消费者各种信息和资料得到安全保护。"③ 中国互联网协会 2012 年发布的《互联网搜索引擎服务自律公约》第十条规定:"搜索引擎服务提供者有义务协助保护用户隐私和个人信息

---

① 参见《互联网电子公告服务管理规定》,2000 年 11 月 6 日,http://www.gov.cn/gongbao/content/2001/content_ 61064.htm,2016 年 4 月 27 日。

② 参见《中国互联网行业自律公约》,2011 年 8 月 13 日,http://www.isc.org.cn/hyzl/hyzl/listinfo - 15599.html,2016 年 4 月 27 日。

③ 参见《中国电子商务为诚信而联盟》专题报道,2016 年 4 月 27 日,http://www.3edu.net/lw/wljj/lw_ 47018.Html,2017 年 3 月。

安全，收到权利人符合法律规定的通知后，应及时删除、断开侵权内容链接。"① 2013 年中国互联网协会发布的《互联网终端安全服务自律公约》第十一条明确规定保证用户享有知情权，"收集、使用和保存用户个人信息时，应当明确告知用户"。2014 年 3 月发布并实施的《中国互联网定向广告用户信息保护行业框架标准》，是在相关国家法律法规的基础上，在全行业的积极参与下，通过自律方式，主动将定向广告用户个人信息的合法使用与违法界限界定清晰的行业标准。② 也正是在相关行业自律频出的背景下，2015 年有研究指出，近年来我国网络隐私保护的整个行业自律呈不断完善、不断进步的趋势（申琦，2015）。

（二）网站隐私声明与社交媒体隐私声明

网站的隐私声明可以看成一种比较重要的行业自律形式，对网站和用户而言，都有着重要的意义。一方面，网站隐私政策是网站行业自律的表现，有利于规范网站行为，保护用户隐私。而另一方面，对用户而言，网站隐私声明可以在用户上网的过程中给予一定指导，有利于用户了解个人权利并保护个人隐私。因而，对网站的隐私声明进行研究具有重要的意义，能够使网站完善自己的隐私声明，增强用户信心并最终有利于整个互联网行业。

网络对社会的全面渗透，引发了诸多社会问题。有学者指出，"目前，国际社会最受关注的网络问题主要有三类：一是侵犯个人隐私；二是威胁网络安全；三是传播不良信息"。③ 在该学者看来，隐私问题位于网络社会的三大问题之首。特别是在进入 Web 2.0 时代之后，隐私权面临着更大的威胁。因为每个网民都可以方便地成为信息的传播者，传统意义上的隐私权在网络传播中更容易遭到侵害。此外，还出现了专门以非法收集和非法利用网民个人信息的新型网络隐私侵权方式。④ 频繁发生的网络隐私侵权现象以及人们对网络隐私权的担忧，在很大程度上阻碍着人们使用网络的进程。

---

① 参见《互联网搜索引擎服务自律公约》，2013 年 4 月 12 日，http://www.isc.org.cn/hyzl/hyzl/listinfo - 25501.html，2016 年 4 月。
② 《我国首部互联网定向广告用户信息使用规范行业标准发布》，2014 年 3 月 12 日，http://tech.ifeng.com/internet/detail_2014_03/12/34689211_0.shtml，2016 年 4 月。
③ 严步久：《国外互联网管理的近期发展》，《国外社会科学》2001 年第 3 期。
④ 徐敬宏：《网络隐私权的自我保护》，《网络传播》2008 年第 5 期。

美国《商业周刊》的一则民意调查显示，近 2/3 的非互联网用户表示，如果他们的个人信息和通信隐私得到保护，他们更有可能使用网络。另有统计表明，电子商务消费者对个人（隐私）信息的顾虑，已经成为目前阻碍电子商务发展的三大因素之一。[①] 与此同时，一些网站通过主动张贴隐私声明（也有些网站称为隐私保护或隐私政策等），以期消除网民在访问这些网站时对自身网络隐私权的担忧。

社交媒体拥有数量众多的用户，且功能较多，收集的信息也较为广泛，包含用户生物识别信息、支付信息、健康信息、社交信息等各类信息，一旦隐私泄露，将给用户带来巨大的损失。隐私声明作为产品或企业与用户之间的一种法律协议，也是企业在各自的产品中落实法律规定的信息安全保障义务的体现。对社交媒体隐私声明进行研究，有利于了解社交媒体隐私保护行业现状，为完善社交媒体隐私保护提供建议。

隐私声明起源于美国。20 世纪八九十年代，互联网和个人电脑的逐渐发展和普及也随之带来了用户的隐私安全问题，尤其在电子商务领域，用户隐私信息被侵害的案件时有发生，这使得用户网络隐私保护问题得到了政府的重视。在政府相继颁布一系列关于网络隐私的法案后，1998 年美国联邦贸易协会（FTC）对网站信息收集和使用问题进行了全面研究，并发现存在网站普遍收集个人信息、缺乏对用户的告知和隐私声明等现象。[②] 随后，FTC 总结出告知、选择、接触、安全、强制执行五项"公平信息实践原则"，并规定网站的隐私声明中必须包含这五项基本原则。此外，世界经济与发展组织（OECD）为管理搜集和使用个人数据提供了一系列标准，在数据的收集和使用限制、数据质量、安全保护和个人参与等方面保护个人信息。

此后，FTC 还相继出台一系列政策法规完善在线隐私声明的框架，如美国儿童在线隐私保护法案（COPPA）、加利福尼亚在线隐私保护法案对未成年人的信息收集、禁止追踪机制等内容进行了完善。随着隐私声明框架的基本确立，互联网企业的隐私声明日渐完善，在政府部门和行业协会的双重监督下，越来越多的互联网企业在其网站上张贴了隐私声明，且具

[①] 尹章华、林芳龄：《电子商务与消费权益》，（台湾）文笙书局股份有限公司2004年版。

[②] Miyazaki A. D. and Fernandez A.，"Internet Privacy and Security：An Examination of Online Retailer Disclosures"，*Journal of Public Policy & Marketing*，Vol. 19，No. 1，2000，pp. 54–61.

体的设置和内容也在不断调整,尤其是隐私声明框架中的"告知—同意"原则,即在收集和使用用户个人信息前需要告知用户并取得同意,更成为隐私声明中最为核心的原则。

在社交媒体时代,"隐私声明"框架的内容也在不断调整,以满足社交媒体时代用户对隐私保护的迫切需求。近年来,世界各国都在不断完善立法和监管措施,落实个人信息保护的国际性共识原则,加强个人信息安全保护。例如,欧盟于 2018 年 5 月 25 日正式实施的被称为"史上最严隐私法案"的《通用数据保护条例》(General Data Protection Regulation,即"GDPR 法案")对个人数据的保护达到了前所未有的高度,成为欧盟隐私保护的核心框架,也成为世界各国个人信息保护的法律标杆。

在国际社会加大个人信息保护力度的趋势下,近年来,我国也实施了多方面的举措加强个人信息保护。例如,2017 年 6 月 1 日施行的《中华人民共和国网络安全法》,强调对基础设施及个人信息的保护。2018 年 5 月 1 日实施的《信息安全技术个人信息安全规范》,则从国家标准层面明确了企业收集、使用、分享个人信息的合规要求,为企业制定隐私政策及个人信息管理规范指明了方向,填补了国内个人信息保护在具体实践标准上的空白。

在具体的隐私政策内容方面,《信息安全技术个人信息安全规范》提供了较为完善的参考,包括对"个人信息""个人敏感信息"的界定,"个人信息安全的基本原则(权责一致、目的明确、选择同意、最少够用、公开透明、确保安全、主体参与)""个人信息的收集""个人信息的保存""个人信息的使用""个人信息的委托处理、共享、转让、公开披露""个人信息安全处置""隐私政策示范模板"等内容。

《个人信息保护法》规定了与个人信息处理和利用相关的具体情境中的法律适用,将个人信息的处理定义为:"对个人信息的收集、储存、使用、加工、传输、提供、公开、删除等。"涵盖了个人信息处理和利用的方方面面。为平台处理和利用个人信息提供了法律遵循。

随着国内外相关机构对隐私声明标准的不断完善以及对各行业隐私声明内容监管力度的加大,国内外企业也越来越重视隐私声明的制定,对隐私声明的研究也逐渐丰富。

二 七家网站隐私声明的文本分析

（一）样本来源

根据2007年笔者所进行的一项调查发现，我国网站制定和张贴隐私权保护声明的情况并不理想。该调查根据中国网站排名网2007年4月提供的综合排名前100名的网站名单，选取了前10名、第46到第55名以及第91到第100名共30家网站，对其首页进行浏览，调查各网站关于网民的隐私保护情况。调查发现，上述30家网站中，仅有5家网站（新浪网、搜狐、Yahoo、偶偶网和NBA官方网址）在首页明显位置处张贴了隐私声明。[①]那么，这5家网站的隐私声明究竟是如何向网民保证将保护其隐私权的呢？本章将进一步具体对上述5家网站的隐私声明进行详细的文本分析，探讨这些隐私声明究竟在多大程度上保护网民的隐私，同时选取当前比较重要的七家网站与之进行对比研究。

本书仅仅聚焦七家网站的隐私声明情况，笔者主要对这七家网站的隐私声明进行文本分析并与十年前的相关情况进行比较。需要指出的是，文中的隐私声明，也有些网站称为隐私政策或隐私保护等。另外，尽管个人隐私、个人信息、个人数据、个人资料等概念存在一定的差别，但详尽辨析这些概念的异同不是本书的重点。考虑到这些概念有相当的重叠性，许多相关的研究又将这些概念混用的实际情况，本书暂时将这些概念视为同一概念。

（二）网站隐私声明研究概述

有关网络隐私保护的中外文献十分庞杂，笔者根据需要，仅从三个方面进行简单且必要的文献综述：一是从宏观层面探讨网络隐私权的保护模式的文献；二是从中观层面探讨网络隐私权行业自律保护的文献；三是从微观层面探讨网站的隐私声明的文献。

目前，各国都已意识到网络隐私权保护问题的重大意义，并根据各自的文化传统和现实情况，形成了不同的网络隐私保护模式。戴安娜·P.米歇尔菲尔德（Diane P. Michelfelder，2001）认为，保护网络空间信息隐私主要有三种模式：一是技术保护；二是自律保护；三是法律保护。更为普

[①] 徐敬宏：《网络传播中的隐私权及其保护》，博士学位论文，武汉大学，2007年。

遍的观点则认为网络隐私保护的模式主要有两种（Detlev Zwick & Nikhilesh Dholakia, 2001；刘焕成, 2003）：以美国为代表的行业自律为主导的模式和以欧盟为代表的法律规制为主导的模式（张秀兰, 2006）。分别针对欧洲或者美国两种网络隐私保护模式进行研究的比较多（周汉华, 2006；徐敬宏, 2008；齐爱民, 2009；徐敬宏, 2009），有些研究还相当深入，比如托马斯·B. 诺顿（Thomas B. Norton, 2016）指出，美国的网络隐私保护模式是告知与选择模式（Notice and Choice Model），属于网络行业自律保护的方式。另外，也有学者认为日本等国家是一种综合了美国和欧盟模式的综合保护模式（郎庆斌, 2012；李丹丹, 2015），还有学者建议中国应采用这种综合保护模式（赵秋雁, 2005；徐敬宏, 2010）。

　　网络隐私权的行业自律保护在网络隐私权保护体系中至关重要。美国是实行以网络隐私权行业自律保护为主导的典型代表，也有学者称为指导性立法主义（赵秋雁, 2005）。美国网络隐私权行业自律保护最具特色的形式主要包括四个方面的内容（徐敬宏, 2010）：一是建议性的行业指引（Suggestive Industry Guidelines）（张秀兰, 2006），由网络隐私保护自律组织制定，成员则承诺遵守保护网络隐私权指导原则。二是网络隐私认证计划（Online Privacy Seal Program）（Culnan, 2000），典型代表是电子信任组织（TRUSTe）和商业促进局在线组织（BBB online），要求那些被许可张贴隐私认证标志的网站，必须遵守在线隐私收集规则，并服从多种形式的监督和管理。三是技术保护（Technological Protection or Technological Solutions）（WOO, 2006），主要是指研发和利用各种相关技术来保护网络隐私，典型代表是由万维网联盟（W3C, World Wide Web Consortium）在2000年开发的个人隐私选择平台（Personal Privacy Preference Platform, P3P）①。其工作流程如下：一是网站在隐私声明中确定一些关键性问题，包括收集用户信息的人是谁，将收集什么样的用户信息，收集用户信息的目的是什么，谁可以接触到所收集的用户信息，发生纠纷如何解决等。二是网站用户确定自己的隐私偏好，包括是否访问那些跟踪并储存你在网站上浏览哪些信息的网站，是否访问那些在你的电脑上安装"小甜饼"程序（Cookie）以便下次你再访问时识别你的网站等。三是当用户访问某网站

---

① 参见"P3P CURRENT STATUS", 2016年12月27日, https://www.w3.org/standards/techs/p3p#stds, 2017年5月。

时，P3P 软件将同用户的浏览器程序同时运行，每个受访网站都会发送协议给用户。如果某网站的信息收集行为同用户在 P3P 中设定的标准一致，则用户可以毫无障碍地访问该网站；如果不一致，P3P 软件会通过对话框提醒用户，让用户做出决定是否要访问该网站。越来越多的网站采用了个人隐私选择平台，让用户在访问网站时对自己的个人信息有更多的选择权（Berendt，Preibusch & Teltzrow，2008；徐敬宏，2008）。四是设置首席隐私官（Chief Privacy Officer，CPO），这是近年来在一些互联网公司或机构中出现的一种新趋势。首席隐私官是一种高级管理职位，源自欧盟隐私保护法律中设置的隐私官员（Privacy Officer），主要职责是通过制定公司的隐私政策并确保公司遵守相关的隐私法律和规定，来保护网络消费者的隐私权（Sipior & Ward，2002）。他们往往与首席技术官（Chief Technology Officer，CTO）密切合作（Purcell，2000）。目前，越来越多的大公司都设置了首席隐私官，专门负责与用户隐私相关的业务。一些政府机关甚至也设立了类似职位（Shin，2013）。

网站主动在首页显著位置张贴隐私声明，属于互联网企业践行行业自律保护网民隐私的主要措施之一。1998 年 3 月，美国联邦贸易委员会（Federal Trade Commission，FTC）调查发现，在1400 家被调研的网站中，超过90% 的网站都在收集用户的个人信息。674 家商业网站中，仅有14% 的商业网站告知其用户自己的某种信息收集行为，仅有2% 的商业网站提供了较为系统的隐私声明（Miyazaki & Fernandez，2000）。此后，国内外有关隐私声明的研究日益增多（Johnson – Page & Thatcher，2001；Liu & Arnett，2002；Ryker et al.，2002；Miyazaki & Krishnamurthy，2002；O'Connor，2003；Pollach，2006；谈咏梅、钱小平，2006；Fernback & Papacharissi，2007；徐敬宏，2008；周涛，2009）。乔治·米尔恩和玛丽·库尔兰（Milne & Culnan，2002）指出，虽然公司网站张贴隐私声明并不能保证该公司一定会保护公司网站用户的隐私，但是公司网站不张贴隐私声明却能反映其不能很好地保护用户的隐私。迈克·马克尔（Mike Markel，2005）研究发现，一些美国公司一方面希望通过从其网站访问者那里收集个人信息获利，但又担心此举既可能招致其网站访问者疏离，又可能导致自己遭到美国官方以及欧洲和加拿大数据保护当局的商业制裁。这一窘境体现在这些公司网站的隐私声明中。这些网站的隐私声明充斥着误导性和欺骗性的措辞，以掩饰公司的隐私政策与希冀打造的形象之间的差距。托马斯·B. 诺顿（Thomas B. Norton, 2016）指出，在美国"告知与选择"保护模式下，网站通过隐私声明向其用户说明服务信息及隐私实践，而用户则可根据这些信息，选择是否享用某项在线服务以及选择是否采用保护自己隐私的措施。

（三）网站隐私声明的研究意义

在定量研究风气日盛的当下，笔者坚持进行如此小样本的定性文本分析，主要是基于如下理由（亦即本文的研究意义）：

1. 不管数据的收集方法是怎样的，样本代表性比大样本更为重要

网站成千上万，其分类方法可以多种多样，网站隐私声明也同样如此。如何通过少量有代表性的样本，较为准确地反映出整体情况，才是更为关键性的问题。笔者试图在这一方面进行努力，尽管不一定很成功。

2. 隐私声明考察标准的简约、全面与系统十分重要

如前所述，尽管目前关于网站隐私声明研究的中外文献不少，但基本上都未将"用户权利"和"儿童隐私保护"两项重要的隐私声明内容突显出来进行考察。

在隐私权以行业自律保护为主的美国，隐私在线联盟（Online Privacy Alliances, OPA）对网站隐私声明（或隐私政策）有着比较明确的规定，①包括资料收集的通知（Notice of Data Collection）、信息披露的政策（Disclosure of Policies）、资料收集的目的（Purposes of Collection）、同意收集数据（Consent to Collect Data）、所收集的数据的安全（Security of Collected Data）、用户对数据的访问（User Access to Data）等内容，其中明确指出了用户对数据进行访问的权利。因此，笔者认为，用户对其数据进行访问等内容属于用户的重要权利，也应作为对网站隐私声明进行考察的一项重要内容。

另外，早在1998年，美国就通过了《儿童网上隐私保护法》（*Children's Online Privacy Protection Act*, COPPA），来保护儿童的网络隐私权。该法通过让网站的个人信息收集实践透明，来帮助儿童的父母（他们被认为是监督儿童互联网使用的首要责任人），主要方法则是通过在网站上张贴隐私声明（Steeves & Webster, 2008）。尽管该法是美国法律，但美

---

① Privacy Alliance, "Guidelines for Online Privacy Policies", 2016年4月27日, http://www.privacyalliance.org/resources/ppguidelines/, 2017年3月。

国联邦贸易委员会明确规定，该法也适用于外国网站——如果这些外国网站面向的是美国儿童或者明确地收集美国儿童的个人信息（Landy，2008）。特别是欧盟于2016年4月27日通过的《欧盟数据保护通用条例》（*General Data Protection Regulation*，GDPR），凸显了父母同意在保护儿童网络隐私权方面的重要作用。该条例首次规定，只有在父母同意后，网络服务商才可以处理16岁以下儿童的个人信息（Macenaite & Kosta, 2017）。这一规定对欧洲而言是全新的，由此可见该法的国际影响力。因此，笔者认为儿童或儿童的隐私保护问题也非常重要，也应该属于考察网站隐私声明的重要标准之一。

3. 连续性研究、比较研究和纵向研究的重要性

笔者的研究是自2007年以来的连续性研究和纵向研究，这在一定程度上可以减少对样本量的需求。笔者将2017年的代表性网站隐私声明与2007年的代表性网站隐私声明进行比较，用以描述国内网站对隐私声明是否重视这一现象的发展变化，以及解释不同现象前后之间的联系，具有连续性和重要意义。

4. 尊重先前文献的重要性与必要性

目前，国内学术界仍存在不尊重先前文献的情况。笔者通过大量的文献查询和阅读，将一些未被规范地标注出来的先前外文文献呈现出来，恢复其原本该有的地位。同时也寄希望以后的研究，能发掘出更多具有源头意义的前期文献。

（四）隐私声明的研究现状

1. 国内有关"隐私声明"的研究现状

目前国内关于"隐私声明"的研究主要是对不同网站隐私声明的应用型研究。总体而言，可以分为以下几个方面。

（1）对政务网站隐私声明的研究。政务网站覆盖面广，涉及公共管理与国家安全，且民众信任度较高，因而考察政务网站的隐私保护状况成为隐私声明考察的重要部分。赵金旭和郑跃平从关于用户个人信息的采集、存储、使用、保护等状况的表述情况对70个大中城市政府网站的"隐私声明"进行了调查，发现电子政务隐私保护整体表现较差，且城市间差异较大（赵金旭、郑跃平，2016）。

（2）对电子商务网站隐私声明的研究。随着移动支付的发展，电子商务网站也逐渐兴起。电子商务网站常常涉及用户的支付账号、银行卡信

息，与用户的网络安全紧密联系。近年来，电子商务网站隐私泄露问题已经成为影响其发展的瓶颈，在这一背景下，对电子商务网站隐私声明的研究逐渐增多。有学者从收集信息的类型、用户权利说明、共享信息的对象与Cookies使用等角度来对网站隐私声明进行质性研究（周拴龙、王卫红，2017），也有研究者运用量化研究方法进行了在线隐私政策对消费者提供个人信息意愿的影响机制研究，发现网站隐私政策的告知明确性及保护程度会显著影响消费者的信息控制感知和隐私风险感知。

（3）对图书馆、档案馆类网站隐私声明的研究。图书馆网站隐私声明研究主要集中于图书和情报科学等领域，是我国学界关于隐私声明研究的重要部分，这部分研究数量较多，研究区域也较为广泛，有部分的中外对比研究。例如，付立宏等人选取了中国的7个图书馆网站和美国的10个图书馆网站为案例，详细地比较其收集信息的类型和目的、免责声明、用户权利说明、未成年人隐私保护与Cookies使用，分析中美两国图书馆网站用户隐私政策的优劣，并指出我国图书馆网站保护用户隐私的努力方向（付立宏、李灵慧，2011）。此外，还有涉及中国港澳台地区以及英美澳等国家的图书馆隐私声明研究（付立宏、李平辉，2011；田淑娴、许春漫，2017）。

（4）对综合性网站隐私声明的研究。综合性网站隐私声明反映出我国互联网行业隐私自律保护现状，这一部分的研究是国内关于社交媒体隐私声明的重要部分。申琦在《我国网站隐私保护政策研究》一文中对6类49家网站从"一般项目规定""信息的收集与存储""信息的使用与共享"三个方面考察了我国网站隐私保护政策的现状与不足（申琦，2015）。

可以看出，我国国内对网站隐私声明的研究主要聚焦于对不同网站的研究，但关于社交媒体网站隐私声明的研究较少。随着社交媒体的发展，其越来越多地影响着用户的生活。社交类媒体中的个人信息除了个人身份信息，还有涉及人们情感、财产、心理以及更为私密活动的信息隐私，且社交媒体隐私因其不同于其他网站的社交属性，涉及的隐私信息量大且易于泄露。因此，对社交类网站隐私保护中隐私政策的研究尤为必要。

2. 国外有关"隐私声明"的研究现状

相比国内关于"隐私声明"的研究，国外的研究维度更为丰富，研究方法更为多样。

随着隐私问题日益得到关注，近年来国外关于隐私声明的研究方法和研究主题都更加丰富。通过在Web of Science、EBSCO等数据库中进行检索，发现近年来国外关于隐私声明的研究主要集中在以下几个方面。

(1) 隐私声明内容与原则

为了规范隐私政策，一些权威机构提出了隐私政策的原则并倡导网站在制定隐私政策时遵守这些原则。例如，美国的《用户隐私权利法案》为如何保护用户隐私设定了 7 项原则，包括自主控制原则、透明原则、尊重背景原则、安全原则、访问与更改原则、限制收集原则与问责制原则。

(2) 在线隐私声明对用户的影响的实证研究

隐私政策对用户影响的实证研究是国外关于"隐私声明"研究的重要部分。吴文文和黄少艳等人调查了在线隐私政策对消费者隐私关注和信任的影响，结果显示隐私政策内容与隐私保护/信任之间存在重大关系（Kuang – Wen Wu & Shaio Yan Huang & David C. Yen & Irina Popova, 2012）；2015 年的一项利用眼球追踪的实验研究测试了用户如何阅读在线隐私声明，结果表明，在默认提供隐私政策的情况下，参与者倾向于仔细阅读，而在没有阅读政策的情况下给予选择签署协议时，大多数参与者完全违反了该政策（Nili Steinfeld, 2015）。还有学者研究了在线隐私声明外观的改变影响用户的信任，结果显示隐私策略中的个性化和管理影响用户信任，并使在线服务对其用户而言更加可信（Esma Aïmeur & Oluwa Lawani & Kimiz Dalkir, 2016）。

(3) 网站隐私声明内容的分析

与国内研究相同的是，对各类网站隐私声明内容进行分析也是国外研究的重要内容。有学者考察了马来西亚组织如何根据《个人资料保护法》（PDPA）对隐私权政策进行描述，通过对 12 个行业 360 个组织的隐私政策进行分析发现私营企业与公有制企业相比具有较高的合规水平（Hui Na Chua & Anthony Herbland & Siew Fan Wong & Younghoon Chang, 2017）。也有部分研究是针对社交网站隐私声明的，例如，有学者分析了包括 Twitter 和 Facebook 在内的社交平台的隐私政策，并认为这些平台隐私声明的大部分内容相同，主要差异在于数据收集、数据共享和数据安全（Sherali Zeadally & Stephanie Winkler, 2016）。

(五) 文本分析法与比较研究法

1. 文本分析法

本书主要采用文本分析法和比较研究法。德里达（Derrida, 1976）声称："文本就是一切，文本之外别无他物。"托伊恩·A. 梵·迪克（Teun

A. Van Dijk.，1997）指出，对文本进行定性分析的方法，是试图通过观察和阐释所选取文本的句型措辞等内容，达到深层次说明文本意义的作用。在本书中，笔者分别选取的两个阶段的五家网站和七家网站的隐私声明，就是我们的文本。笔者将对这些网站隐私声明的具体内容进行文本分析，达到深入阐释这些隐私声明的作用和意义。

费尔克拉夫认为，文本话语分析使得完全凭借经验主义的立场，转向对语言的社会特性及语言由社会理论所赋予的文化功能的抽象观察。[①] 在本书中，网站的隐私声明将被当作一种起说服效果的技巧，是网站为了达到预期目的，用以告知网民关于该网站的隐私政策和具体做法的一种话语组合。

2. 比较研究法

比较研究法，又称为类比研究法、比较分析法等，是指对两个或两个以上的事物或对象加以对比，以找出它们之间的相似性与差异性的一种分析方法（江兵，2014）。本书的比较研究，体现在两个层面：首先，在研究中，笔者会横向比较所选取的七家网站的隐私声明，特别是比较两家外文网站与五家中文网站的隐私声明，以期发现它们的异同与利弊得失；其次，更为重要的是，笔者要将本次研究与之前的两次相关研究进行纵向对比，以期发现这些网站的隐私声明在近十年来的具体发展演变。

3. 分析指标说明

在研究中，笔者主要考察如下问题：第一，隐私声明在向网民解释收集个人信息的目的时，除了说明是为了向网民提供个性化和更优质的服务，是否提及网站可以从中获取何种好处？第二，隐私声明所使用的语言，是否简单易懂，是否能被普通网民正确理解？第三，隐私声明中，是否存在着模糊的、错误的、误导性的或自相矛盾的内容？第四，隐私声明的内容是否完整、全面？[②] 第五，是否有专门的儿童或未成年人的隐私保

[①] S. Thornham, "Media Studies: A Reader", in N. Fairclough, ed., *Critical Analysis of Media Discourse*, P. Marris, New York: New York University Press, 2000, pp. 308-325.

[②] 隐私声明内容是否全面完整，以美国最有名的网络隐私权保护的认证组织——电子信任组织（TRUSTe）所提供的隐私声明内容为参考，主要包括：被收集的个人可识别信息的种类和使用方式；收集个人可识别信息者的身份；被收集的个人可识别信息是否与第三方共享；使用的任何一种跟踪技术；是否使用通过其他来源获得的信息来作为个人可识别信息的补充；消费者的选择权；消费者如何接近自己所提供的个人可识别信息；有恰当的安全措施；整理与处理消费者投诉的程序。参见徐敬宏《网络传播中的隐私权及其保护》，博士学位论文，武汉大学，2007年。

护内容？为此，笔者将对上述 5 家网站的隐私声明逐一加以分析。

另外，笔者还将对中国网站排名网（http：//www.chinarank.org.cn/）综合排名前 100 名中的第 1—10 名、第 46—55 名和第 91—100 名共 30 家网站进行考察。通过再次对这 30 家网站的隐私声明进行观察，统计这些网站是否在首页显著位置张贴有关网民隐私权保护的声明。

（六）七家网站隐私声明的基本状况

笔者发现，2007—2017 年这 30 家网站中仍然只有 7 家网站在首页显著位置张贴了隐私声明。原来在首页显著位置张贴了隐私声明的 5 家网站中，搜狐、偶偶网首页的隐私声明已从首页消失，其他 3 家网站新浪、Yahoo 和 NBA 官方网站仍然在首页显著位置继续张贴隐私声明。现在腾讯、网易、淘宝网、天涯社区也在网站首页的显著位置张贴了隐私声明。

表 4-1-1　　　　网站首页显著位置"隐私声明"张贴情况

在首页显著位置 有隐私声明的网站	在首页显著位置无隐私声明的网站 （无隐私声明或需进行二次或多次链接）	无法登录的网站
（2）腾讯；（3）新浪；（5）Yahoo；（6）网易；（7）淘宝网；（53）天涯社区；（96）NBA 官方网站	（1）百度；（4）搜狐；（10）POCO；（46）21CN；（47）土豆网；（48）小说阅读网；（49）中国中央电视台；（50）中国工商银行；（51）中国移动通信；（52）265 上网导航；（54）中国经济网；（55）偶偶网；（91）中金在线；（92）酷龙吧；（93）91 综合娱乐；（95）HC360 慧聪网；（97）我要地图网；（98）全球中文论坛网；（99）263 在线；（100）华飞华健康网	（8）678_.com （9）谷歌 （94）香港讨论区

七家网站的隐私声明都是张贴在网站首页的底部，但并没有统一的命名：腾讯与网易采用的是"隐私政策"，新浪采用了"隐私保护"，淘宝网采用的是"法律政策与隐私声明"，天涯社区将隐私声明放在了"隐私和版权"板块，两家外文网站 Yahoo 和 NBA 官方网站分别采用的是"Privacy"和"Privacy Policy"。

如前所述，基于前人文献和相关经验观察，笔者进一步对这七家网站的隐私声明进行文本分析，发现七家网站的隐私声明主要在涉及隐私声明更新提示、信息收集与存储、信息使用与共享、用户权利、儿童隐私保护五个主要方面有所不同。具体情况见表4-1-2①。

表4-1-2　　　　　各网站隐私声明内容覆盖情况

	隐私声明更新提示	信息收集与存储	信息使用与共享	用户权利	儿童隐私
腾讯	√	√	√	√	√
新浪	√	√	√	√	×
Yahoo	√	√	√	√	√（通过超链接）
网易	√	√	√	√	√
淘宝网	√	√	√	√	√
天涯社区	×	×	√	×	×
NBA官方网站	√	√	√	√	√

注：表格中"√"代表包含有该项；"×"代表无该项内容。

笔者认为，在以上所列出的五项主要内容中，有些内容还可以继续细分：信息收集与存储说明包括信息收集说明、信息存储安全说明和Cookies说明；信息使用与共享说明包括信息使用说明、信息共享说明和信息共享提醒等；用户权利说明包括用户个人信息的访问和修改权说明、广告选择权说明、Cookies选择权说明；儿童隐私说明包括儿童使用说明、儿童信息收集说明、存储与使用原则说明等。

（七）七家网站隐私声明的特点及存在的问题

1. 隐私声明更新提示

除天涯社区外，其余六家网站对隐私声明的更新均有提醒。其中，腾讯、Yahoo、网易、淘宝网将隐私声明的更新作为独立项目列出，并提醒用户随时查阅或提示会通过电子邮件的方式告知更新，在这些网站中，淘宝网在显要位置标注了版本生效时间。NBA官方网站虽未将其更新单独列出，但与Yahoo网站都显示了最近的隐私声明更新日期：NBA官方网站的最后更新日期为2016年12月22日，Yahoo的最后更新日期为2016年11月23日。值得注意的是，新浪的隐私声明虽在最后写到"由于网上技术

---

① 为了减少人为的误差，笔者借鉴了内容分析法中的类目编码和信度操作。由于本书中所涉及的相关内容都比较明确，第一作者和第二作者的初始统计结果一致率达98%，不一致的部分在经过四位作者讨论后也很快达成了一致。

的发展突飞猛进,我们会随时更新我们的信息保密制度",但与之前的相关研究相比,2007年以来新浪并未对其隐私声明进行较好的更新和完善,语句不通、重复等明显错误仍然存在。

2. 信息收集与存储说明

笔者认为,信息收集与存储说明包括信息收集说明、信息存储安全说明和 Cookies 说明三部分内容。其中,信息收集说明主要包括信息收集方、信息收集的主要内容以及信息收集的主要途径等内容。信息存储安全说明主要包括网站所收集信息的存储时长以及是否提供了具体的存储技术保障等内容。Cookies 说明是指网站是否向用户清楚地介绍了 Cookies 或者其他类似相关技术的使用方法及用途等。各网站的信息收集与存储说明见表4-1-3。

表4-1-3　　　　　各网站隐私声明信息收集与存储情况

	信息收集说明	信息存储安全说明	Cookies 说明
腾讯	√	√	√
新浪	√	√	√
淘宝网	√	√	√
Yahoo	√	√	√
网易	√	√	√
天涯社区	×	×	×
NBA 官方网站	√	√	√

而对于用户信息是否可由第三方进行收集,仅腾讯、网易、NBA 官方网站三家网站进行了说明。腾讯和网易均在其隐私声明中提到"我们和第三方合作伙伴可能通过 Cookies 和 Web Beacon 收集和使用您的信息"。NBA 官方网站隐私声明目录的第一点就将收集信息的组织一一列举并说明可能随时更新该组织列表,请用户定期进行查阅。

关于信息收集的内容与途径,除天涯社区外,其余六家网站都单独进行了解释。腾讯在"我们可能收集的信息"中明确指出,将收集"您提供的信息""其他方分享的您的信息""我们获取的您的信息"三个方面的信息,具体解释了将在进行何种操作时收集这些信息,并对每个方面进行了举例。网易在信息收集部分的阐述与腾讯类似,也提到了以上三方面内容。此外，网易还将要收集的信息分为两类：与个人身份无关的信息和有关个人身份的信息，并对不同的分类信息将在何时被收集进行了详细的说明。淘宝网具体解释了将要收集的三类信息："您向我们提供的信息""在您使用服务过程中收集的信息""来自第三方的信息"。新浪在"我们收集哪类个人信息"部分并未说明会收集哪类个人信息，也未对"个人信息"进行具体的界定，仅在个人信息举例中提到了电子邮件、工作、姓名、地址、电话号码等几项零散的内容。Yahoo 在"信息收集与使用"部分详细地说明了将在用户注册、用户使用雅虎产品服务、用户登录雅虎页面以及合作伙伴页面、用户参加各种促销等活动时收集与以上四种情况一一对应的用户信息，并通过超链接的方式进一步解释了以上四种情况的具体范围。NBA 官方网站在"什么样的个人信息将被收集"部分，除了说明在网络服务和交易中会收集的个人信息和匿名信息，还说明了用户在登录移动设备或使用社交媒体和第三方平台时会被收集的各类信息。

关于信息存储的时效性问题，没有一家网站具体明确信息存储的准确时长。腾讯、网易和淘宝网分别在"信息安全""我们如何保留、存储和保护您的信息""我们如何存留信息"部分，说明了将在"所述目的所必需期间和法律法规要求的时限内保留您的个人信息"，其余四家网站均未提及信息存储时长问题。

在信息存储的技术保障方面，腾讯和网易分别在"信息安全"和"我们如何保留、储存和保护您的信息"部分，说明了"我们使用各种安全技术（如 SSL）和程序，以防信息的丢失、不当使用、未经授权阅读或披露"，腾讯和网易还同时指出由于技术的限制有可能出现可控范围之外的问题。淘宝网在"您的个人信息保护"中声明淘宝网"努力采取各种合理的物理、电子和管理方面的安全措施来保护您的个人信息"，并"对可能接触到您个人信息的员工或外包人员也采取了严格管理"。新浪在"保护你的隐私"部分指出，"我们也将采取合理的安全手段保护已存储的个人信息"，但具体采取何种合理的安全手段在随后的说明中并未具体涉及。Yahoo 与 NBA 两家外文网站均在信息存储安全部分，说明了将使用带有法律性与行业普遍性的存储安全协议。Yahoo 并未对信息存储安全进行具体的介绍，但提供了"雅虎安全"的超链接；NBA 官方网站则直接说明了其使用的技术以及适用范围。天涯社区并未对信息存储情况进行说明。

除天涯社区没有提到 Cookies 之外，其余六家网站的隐私声明都不同程度地对 Cookies 进行了说明。网易在"Cookies、日志档案和 Web Beacon"部分首先向用户概念性地介绍了 Cookies，随后，同腾讯一样，对 Cookies 的具体使用情况进行了分点举例说明，并简单说明了停用 Cookies 可能造成的后果。淘宝网在"Cookie 和类似技术的使用"中说明了相关的技术保障问题并请求用户理解，"我们的某些服务只能通过使用 Cookie 才可得到实现"。新浪同样有独立的子栏目介绍"Cookies"内容，但并未说明何为 Cookies，仅仅是不断重复 Cookies 将为用户提供更好的服务，而未提供有实际意义的解释。Yahoo 在"Cookies & Similar Technologies"栏目中简单介绍了自身以及第三方对于类似技术的使用情况和权力范围，并通过超链接详细地介绍了"Cookies & Similar Technologies"的各种使用途径。NBA 官方网站详细地介绍了 Cookies 及其他技术、本地的 Flash Cookies 等技术以及第三方使用的 Cookies 等其他技术的使用方法、权力范围并提供了许多超链接用以补充说明相关内容。

3. 信息使用与共享说明

清晰、准确的信息使用与共享说明有助于用户了解网站的收集意图，清楚在使用过程中可能存在的隐私风险。信息使用与共享说明主要包括：信息使用说明，即告知用户网站如何使用用户个人信息以及使用目的；第三方共享说明，即告知网站是否与第三方共享信息以及信息共享的原则；信息分享提醒，即网站是否提醒用户可能存在的隐私风险，是否具体地说明用户信息的限制利用原则。七家网站信息使用与共享说明情况见表 4-1-4。

表 4-1-4　　　　各网站隐私声明信息使用与共享情况

	（网站）信息使用	第三方信息共享	信息分享提醒
腾讯	√	√	√
新浪	√	√	√
淘宝网	√	√	√
Yahoo	√	√	×
网易	√	√	√
天涯社区	×	√	×
NBA 官方网站	√	√	√

在说明网站对用户个人信息使用情况方面,腾讯和网易都在"我们可能如何使用信息"部分,说明了收集的信息将被用作提供服务、确保提供的产品和服务的安全性等多项服务。新浪的隐私声明则多次强调,"只能用于帮助我们为您提供更好的服务"以及"为了使我们更好地理解您的需求,以便向您提供有效的服务"。淘宝网的隐私声明指出,收集个人信息是为了"提供各项服务,并维护、改进这些服务""向您推荐您可能感兴趣的内容"。Yahoo 在"信息的收集与利用"中提到,会将个人信息用于"定制广告和内容、满足用户要求的产品和服务、完善网站的服务、联系用户进行调研,并为用户提供匿名举报途径"。NBA 官方网站的隐私声明宣称,使用网民个人信息,是出于为用户提供所要求的信息和服务,并列举了具体的项目。

在说明与第三方信息共享情况时,腾讯和网易表示,会因为向用户提供服务、维护和改善网站服务、公司合并或收购等商业变化以及依据法律要求保护客户和公司的合法权益等原因,向第三方分享用户信息。新浪则承诺,在未得到用户为使用服务而产生的明确要求或者法律要求前,不会向第三方提供用户信息。淘宝网声明"不会出于第三方的营销目的而向其出售或提供您的任何信息",并列举了与任何其他第三方共享个人信息的情况。Yahoo 在"信息共享与披露"部分明确表示,除了提供产品和用户要求的服务,网站不会出租、出售个人信息给第三方。天涯社区的隐私声明仅有的三点内容,都是与第三方信息共享有关的说明。网站承诺除得到用户授权或根据法律法规要求或得到第三方承诺愿承担与网站共同保护用户隐私的责任外,不会向第三方提供单个用户的相关信息,但同时明确表明自己有权对整个用户数据库进行分析并对用户数据库进行商业利用。NBA 官方网站的隐私声明,在"可能与谁共享信息"部分提到会同 NBA 家族分享用户信息,NBA 家族也会谨慎挑选共享用户信息的第三方,且明确说明了用户的可识别与不可识别信息将在何种情况下向何类第三方分享。

在信息分享提醒方面,Yahoo 以及天涯社区并未在其隐私声明中提醒用户信息分享行为可能存在的隐私风险,其余五家网站对该事项均有不同程度的说明。腾讯隐私政策中的"您分享的信息""您分享的敏感个人信息"和"隐私政策的适用例外"以及网易隐私声明中的"有关共享信息的提示""有关个人敏感信息的提醒"和"我们服务中的第三方"部分,说明多项服务会使得信息扩散途径增加,因此希望用户谨慎通过网站服务上传、发布和交流信息内容。同时，腾讯和网易都提醒用户，第三方不受本网站隐私声明的约束，两家网站也不对任何第三方使用用户提供的信息承担责任，用户应仔细阅读第三方的隐私声明。淘宝网在"您共享的信息"中申明，"请您妥善保护自己的个人信息，仅在必要的情形下向他人提供。如您发现自己的个人信息泄密，尤其是您的账户或密码发生泄露，请您立即联络淘宝客服，以便淘宝采取相应措施"。同时，淘宝网还根据平台的不同使用场景向用户告知了应谨慎分享的信息。新浪则解释由于不能控制第三方网站，建议用户仔细阅读第三方网站的个人信息保密制度。NBA官方网站虽然没有单独的信息共享提醒内容，但在"社交媒体服务与第三方平台"和"哪些信息可以共享"部分也提到了谨慎分享个人信息、仔细阅读第三方隐私政策的用户分享提醒。

4. 用户权利说明

大多数网站的隐私声明中都重点说明了网站方可以行使的权利，而对用户权利的介绍，各家网站的说明情况不一。用户权利方面说明主要包含：个人信息访问与修改说明，广告选择权说明和 Cookies 选择权说明。

表 4-1-5　　　　　**各网站隐私声明涉及用户权利情况**

	个人信息访问与修改权	广告选择权	Cookies 选择权
腾讯	√	√	√
新浪	√	×	√
淘宝网	√	×	√
Yahoo	√	×	√（超链接）
网易	√	√	√
天涯社区	×	×	×
NBA 官方网站	√	√	√

在个人信息访问与修改权说明方面，除天涯社区未提及个人信息访问与修改权外，其他六家网站的隐私声明中都有不同程度的提及。腾讯和网易在如何访问和控制自己个人信息的部分明确指出，用户享有访问、更新、更正和删除个人信息的权利。淘宝网向用户介绍了查询、更正及删除自己账户信息等使用淘宝网服务时提供的个人信息的途径。新浪指出可以通过自行修改或通过公布的联系方式联系新浪来修改用户信息。Yahoo 与 NBA 官方网站均

在隐私声明中说明，用户享有编辑、删除用户信息的权利。

关于广告选择权说明，中文网站中仅腾讯和网易清楚说明了用户的广告选择权，两家外文网站则都有关于广告选择权的单独说明。其中，Yahoo 详细说明了关于广告定制以及广告推送的各方，但并未提到用户的广告选择权；NBA 官方网站强调将提升广告对于用户的针对性，同时也告知用户在 PC 端与移动端选择接受或拒绝广告的具体方法。

在 Cookies 选择权说明方面，腾讯、网易都在隐私声明中提到用户的 Cookies 选择权："您可以通过浏览器设置拒绝或管理 Cookies 或 Web Beacon。但请注意，如果停用 Cookies 或 Web Beacon，您有可能无法享受最佳的服务体验，某些服务也可能无法正常使用。同时，您还会收到同样数量的广告，但这些广告与您的相关性会降低。"看似在向用户说明关闭 Cookies 的后果，其实是在以为用户着想的名义确保网站自身的信息搜集权。两家网站都没有详细说明"某些服务"的具体内容。相较于前两者，淘宝网的表达方式稍显诚恳："请您理解，我们的某些服务只能通过使用 Cookie 才可得到实现。如果您的浏览器或浏览器附加服务允许，您可以修改对 Cookie 的接受程度或者拒绝淘宝的 Cookie，但拒绝淘宝的 Cookie 在某些情况下可能会影响您安全访问淘宝平台相关网站和使用淘宝平台提供的服务。"新浪表示，"如果您的浏览器被设置为拒绝 Cookies，您仍能够访问我们的大多数网站"。NBA 官方网站与 Yahoo 均说明了 Cookies 技术的设置方式，只不过 Yahoo 并没有在首页隐私声明中直接说明，而是通过超链接介绍了 Cookies 在 PC 端与移动端的选择与拒绝方式。

5. 儿童隐私保护说明

如表 4-1-2 所述，在儿童隐私保护部分，仅有三家中文网站和两家外文网站做出说明。腾讯、网易、淘宝网都有单独的儿童隐私保护内容，但三者都没能明确对儿童的信息处理采取了何种措施，只是鼓励监护人指导儿童的网上活动。Yahoo 在"信息收集与利用"以及"信息共享与披露"两个部分，都提到儿童隐私保护问题，而在"儿童隐私与家庭账户部分"，更是以超链接的方式，详细说明了儿童信息的收集、使用、共享和披露。NBA 官方网站也在隐私声明中说明了网站对儿童上网活动的限制以及网站与第三方对儿童信息的处理。

（八）七家网站隐私声明的变迁和发展

通过以上分析可以发现：我国知名企业网站的隐私声明，不仅与美国等国际企业网站的隐私声明相比差距不小,而且与2007年相比,依然进步不大。

第一,七家网站中仅两家外文网站和淘宝网有显示近期的更新时间,其余四家中文网站均无法看到最新的更新日期。新浪虽然继续张贴隐私声明,但是历时十年仍未对隐私声明中明显的表述错误进行修改完善。

第二,与2007年的研究结果一样,外文网站的隐私声明比中文网站的隐私声明更具体、更全面。外文网站更多地使用超链接来解释具体的专业术语与内容。中文网站除天涯社区外,其余四家网站的内容覆盖较为全面,但表述方式及详尽程度差异较大。其中,腾讯、网易、淘宝网是较为详尽的代表,两者涉及的主要内容和结构、陈述方式大同小异。其余几家中文网站在内容框架设置上都无规律可循。

第三,与2007年的研究结果一样,隐私声明中大多数网站都在积极地"谋求"自己的权利,如天涯社区的整个隐私声明全部是在对自身权利进行说明。与隐私声明中的其他内容相比,七家网站对于用户权利的说明都不完善。

第四,虽然大多数网站都表示,在未经用户同意的情况下,网站及其所属的关联公司不会与第三方分享用户的个人信息,在得到用户同意的前提下,才会开展分享行为,但对于如何征求用户同意,什么情况下才算已经征求到用户同意等问题并未明确说明。

第五,在儿童隐私保护方面,五家中文网站的隐私声明中,有两家没有涉及儿童隐私保护问题,两家外文网站全部有专门的儿童隐私保护内容。而与隐私声明中包含儿童隐私保护内容的中文网站相比,两家外文网站的儿童隐私保护内容更为具体、详细。

总之,在隐私保护方面,尽管出台了一系列政策与法律,总体的行业自律也在不断增强,但十年来中文网站的隐私声明并没有取得明显的进步与改善。笔者认为,主要原因首先在于单个网站只注重自身的利益而对隐私声明和用户隐私权益不够重视。其次,政策和法律以及行业自律的执行也存在一定的问题,没有具体的关于隐私声明的规定,也没有相应的奖惩和衡量标准。最后,大多数网民对网站隐私声明的认识依然不够,更谈不上对不合格网站隐私声明进行监督和抵制,尤其是在当前相关政策、法律和行业自律都不够完善的情况下。

诚然,在完整把握社会现实方面,本书采用的这种定性分析方法存在着一定的局限性。主要原因在于定性分析是依据典型或少量个案的资料得出结论，这种结论不一定具有普遍性（袁方、王汉生，2013）。但由于文本分析（或话语分析）等研究方法的主要目的是提供对一种现象的深入理解，因此，其选取的样本并不需要具有统计学上的代表性（Fernback，2007）。而 2007—2017 年有关网站隐私声明的研究都发现，中文网站的隐私声明仍然存在不少问题。

三 中国和美国各 10 家社交媒体隐私声明的文本分析

为了进一步探讨社交媒体中隐私声明文本的内容及其存在的问题，笔者以对比研究的方式，对中国和美国的典型社交媒体进行研究，以期了解中国和美国社交媒体隐私声明的文本差异，继而对中国和美国隐私声明差异背后的原因进行挖掘和讨论。并基于此，针对中国社交媒体隐私声明存在的不足与问题，提出针对性的建议来完善中国社交媒体隐私声明，提高个人信息保护水平。

（一）样本选择与编码

1. 样本来源

笔者选取中国和美国各 10 家典型社交媒体的在线隐私声明文本为研究对象进行研究。采用案例分析、在线观察法与基于质性分析软件 Nvivo11 的文本分析法。

综合 Alexa 网站排名、猎豹全球智库发布的《2017 中国 App 报告》、艾媒咨询发布的《2018 上半年中国 App 排行榜》、皮尤研究中心（Pew Research Center）发布的《2018 美国民众社交媒体使用状况调查》（Social Media Use in 2018）等，研究者于 2018 年 7 月 12 日—8 月 12 日对中国和美国各 15 家不同类型的社交媒体进行在线观察，再删去没有隐私声明文本的社交媒体，最终根据社交媒体的用户数量、影响力、活跃指数等综合指数确定了中国和美国各 10 家社交媒体网站上的隐私声明文本作为研究对象（见表 4-1-6）。

表 4-1-6　中国和美国社交媒体在线隐私声明对比研究样本

国家	社交媒体名称
中国	微信、QQ 空间、微博、百度贴吧、知乎、米聊、派派、珍爱网、抖音、豆瓣
美国	Facebook、Twitter、Snapchat、YouTube、Instagram、Pinterest、linkedin、Tumblr、MySpace、WhatsApp

从表4-1-6可以看出，笔者所选取的中国和美国各10家社交媒体平台包括：信息分享类社交媒体（如微博、Twitter）、社区类社交媒体（如百度贴吧、豆瓣、QQ空间、Facebook）、交友类社交媒体（如珍爱网、派派、MySpace）以及通讯类社交媒体（如米聊、WhatsApp）等不同类型的社交媒体，且所选择的样本都有着较为庞大的用户基数，因此，样本的选择达到了立意抽样的要求，可以进行下一步的研究。

在对国内外相关文献进行梳理和总结的基础上，笔者提出了以下几个研究问题：

（1）中国和美国社交媒体的隐私声明文本主要关注于哪些内容？

（2）中国和美国社交媒体隐私声明对用户个人信息保护情况如何？或者说中国和美国社交媒体隐私声明在收集、储存、分享、使用等环节是如何保护用户个人信息的？

（3）中国和美国社交媒体隐私声明文本有哪些异同？

（4）中国和美国社交媒体隐私声明差异的原因有哪些？

（5）中国社交媒体隐私声明有哪些不足，应该如何改进？

2. 编码

（1）材料收集

研究者分别在中国和美国各10家社交媒体网站或者App上找到"隐私声明"，并下载整理。中国社交媒体下载语言为中文版，美国社交媒体下载语言为英文版。对中文隐私声明进行编码时，在NVivo11中设置文本内容语言为"中文"；在对英文隐私声明进行编码时，则设置文本内容语言为"英文"。

（2）编码过程

在NVivo中新建一个项目，命名为"中美社交媒体隐私声明对比研究"，并在内部材料中新建两个文件夹，分别命名为"中国社交媒体隐私声明"和"美国社交媒体隐私声明"，再分别将中国和美国各10家社交媒体隐私声明依次导入。

在阅读材料的基础上进行第一轮编码，将样本中的不同部分内容归属到不同的节点下，如果一段话中出现不同的节点则分别进行编码，如果出现新的内容则增加新的编码项或者节点，如果不确定内容属于哪个部分，则归属于自由节点。如，将姓名、性别、头像、手机号码等注册社交媒体时提供的信息归属于"注册信息"这一子节点下，再和"位置信息""设备信息"等其他子节点一起归属于"信息收集"这一树节点下。编码完成后,再对编码过程中不确定的内容和节点进行思考、调整,形成最终编码表。

(3) 中国社交媒体隐私声明编码表

通过对中国社交媒体隐私声明进行编码分析,最终形成9个树节点和39个子节点,如表4-1-7所示。

表4-1-7　　　　　中国社交媒体隐私声明编码结构

树节点	子节点
隐私声明的"一般情况"	要点概述、概念界定、更新日期
信息储存	删除用户信息、储存位置、储存时间
信息使用	数据分析、安全验证、广告推送、提高服务
信息收集	个人信息界定、安全保障、风险提示、支付信息、社交信息、地理位置信息、第三方信息、注册信息、设备信息
信息披露	默认同意、经过用户同意、业务变更、第三方、法律要求
Cookie 政策	Cookie 设置、使用目的
用户权利	投诉举报、隐私设置、管理信息
未成年人保护	删除信息、征得同意
信息保护	安全认证、隐私原则、法律保护、个人保护、制度保障、应急预案、风险提示、技术措施

通过子节点数量可以看出,中国社交媒体隐私声明重点对"信息收集""信息使用""信息披露"和"信息保护"进行了系统说明,也对数据收集中的"Cookie 使用"和"用户权利"进行了较为详细的说明。

(4) 美国社交媒体隐私声明编码表

通过对美国10家社交媒体隐私声明文本进行编码,最终形成9个树节点和47个子节点,如表4-1-8所示。

表4-1-8　　　　　美国社交媒体隐私声明编码结构

树节点	子节点
隐私声明的"一般情况"	隐私政策可视化、名词解释、要点概述、更新日期、相关链接
信息储存	储存位置、信息传输、删除信息、储存期限

续表

树节点	子节点
信息使用	数据分析、提高服务、联系用户、安全保护、推送信息
信息收集	公开信息、风险提示、支付信息、位置信息、社交信息、使用信息、个人信息、设备信息、第三方平台
信息披露	管理人员、公开信息、非个人信息、经过同意、个人分享、业务变更、第三方平台、法律要求
Cookie 政策	完整的 Cookie 政策、使用目的、Cookie 设置
用户权利	投诉、广告设置、隐私设置、管理信息
未成年人保护	限制收集、删除信息、征得同意、禁止使用
信息保护	风险预警、监管、制度保障、依据法律、技术手段

从整体上看，美国 10 家社交媒体的隐私声明也主要关注"信息收集""信息储存""信息使用""信息分享""信息保护"等方面，也对"未成年人信息保护""用户权利"进行了相关的规定。

（二）中国和美国社交媒体隐私声明总体情况对比分析

中国和美国社交媒体隐私声明的总体情况包括"隐私声明文本内容分布"和"隐私声明关注点"两个方面，前者是指隐私声明文本的框架结构，后者是通过词频分析发现文章的主要关键词，进而从总体上了解本书的整体内容。

1. 中国和美国社交媒体隐私声明内容分布

通过最终编码表，可以看出中国和美国社交媒体隐私声明在文本结构和内容分布上高度相似，两者都包括了"一般情况""Cookie 政策""信息收集""信息储存""信息使用""信息披露""信息保护""用户权利""未成年人保护"九个树节点内容，具体见表 4-1-9 和表 4-1-10 所示。

表 4-1-9　　中国社交媒体隐私声明总体编码及结果

树节点	出现的隐私声明数（N=10）	参考点	子节点示例
一般情况	6	22	相关链接、名词解释、更新日期等

续表

树节点	出现的隐私声明数（N=10）	参考点	子节点示例
Cookie 政策	6	23	Cookie 使用目的、设置等
信息储存	7	16	储存时间、位置、信息传输等
用户权利	7	28	信息管理、删除、举报等
信息使用	9	28	服务、广告、数据分析等
未成年人保护	9	14	禁止使用、征得同意等
信息收集	10	77	注册信息、位置信息、设备信息等
信息保护	10	44	技术保护、制度管理等
信息披露	10	72	第三方分享、法律要求等

表 4-1-10　　美国社交媒体隐私声明总体编码及结果

树节点	出现的隐私声明数（N=10）	参考点	子节点
信息保护	5	17	技术保护、制度管理等
信息储存	7	17	储存时间、位置、信息传输等
信息使用	9	70	服务、广告、数据分析等
Cookie 政策	9	24	Cookie 使用目的、设置等
一般情况	10	459	相关链接、名词解释、更新日期等
信息收集	10	115	注册信息、位置信息、设备信息等
用户权利	10	66	信息管理、删除、举报等
信息披露	10	73	第三方分享、法律要求等
未成年人保护	5	8	禁止使用、征得同意等

在 NVivo11 软件编码过程中，节点数和参考点数有重要意义：节点代表隐私声明的覆盖范围，出现的频次越高说明隐私声明内容覆盖越广泛；参考点则代表样本中某个节点的出现频次，参考点越多说明某个节点的话语地位越重要。从表 4-1-9 和表 4-1-10 中可以看出，中国和美国社交媒体隐私声明虽然在整体内容上高度相似，但在具体的节点数和参考点数上有所差别。在中国社交媒体隐私声明中，排名靠前的三个树节点和参考

点分别是:"信息收集""信息披露"以及"信息保护"(被样本中10家社交媒体全部提及)。在美国社交媒体隐私声明中,被10家社交媒体全部提及的树节点有:"一般情况""信息收集""用户权利"以及"信息披露",排名较为靠前的参考点分别是"一般情况""信息收集""信息披露"。由此看出,中国和美国社交媒体隐私声明在内容分布上都以"信息收集""信息披露"为重点内容。

2. 中国和美国社交媒体隐私声明关注点分析

隐私声明的元素是字词,因而声明文本中的字词数量是隐私声明的重要特征。文本中的词频可以用于表征声明的内容,高频词语能够代表隐私声明的关注点。[①] 为探究中国和美国社交媒体隐私声明关注的主要内容,研究运用 NVivo11 的"词频"功能对隐私文本进行了词频统计,并生成了词汇云及对频次最高的前20位词语进行了统计,具体如图4-1-1和表4-1-11所示。

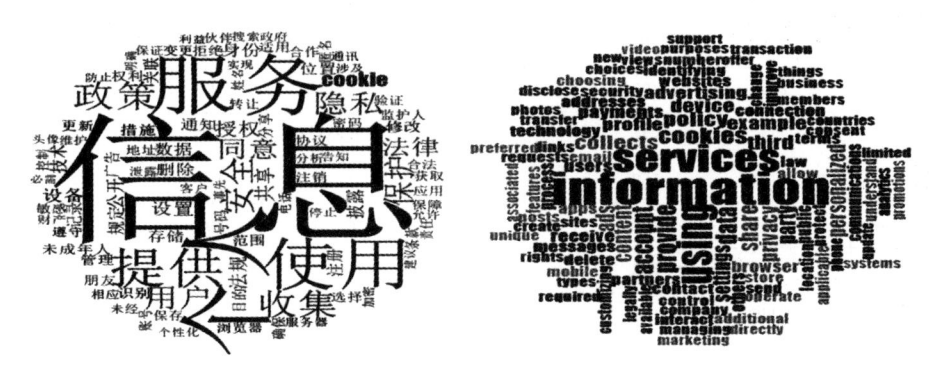

图4-1-1 中国和美国社交媒体隐私声明词汇云(N=10)

从图4-1-11可以看出,中国社交媒体隐私声明对象以"信息""个人""服务""政策""安全""隐私""用户""法律""法规""Cookie"等为主要关注点;在行为方面以"使用""提供""收集""保护""同意""授权""共享""设置"等为重点。而美国社交媒体隐私声明对象主要是以"information"(信息)、"services"(服务)、"data"(数据)、"Cook-

---

① 李政、罗晖、李正风、封凯栋:《基于质性数据分析的中美创新政策比较研究——以"中国双创"与"创业美国"为例》,《中国软科学》2018年第4期。

ies""account"(账户)、"policy"(政策)、"privacy"(隐私)、"content"(内容,语境中指代社交内容)、"ads""advertising"(广告)、"third"(在语义中指第三方)、"personalized"(个性)、"device"(设备)、"example"(案例)、"profile"(配置文件)、"payment"(支付)为主,而在隐私声明行为上主要是以"using"(使用)、"provide"(提供)、"share"(分享)、"setting"(设置)、"collects"(收集)为主。

表4-1-11　中国和美国社交媒体隐私声明词频前20位

排名	单词	计数	加权百分比(%)	排名	单词	计数	加权百分比(%)
1	信息	1090	7.11	1	Information	1245	5.09
2	个人	549	3.58	2	Services	954	3.9
3	服务	484	3.16	3	Using	946	3.87
4	使用	399	2.6	4	Provide	418	1.71
5	提供	287	1.87	5	Data	364	1.49
6	政策	193	1.26	6	Cookies	352	1.44
7	收集	176	1.15	7	Account	350	1.43
8	安全	168	1.1	8	Share	328	1.34
9	隐私	150	0.98	9	Policy	300	1.23
10	用户	143	0.93	10	Privacy	279	1.14
11	保护	141	0.92	11	Collects	276	1.13
12	同意	126	0.82	12	Content	267	1.09
13	法律	10	0.72	13	Ads	248	1.01
14	Cookie	92	0.6	14	Third	247	1.01
15	授权	76	0.5	15	Personalized	242	0.99
16	共享	72	0.47	16	Device	224	0.92
17	法规	69	0.45	17	Example	217	0.89
18	设置	67	0.44	18	Settings	216	0.88
19	设备	61	0.4	19	Profile	195	0.8
20	身份	60	0.39	20	Advertising	192	0.79

注:数据筛选包括删除同义词、删去虚词、删去近义词。查询条件为完全匹配。

通过分析可以得出，中国和美国隐私声明的整体关注点较为相似，两者都强调对信息"使用""收集""分享""设置"等方面的内容，在行为对象上都强调"个人信息""Cookie""政策"等方面的内容，而有所不同的是中国社交媒体更多关注"法律法规"以及用户"授权""同意"等方面的内容，美国社交媒体则更强调"广告""第三方""社交内容"等方面的内容。此外，与中国社交媒体隐私声明的一个显著不同是，美国社交媒体隐私声明中"数据"一词使用较为频繁。

3. 中国和美国社交媒体隐私声明一般情况及编码

在对隐私声明进行编码时，笔者把隐私声明的更新日期、名词解释、要点概述及相关链接等内容归纳为隐私声明的"一般情况"，用以代表隐私声明的时效性、可读性、便捷性等人性化程度，具体见表4-1-12和表4-1-13所示。

表4-1-12 美国社交媒体隐私声明"一般情况"及编码结果

子节点	来源数（N=10）	参考点
可视化	2	2
名词解释	3	56
要点概述	3	3
更新日期	9	9
相关链接	9	390

表4-1-13 中国社交媒体隐私声明"一般情况"及编码结果

子节点	来源数（N=10）	参考点
要点概述	2	2
名词解释	4	17
更新日期	4	4

从"一般情况"可以看出隐私声明的文本设置的完善度、人性化等基本情况（见表4-1-8）。对比发现，美国社交媒体隐私声明更加完善，大多数隐私声明都提到了更新日期，且隐私声明文本中有大量的相关链接，包括隐私设置链接、更详细的解释说明等。通过设置相关链接，一方面可

以使用户更方便快捷地找到相关内容，另一方面也可以丰富隐私声明文本的内容。此外，两国社交媒体都设有"要点概述"和"名词解释"等内容，要点概述可以使得用户更加快捷地了解隐私声明的主要内容，而"名词解释"则可以帮助用户了解相关的技术用语或一些复杂情况的说明。

（三）中国和美国社交媒体隐私声明具体内容对比分析

对中国和美国社交媒体隐私声明具体内容的文本分析是本部分的重点，这一部分的研究能够了解中国和美国社交媒体隐私声明分别包括哪些具体内容，有何侧重点以及二者具体的差异。

1. "信息收集"编码对比分析

信息收集是中国和美国社交媒体隐私声明的重要内容之一，在隐私声明中占有较大篇幅。"信息收集"主要是社交媒体对信息收集的种类加以说明。通过编码可以发现，中国和美国社交媒体平台在信息收集上较为类似（见表4-1-14和表4-1-15）。

表4-1-14　中国社交媒体隐私声明"信息收集"编码结果

子节点	来源数（N=10）	参考点数
支付信息	3	4
社交信息	5	8
地理位置信息	7	12
第三方服务获取的信息	7	11
注册信息	9	12
设备信息	9	15
风险提示	3	9

表4-1-15　美国社交媒体隐私声明"信息收集"编码结果

子节点	来源数（N=10）	参考点数
公开信息	2	2
风险提示	5	6
支付信息	7	7
位置信息	7	10
社交信息	8	15

续表

子节点	来源数（N=10）	参考点数
使用信息	8	24
注册信息	10	12
设备信息	10	17
第三方服务获取的信息	10	22

从表4-1-14和表4-1-15可以看出，在信息收集方面，中国和美国社交媒体收集的信息都比较广泛。社交媒体作为综合性媒体，满足了用户"生活购物""沟通交友"等多方面的需求，其所收集的个人信息也非常广泛，既包括"注册信息""设备信息"等基本个人信息，也包含"社交信息"（用户在社交媒体上发布的内容、互动等信息）"地理位置信息"等个人敏感信息以及"第三方服务获取的信息"。

从数据上看，"设备信息"和"注册信息"是中国和美国社交媒体最普遍收集的信息，中国90%的社交媒体和美国100%的社交媒体都会收集这两类信息，且美国10家社交媒体均对"第三方服务获取的信息"进行了说明。可以看出"第三方服务获取的信息"已经成为中国和美国社交媒体收集信息的重要方式。

中国社交媒体收集的两大类信息是"地理位置信息"和"第三方获取的信息"，美国社交媒体则是"使用信息"和"社交信息"。此外，美国社交媒体的隐私声明中还指出会对"公开信息"[网络上其他公开的关于用户的信息，如新闻报道和"使用信息"（包括使用社交媒体的频次、时间等信息）]进行收集。

社交媒体具有的社交属性，也使得社交媒体泄露隐私的风险在增加。例如，用户通过社交媒体在自己的社交圈发布社交内容，这些社交内容可能会被社交圈内的其他用户再次分享。针对社交媒体的这种特性，中国和美国社交媒体都进行了"风险提示"，即在隐私政策中提醒用户所发布的信息可能会被二次传播或者谨慎发布个人敏感信息等。从比例上看，中国和美国信息收集的风险比例分别是30%和50%，美国社交媒体的"风险提示"比例略高于中国社交媒体。

2. "信息储存"编码对比分析

信息储存期限是用户数据保护的重要一环，对信息储存的时间进行规定可以避免使用者长时间持有改变使用的意图以及避免用户信息在使用期间被遗忘或者被伪造。中国和美国社交媒体隐私声明中对信息储存的"位置"和"时间"以及承诺会在用户注销账户后"删除用户信息"都进行了说明。

从表4-1-16和表4-1-17可以看出，样本中50%的中国社交媒体都对"储存位置"及"储存时间"进行规定，40%的中国社交媒体则表明会在用户注销账户后"删除用户信息"。而相比之下，美国社交媒体有一半对储存时间进行了说明，但只有20%说明了储存位置，同样也有40%的社交媒体表明会删除用户信息。此外，有30%的美国社交媒体对"信息传输"的情况进行了说明，而中国社交媒体中没有涉及"信息传输"的相关内容。

表4-1-16　　中国社交媒体隐私声明"信息储存"编码结果

子节点	来源数（N=10）	参考点数
删除信息	4	6
储存位置	5	5
储存时间	5	5

表4-1-17　　美国社交媒体隐私声明"信息储存"编码结果

子节点	来源数（N=10）	参考点数
储存位置	2	2
信息传输	3	4
删除信息	4	5
储存时间	5	6

3. "信息披露"编码对比分析

数据共享化的意义在于它是明智部署数据，减少花费，改进数据应用，防止过度消耗的一个可行性举措。在严格执行系统规章制度下，不断提高匿名技术，更多利用非敏感个人信息，以实现信息安全共享。[①]

---

① 张曜：《中外大数据企业网站隐私政策比较研究》，博士学位论文，山西大学，2017年。

如表 4-1-18 和表 4-1-19 所示，中国和美国社交媒体在"信息披露"方面的共同点是都会在"法律要求""业务变更"及"第三方合作伙伴"的情况下披露用户信息。从数据上看，样本中 90% 的中国社交媒体和 100% 的美国社交媒体都表明会在法律要求的情况下披露用户信息，并对法律要求的情况进行说明，如"符合社会公众利益""诉讼案件""符合平台条款"等。此外，100% 的美国社交媒体和 50% 的中国社交媒体都会向"第三方合作伙伴"披露用户信息，但没有对第三方合作伙伴的相关隐私政策进行具体的说明，可以看出，"第三方合作伙伴"成为社交媒体披露用户信息风险最高的途径。同时，美国社交媒体还表示会在"经过用户同意""非个人信息"以及"用户个人发布的信息"几种情形下披露用户的个人信息。

表 4-1-18　中国社交媒体隐私声明"信息披露"编码及结果

子节点	来源数（N=10）	参考点数
业务变更	5	5
第三方合作伙伴	5	11
默认同意	2	4
法律要求	9	56

表 4-1-19　美国社交媒体隐私声明"信息披露"编码及结果

子节点	来源数（N=10）	参考点
管理人员	1	1
公开信息	2	2
非个人信息	2	2
经过同意	4	4
个人分享	6	6
业务变更	9	9
第三方合作伙伴	10	34
法律要求	10	15

由此可以看出，在"信息披露"方面，美国社交媒体披露个人信息的情况更多，在表述上也更为复杂，一方面不易被用户理解，另一方面也增大用户隐私风险。

4. "信息保护"编码对比分析

隐私声明的"信息保护"主要是指对保护用户信息的说明和保证,主要是指信息保护的方式和手段,能够减少用户在使用社交媒体时的隐私担忧,增强对社交媒体的信任。如表4-1-20所示,总体上看,中国社交媒体隐私声明的内容更加丰富,信息保护措施更加完善。

表4-1-20　中国社交媒体隐私声明"信息保护"编码及结果

子节点	来源数（N=10）	参考点数
安全认证	1	1
隐私原则	1	1
法律保护	1	1
个人保护	4	4
制度保障	5	9
应急预案	5	6
技术措施	9	14

具体来看,中国社交媒体保护用户信息最主要的措施是"技术措施",即通过加密技术保护用户信息。其次是"制度保障"和"应急预案"。制度保障是指通过管理制度、流程和组织以保障信息的安全。例如,限制访问信息的人员范围,要求他们遵守保密义务,并进行审计。"应急预案"则是指隐私事件泄露后的补救措施,在隐私泄露事件发生后启动紧急预案,尽可能减少用户的损害。此外,40%的中国社交媒体注重用户的个人信息保护,如提醒用户"不要泄露密码"等,从"安全认证""隐私原则""法律保护"等角度保护用户信息的社交媒体仅有10%。

表4-1-21　美国社交媒体隐私声明"隐私保护"编码及结果

子节点	来源数（N=10）	参考点数
风险预警	1	1
监管	3	5
制度保障	2	3
依据法律	2	7
技术手段	4	5

如表4-1-21所示，和中国社交媒体隐私声明较为类似的是，技术手段也是美国社交媒体保护用户个人信息的主要措施。此外，有30%的美国社交媒体提到"数据监管"，而中国社交媒体在"监管"方面没有相关的表述。但有10%的社交媒体表明会进行"风险预警"，在隐私泄露风险增大时提醒用户。

对比发现，中国社交媒体整体行业在"隐私保护"的水平上高于美国社交媒体，且具体举措更为完善，但"法律保护"不足，且缺乏相应的"监管"举措以及事前的"风险预警"。

5."用户权利"编码对比分析

用户权利的说明对于各类网站来说都非常重要，社交媒体也不例外。笔者发现，"用户权利"是中国和美国社交媒体隐私政策的重要内容。一般来说，"用户权利"包括"选择权""查阅、修改权""注销权""删除权""投诉举报权"等重要内容。本书在编码中将"选择、查阅、修改、注销"归类为子节点"管理信息"，除了"删除信息""投诉举报"等子节点，本书还将隐私声明中关于隐私的设置，如"设置三天可见"等编码归为子节点"隐私设置"。

表4-1-22　中国社交媒体隐私声明"用户权利"编码及结果

子节点	来源数（N=10）	参考点数
投诉举报	2	2
隐私设置	4	11
删除信息	4	7
管理信息	7	15

通过表4-1-22可以看出，"管理信息"和"删除信息"是中国社交媒体隐私声明"用户权利"的主要内容，在样本来源中占比70%，这说明中国社交媒体平台总体给予了用户较大的信息自主权，用户能够随时修改、注销信息。同时，有40%的社交媒体对"隐私设置"进行了说明，用户可以了解并控制自己的隐私权限；40%的社交媒体则表明用户可以删除自己的信息，从"数据控制"和"被遗忘权"的角度给予用户信息一定程度的保护。此外，20%的社交平台设置了投诉举报途径。

表4-1-23　美国社交媒体隐私声明"用户权利"编码及结果

子节点	来源数（N=10）	参考点数
投诉举报	1	1
广告设置	5	6
隐私设置	7	25
管理信息	10	34
删除信息	9	21

由表4-1-23可以看出，与中国社交媒体隐私声明总体相似，"管理信息""删除信息""隐私设置"同样是重点内容，但这一来源数的比例明显高于中国社交媒体，分别达到100%、90%和70%，这表明样本中美国社交媒体用户权利的行业水平高于中国社交媒体，美国社交媒体整体更注重用户权利。有所不同的是，样本中美国有50%的社交媒体设有"广告设置"，即通过相关设置来控制广告的推送，如修改推送广告的类型或者屏蔽某类广告及具体操作步骤，这进一步丰富了用户的权利。

6. "未成年人保护"编码对比分析

如表4-1-24和表4-1-25所示，在未成年人保护方面，中国和美国社交媒体都涉及"征得同意"和"删除信息"，即分别表示为未成年人在使用社交媒体前应当获得监护人的同意和如果监护人要求社交平台应当删除未成年人信息。

表4-1-24　中国社交媒体隐私声明"未成年人保护"编码及结果

子节点	来源数（N=10）	参考点数
依据法律	3	3
删除信息	4	4
征得同意	7	7

中国社交媒体隐私声明中"征得同意"的来源数达到7家，其中4家社交媒体明确表示会删除未成年人信息，3家社交媒体平台表示会依据相关法律，如《未成年人保护法》，来保护未成年人信息，可以看出大多数中国社交媒体开始重视对未成年人信息的保护。

表4-1-25　美国社交媒体隐私声明"未成年人保护"编码及结果

子节点	来源数（N=10）	参考点数
限制收集	1	1
删除信息	1	1
征得同意	2	2
禁止使用	4	4

相比之下，美国社交媒体未成年人信息保护的维度更加丰富，除了"征得同意"和"删除信息"，40%的社交媒体平台明确表示"禁止使用未成年人信息"，也有社交媒体表示会"限制收集未成年人信息"，可以看出美国社交媒体对未成年人信息的保护举措更加完善。但从来源数和参考点数可以看出，美国社交媒体平台内部差异较大，明确禁止使用的只有40%，限制信息收集和删除信息的仅有10%。

7. "Cookie 政策"编码对比分析

Cookie 作为可读取用户数据的技术手段，存储了一些与用户访问网站有关信息的文件，内容通常均经过加密，安全的 Cookie 技术会为用户在上网时提供更为便捷的服务，但也会记录用户的使用、浏览信息，增加隐私泄露的风险。

随着社交媒体隐私保护意识的提高，越来越多的社交媒体增加了关于"Cookie 政策"的说明，包括解释"什么是 Cookie""Cookie 的使用目的"及"如何设置 Cookie"等内容。

表4-1-26　中国社交媒体隐私声明"Cookie 政策"编码及结果

子节点	来源数（N=10）	参考点数
Cookie 设置	6	9
使用目的	6	14

表4-1-27　美国社交媒体隐私声明"Cookie 政策"编码及结果

子节点	来源数（N=10）	参考点数
Cookie 政策	3	4
使用目的	7	12
Cookie 设置	7	8

通过表4-1-26和表4-1-27可以看出，60%的中国社交媒体都对Cookie的使用目的和设置进行了说明，对比以往的相关研究可以发现，中国社交媒体隐私声明中Cookie政策正在不断完善。但与美国社交媒体相比，我国社交媒体Cookie政策的覆盖率仍有差距，且30%的美国社交媒体有独立的Cookie政策，对相关内容进行具体的说明，而中国社交媒体没有独立的Cookie政策。

（四）中国和美国社交媒体隐私声明相同点分析

在宏观层面，中国和美国社交媒体隐私声明有两个大的共性。

第一，中国和美国社交媒体隐私声明文本架构相似，从信息的收集、使用、披露、保护及用户权利等多个方面构建了隐私文本。整体内容都趋于完善，基本满足"GDPR法案"及相关标准的内容要求。这说明目前的社交媒体隐私声明框架符合中国和美国企业的共识。在内容关注点上，两者出现最多的对象单词和动作单词都分别是"信息"（information）和"服务"（services）、"使用"（using）和"提供"（provide），这表示中国和美国社交行业的隐私声明都致力于企业在提供服务与使用用户个人信息之间的平衡。

第二，中国和美国社交媒体隐私声明样本内部完善度差异较大，也就是说，中国和美国社交媒体的领军企业，例如中国的微信和美国的Facebook、Twitter等的隐私声明完善程度明显高于其他一些社交媒体。可以看出，社交行业的头部企业更重视个人信息的保护，这一方面是因为头部企业受到来自社会各界的监督，企业内部自律程度较高。例如，Facebook正是在与外界的多次博弈中，不断完善自己的隐私声明。另一方面则是头部企业拥有更为广泛的受众和更为雄厚的资源、技术、人员支持，对个人信息保护更为专业。例如头部企业的隐私声明一般更为详细，注重对用户个人信息的监督、投诉、及时提示等。然而，用户个人信息的保护绝对不是某一家或者几家企业的责任，需要整个行业乃至全社会的共同推动。因此，要提高社交媒体个人信息保护水平，需要在完善头部企业隐私声明的同时，发挥头部企业的带动作用，带动其他社交媒体隐私声明的完善，实现整个行业的进步。

此外，在具体的隐私声明内容上，中国和美国社交媒体也较为相似。

第一，在"信息收集"方面，中国和美国隐私声明都体现了社交媒体的综合性，收集信息范围较为广泛，既包含基本的身份验证信息，也包括

"支付信息""位置信息"等社交媒体上常用的敏感个人信息,较好地体现了社交媒体时代用户的敏感信息保护需求。第二,在"信息储存"方面,两者都从"信息储存时间""储存位置"等角度保护用户隐私信息,都有部分隐私声明表示最终会删除用户信息,体现了对用户信息"被遗忘权"的保护。第三,在"信息披露"方面,"法律要求"和"第三方服务"成为中国和美国用户信息披露中两种主要情形,尤其是范围不明确的"第三方服务"大大增加了社交媒体披露用户隐私信息的风险。第四,在"信息保护"方面,"技术保护"和"制度保障"是中国和美国社交媒体行业保护用户隐私信息的主要途径。第五,在"用户权利"方面,用户都拥有较大的自主权,可以随时"变更、查阅、删除、设置"自己的信息,也可以对个人信息进行隐私设置。第六,在"未成年人信息保护"方面,中国和美国社交媒体隐私声明都注重对未成年人的隐私保护,尤其强调未成年人要在监护人同意的情况下使用社交媒体。第七,在"Cookie 政策"方面,中国和美国社交媒体都对其使用目的和设置进行了说明,保证了用户的知情权和隐私控制权。

(五)中国和美国社交媒体隐私声明的差异分析

但在具体的微观层面上,中国和美国社交媒体隐私声明仍存在明显的差异。

第一,在隐私声明文本的设置方面,美国隐私声明文本的人性化程度明显更高。主要表现在以下两个方面。

其一,美国社交媒体隐私声明的引导性更强,人性化程度更高,更好地体现了"以用户为中心"的隐私保护理念。一个典型的例子是美国社交媒体隐私声明在文本中多次提到"例如",对一些条款或者具体的情形进行了大量的举例,方便用户理解文本内容;此外,美国隐私声明文本中还设置了大量的相关链接,用户在浏览隐私声明的过程中可以随时点击链接跳转到相关内容,进行更详细的阅读;一些隐私声明文本的可视化也使得用户能够以更加轻松的方式来了解隐私声明的具体内容。可以看出,美国隐私声明中这种人性化的设置更能从用户的角度出发,这对用户充分理解隐私声明的含义有重要作用。

其二,美国社交媒体隐私声明的场景化程度更高。社交媒体上的隐私场景与其他平台上隐私场景的区别在于社交媒体本身具有的社交属性,美国的社交媒体隐私声明更注重社交场景下的隐私保护。例如,在对个人信息的收集上，美国社交媒体隐私声明进行了更为详细的说明，指出会对"公开信息"〔网络上其他公开的关于用户的信息，如新闻报道和"使用信息"（包括使用社交媒体的频次、时间等信息）〕进行收集，这更符合社交场景下信息收集的方式。此外，广告推送是社交媒体的一种重要盈利方式，中国和美国社交媒体中的广告推送都较为普遍。但在笔者的分析样本中，超过一半的美国社交媒体在隐私声明中增加了对广告设置的描述，用以引导用户对广告的屏蔽或者更换，而中国社交媒体隐私声明没有涉及与广告相关的内容。

第二，在具体的内容层面，美国社交媒体隐私声明总体完善程度高于中国社交媒体，内容更为细化和全面。

例如，美国社交媒体隐私声明中多次提到"依据相关法律"，凸显了个人信息的法律保护，而国内社交媒体隐私声明较少涉及这一方面的内容。在信息披露方面，美国社交媒体隐私声明对相关第三方服务进行了简单的说明，例如包括"子公司""关联公司""合作伙伴"等内容，并设置相关链接以便让用户可以了解具体信息。在信息保护方面，中国社交媒体的隐私声明对隐私披露事件发生后"紧急预警"等事后干预措施的关注比较欠缺，预警机制尚不完善；在 Cookie 政策方面，美国有一部分社交媒体有完善的 Cookie 政策，而国内很少有专门的 Cookie 隐私政策。

需要指出的是，虽然相较于中国，美国的社交媒体隐私声明总体上较为完善，但两者也存在着一些共同问题：首先，对于"第三方平台"的信息收集与披露，两者都没有提出较为完善的解释、保护策略。随着媒体平台化趋势的日益凸显，越来越多的第三方平台链接到社交平台中，如微信的"小程序功能"。第三方平台带来的隐私风险日益增大，情况也更为复杂，隐私声明应该对此进行更为具体的解释和规定。其次，监督机制都不完善。在对个人信息保护进行编码的过程中，笔者发现仅有30%的美国社交媒体提到"数据监管"，中国社交媒体则没有"监管"方面的表述，完善隐私声明需要对这部分内容进行补充。

（六）我国社交媒体隐私声明存在的问题

我国社交媒体隐私声明存在的问题与整体社会环境、社交媒体行业隐私保护水平、用户媒介素质及隐私保护意识等有关。从提升社交媒体隐私声明自身的角度概括来说，可以将其分为内容、形式、管理监督、用户隐私管控意识四个方面的问题。

1. 内容上规范化不足，模式化明显

从内容上看，我国社交媒体隐私声明存在宏观与微观两个层面的问题，总体来说，表现为规范化不足和模式化明显。

规范化不足是指在宏观上，社交媒体隐私声明内容有所完善，但行业整体仍表现出欠缺规范化的特征。虽然目前已经有相关的规范作为指导，但研究发现仍存在"隐私声明定义混乱""框架杂乱""第三方服务指代不明"等现象。例如，部分社交媒体对隐私声明中涉及的一些名词进行了概念界定，而部分没有对此进行界定。且在已经对社交媒体进行界定的隐私声明中，"个人信息""敏感信息""隐私信息""个人数据"等叫法不一，为用户理解带来了诸多的困难。此外，虽然在一些文件中已有要求，但部分社交媒体隐私声明中仍缺乏"用户权利""Cookie 政策""信息储存"等内容，没有做到充分保障用户的知情权。尤其在"信息分享"部分，绝大多数社交媒体都没有对第三方及其所遵照的隐私条款做出详细的说明。

社交媒体隐私声明存在的一个重要问题在于内容过于模式化。本书所选取的社交媒体虽然在功能、用户上都有一些明显的区分，但其隐私声明内容同质化程度较高，大都是对"信息收集""信息储存""信息使用"几个部分的粗略文字介绍，与各自所属的社交媒体产品紧密性不足。隐私声明是社交媒体的一部分，隐私声明的完善与否也会影响用户对社交媒体平台的信任。社交媒体隐私声明应该在遵照相关规范要求的基础上制定具有社交产品特色的政策，更好地满足用户的合理期待。

2. 设置上人性化不足，模式化明显

隐私声明只有为用户所理解、接受才能更好地服务产品、服务用户，因而隐私声明的设置要以用户为中心。

通过本节的研究可以看出，我国社交媒体隐私声明设置人性化不足。上一章中提到在隐私声明文本的设置方面，美国隐私声明文本的人性化程度明显更高。美国隐私声明在文本中多次提到"例如"，对一些条款或者具体的情形进行了大量的举例，方便用户理解文本内容；我国社交媒体隐私声明的文本多采用单一的文字形式，且一些隐私声明篇幅较长，有些甚至没有设置为方便用户阅读的"要点提要"，增加用户阅读成本。此外，美国隐私声明文本中还设置了大量的相关链接，用户在浏览隐私声明的过程中可以随时点击链接跳转到相关内容；一些隐私声明文本的可视化也使得用户能够以更加轻松的方式来了解隐私声明的具体内容。

因而我国社交媒体应该通过技术和设计等手段强化隐私声明的人性化，将用户的隐私声明作为一个重要考量因素纳入产品设计中，充分尊重用户的隐私权。

3. 管理监督滞后，惩罚力度薄弱

在《网络安全法》《信息安全技术个人信息安全规范》和《个人信息保护法》等政策法规相继实施的背景下，我国社交媒体隐私声明内容仍存在各种不规范的现象说明了相关部门和社交媒体行业的监督管理不到位，未能监督各个平台个人信息安全规范落实情况。

在对中国和美国社交媒体隐私声明"隐私保护"进行编码时发现，中国社交媒体隐私声明隐私保护内容文本中较少提及"监督"，这也说明了社交媒体行业乃至整个互联网行业在隐私保护监督和管理工作上的不到位。

由于缺乏相关的监督监管机制，用户在隐私信息泄露后无法及时向有关监督监管机构举报投诉，造成了社交媒体上隐私维权难的现象时常发生。监督监管机制的缺失，一方面使得社交媒体存在大量逃避履行职责的行为，另一方面造成用户自我防卫觉悟不足且无法可依，这也是造成我国社交媒体隐私声明框架内容不齐全的原因之一。

4. 用户隐私边界模糊，隐私管控权限有限

传播隐私管理理论指出，"隐私边界"能够协调私人领域信息和公共领域信息的边界，隔离人们想展现的公共信息和不想展现的私人信息，从而能够实现对隐私的管控。

而在社交媒体上隐私传播管理失控，隐私边界也逐渐消解，隐私声明中内容的不确定、规则的不清晰更是加深了这一点，增加了隐私纠纷的可能性。社交媒体隐私声明中规定社交媒体平台会在"法律要求""业务变更""第三方合作伙伴"以及一些"默认模式下"披露用户信息。这些披露行为以及一些动态的规则消解了用户的隐私边界，不利于用户管控个人信息。

与此同时，边界的模糊也带来了隐私管控能力的薄弱。中国社交媒体隐私声明的"用户权利"编码结果表明，目前用户的权利包括"投诉举报""隐私设置""删除信息""管理信息"四个方面。然而10家社交媒体中只有2家社交媒体的隐私声明中有"投诉举报"的设置；表明"隐私设置"和"信息删除"的隐私声明只有4家，有7家社交媒体对如何管理

个人信息进行了说明。但在美国社交媒体隐私声明中，有更多的媒体设置了"投诉举报"以及"广告管理"。

隐私边界模糊，进而为隐私管理带来了不便。加强用户隐私管理，需要协调隐私边界，提高用户隐私管理能力。

（七）中国和美国隐私声明差异的原因探讨

中国和美国社交媒体隐私声明差异的背后反映出中国和美国两国对个人信息保护的文化氛围差异。从宏观层面看，中国和美国在政治、经济、文化上有着不同的政策和传统，这对中国和美国两国的隐私声明差异起到了根本性的作用。在政治上，美国作为建立在宪法基础上的联邦制国家，实行三权分立的政治制度，尤其注重法律的制定与监督。这使得美国形成了浓厚的法律氛围，为个人信息保护营造了良好的政治环境。而在经济体制方面，美国长期以来实行自由经济，鼓励企业自由竞争，政府对企业的干预较少，这促使企业自发形成了较为成熟的行业自律体系。同时美国的经济发展迅猛，一直居于世界前列，尤其是互联网产业，兴起较早，增速较快。为了适应产业发展需要，自律组织一直致力于企业利益与个人利益平衡的探索，这为美国个人信息保护提供了良好的产业环境。在文化内核上，美国社会有着个人主义传统，注重对个人权利的保护，整个社会形成了注重隐私的氛围，这有利于用户个人信息保护素养的提升。而中国社会主义制度形成相对较晚，目前仍处于法制化进程之中，社会主义法律体系正在不断完善。在这一背景下，中国涉及个人信息保护的法律文献较少，且较为分散。经济上，在中国的社会主义市场经济中政府调控发挥着不可替代的重要作用，这使得行业长期依赖政府，自律体系不成熟，自律和监督能力较弱。文化内涵上，中国人有着"集体主义"至上的传统，传统社会中很少强调"隐私"的概念，进入现代社会后，隐私保护的观念日益深入人心，但整体社会氛围较差。

1. 个人信息的法律保护模式差异

在法律保护模式方面，美国对个人信息进行法律保护有着悠久的传统和完善的法律保护框架，而中国对个人信息的保护起步较晚，法律保护框架尚未完善，各类相关的法律规定条款仍处于一种相对分散的状态，没有形成一套完整的法律框架。

美国的个人信息保护模式与欧盟的立法保护模式有很大的不同，采取的是分散立法和行业立法相结合的模式。在公法领域，早在1966年，美国政府就通过了《联邦信息公开法》。此后，美国又于1974年通过了《隐私权法》，这两部法律对联邦政府处理个人信息进行了规定，构成了保护个人信息的重要法律基础。但这些相关法律适用范围有限，多是用来规制政府机构，对行业、企业的约束力度小。在这种背景下，各行各业兴起了行业内的法律，大多集中在发展迅猛的金融和电信领域，如《金融隐私权法案》《有限通讯隐私权法案》《电子通讯隐私权法案》《电视隐私保护法案》等，这些法案都是从保护用户隐私的角度对行业处理个人信息的行为进行规定。互联网兴起后，隐私保护又面临着新的困境，互联网上更多的用户信息被收集，同时新的技术也更具隐蔽性，增加了隐私权保护的难度，一系列与互联网隐私保护相关的法案也陆续出台，如2001年实施的《美国加利福尼亚州在线隐私保护法案》以及2015年的《消费者隐私权利法案》对互联网企业和个人之间的权利进行了规定。这一系列伴随着新环境产生的新法案，从各行各业的专业角度出发共同构成了美国庞大的个人信息法律保护体系。

值得一提的是，美国尤其注重对未成年人个人信息的法律保护，并形成了丰富的法律成果。其中，最为重要的是《儿童网络隐私保护法》(*Children's Online Privacy Protection Act of 1998*，COPPA)，该法于2000年4月正式生效，主要是对收集儿童信息的行为进行规范，并设置了监护人同意制度，即在向13岁以下儿童收集个人信息时，必须征得监护人的同意和必须保护儿童网络隐私安全。同年12月，《儿童网络保护法案》(*Children's Internet Protection Act of 2000*) 通过，该法案规范学校和图书馆的信息管理机制，限制儿童接触网络色情及露骨信息，从网络运营商、家庭、学校多个层面对儿童信息进行了保护。①

相比之下，中国个人信息的法律保护起步较晚。随着社交媒体时代公民个人信息泄露和隐私受到侵害等问题日益严峻，我国针对隐私和个人信息保护的立法工作逐步展开。2012年全国人大常委会通过《关于加强网络信息保护的决定》，确立了个人信息保护的原则和规范；2015年通过的《刑法修正案（九）》对个人信息犯罪的情况作出了规定；2017年6月1日生效的《网络安全法》将个人信息保护作为重点内容；2021年11月正式

---

① 殷峻：《网络时代儿童个人信息的法律保护——基于美国和欧盟立法的比较研究》，《学术研究》2018年第11期。

实施的《个人信息保护法》对个人信息处理和利用作了全面规定。自此，我国个人信息保护真正做到了有法可依。

从现实情况看，在对儿童的个人信息保护上，我国的法律对未成年人的保护也明显不足和相对分散。目前我国也没有专门针对未成年人隐私保护的法律文件，相关条款主要见于《未成年人保护法》中第三十九条和第五十八条，分别规定了组织和个人不得披露未成年人的个人隐私以及对未成年人犯罪中的信息披露进行了规定。《网络安全法》也对未成年人保护设置了专款，根据国家规定鼓励开发有利于未成年人健康成长的网络产品和服务，依法惩治危害未成年人身心健康的活动。

2. 社交媒体行业自律水平差异

行业自律是行业约束自身行为、维护行业秩序、补充政府监管不足的重要手段，能够有效调节市场秩序，促进行业发展。中国和美国两国在行业自律水平上也有着明显的区别。相比之下，美国在自由经济模式的影响下，政府对企业干预较少，同时，互联网技术的快速发展也使得法律规制往往滞后于现实社会发展的需要，由此，美国的许多企业自发形成了较为成熟的行业自律体系。而中国的企业长期以来以政府监管为主，行业自律系统目前还尚不成熟，发挥的作用也较为有限。

为了对企业处理个人信息的行为进行规范，美国民间成立了多种行业自律组织，包括倡议性自律组织（如网络隐私联盟 Online Privacy Alliance）、个人隐私认证保护组织（电子信任组织 TRUSTe）和行业协会（隐私与消费者保护协会）等。[①] 这些自律组织通过不同手段发挥着不同的自律作用，倡议性隐私保护组织主要是制定相关指引，并倡议成员实践倡议；个人隐私认证保护组织是通过对隐私保护标准符合要求的企业颁发认证证书来实现行业自律；行业协会则是通过制定整个行业的规范并要求协会成员履行规范要求来实现行业自律。其中比较有代表性的有美国互动广告局制定的《在线数据收集的跨行业自律隐私原则》，以及美国隐私在线联盟为了保障自律的有效性，在 2015 年发布的《有效实施自律计划》，从"用户投诉""第三方认证""验证监管"等全流程完善了行业自律标准。此外，美国万维网联盟则从技术角度发布了多项 web 技术标准。[②] 虽然促

[①] 陈耿：《美国网络隐私保护行业自律模式的探究》，《特区经济》2013 年第 7 期。
[②] 孟茹：《美国网络用户隐私保护的自律规制研究》，《当代传播》2018 年第 3 期。

进行行业自律的方式不同，但这些自律组织的积极参与使得美国形成了与其经济发展相适应的"轻政府管控，重行业自律"的隐私保护模式，也有效地促进了美国的隐私行业自律水平。例如，孟茹通过梳理美国社交平台 Facebook 在 2006—2014 年的用户隐私争议事件，发现行业自律组织以及媒体、用户的参与有效促进了 Facebook 在自律的基础上制定其隐私政策，为其企业发展创造了更加有利的环境。①

相比之下，我国的隐私行业自律模式并不十分成熟，但正处在快速的发展阶段。2001 年中国互联网协会成立后，相继制定了《中国互联网行业自律公约》《互联网电子邮件服务管理办法》等规定。近年来，随着大数据产业的发展，一些企业也自发成立了一些自律组织，并制定了一系列的规范，如 2012 年《互联网搜索引擎服务自律公约》第十条规定，搜索引擎服务提供者有义务协助保护用户隐私和个人信息安全。2016 年 4 月，由中国信息通信研究院等 54 家单位共同发起《数据流通行业自律公约》，提出建立对数据安全保护不利和泄露隐私的惩处机制，推动完善行业自律作用。2018 年 9 月，以阿里巴巴为代表的 12 家大数据企业签署《个人信息保护倡议书》，倡议要用简单直观的形式明示隐私声明，建立完善的用户信息收集、申诉、使用、共享机制以及依法承担用户权益损害责任。虽然有诸多的大数据企业正加入到行业自律中来，但更多的是在内容层面发出倡议，在监督机构和救济途径上，发挥的作用十分有限。目前，针对互联网行业个人信息的专项治理行动和监督仍旧是以政府为主导。

3. 中国和美国隐私文化观念差异

用户个人信息保护素养差异是中国和美国隐私文化观念的直接体现。中国和美国不同的文化差异深刻影响了中国和美国社会的隐私观念，个人主义与集体主义的差异是中国和美国文化差异的一个显著因素。个人主义是美国文化的核心要素之一，重在强调个人价值、个人自由及个人的独立发展。这种"个人主义"的价值理念兴起于古希腊罗马时代；到启蒙运动时期，"每个人都是独立自主的存在"这一观点逐渐深入人心；步入近代社会，自由主义兴盛和经济社会的发展，围绕"个人主义"观念的一整套社会体系形成，从法律规制到社会风俗都极大地保障了个人的权利、自由

---

① 孟茹：《美国社交媒体平台用户隐私保护的自律与监督机制——以 Facebook 为例》，《编辑之友》2017 年第 1 期。

和独立自主。正是在这样的背景下，整个社会也逐渐形成了尊重个体自由的社会风尚，个人隐私作为个体自由的重要体现，隐私观念也逐渐形成，并成为整个社会的公约。这种隐私观念在人际交往、生活空间以及隐私处理方式等多方面得到体现。

与美国社会崇尚的"自由主义"相反，中国社会由于小农经济的劳作模式再加上几千年来儒家思想文化的影响，强调的是"集体主义"的价值观念。这种观念在宏观层面表现为国家至上、集体至上，强调对国家和集体的贡献，在微观家庭层面表现为浓厚的家庭、宗族观念。一个典型的例子是在个人主义兴盛的西方社会，家庭成员之间有明显的隐私界限，即使是父母和孩子之间也会强调个人隐私，而在传统的中国社会中，家庭成员之间隐私观念淡薄，家庭成员之间很少强调个体的隐私权利。①

随着经济社会的发展，隐私观念在我国社会中也日益得到倡导，隐私保护观念普遍形成。但由于文化传统、经济发展水平等因素，中国和美国个人信息保护水平仍有很大差异。在一项关于中国和美国大学生网络隐私意识和保护行为的对比研究中，研究者发现，中国和美国大学生都认为社交网络会导致个人信息泄露，但相较 27.47% 的中国大学生表示会"忍受"隐私被侵害的行为，只有 9.38% 的美国大学生会选择忍受；在对个人信息采取保护措施方面，中国和美国分别有 65.67%、47.32% 的学生不知道如何采取保护行动。②虽然这项调查仅局限于中国和美国的大学生人群，有一定的片面性，但可以从中窥见端倪：作为用户隐私素养的体现，相较于中国大学生群体，美国的大学生在对个人信息的保护行为上更为主动。

用户的隐私素养受到社会文化长期浸润和个人水平差异的影响，中国和美国隐私文化差异较为明显，素养水平也有所区别。提高用户个人信息保护的素养，需要营造社会整体的隐私文化氛围和加强个人的隐私保护技术引导。

---

① 赵舸：《跨文化交际背景下的东西方隐私差异辨析》，《大庆师范学院学报》2014 年第 5 期。
② 王敏、江作苏：《基于隐私计算理论的中美大学生网络隐私忧虑对比研究——以中国 H 省和美国 I 州 462 名大学生为例》，《当代传播》2017 年第 6 期。

第二节　社交媒体中未成年人的隐私风险分析
——以微信"晒娃"为例

一　微信"晒娃"现象的研究背景与意义

（一）研究背景

从社交网络的发展来看，人类的社会交往活动变得越来越便利，微信"晒娃"是国内当前社交媒体环境下的一种社会现象。近年来，学界对父母或家长的"晒"行为的社会关注度不断攀升。

由于社交网络自身的独特属性，其在极大地丰富了人们彼此间沟通方式的同时，也日渐成为当今人类交际行为发生的重要场所，网络虚拟社区在网络交互行为持续深入发展的过程中孕育而出。在网络虚拟社区里，人们的自我呈现与现实中面对面、传统网络交流中的自我呈现有着诸多不同，人们社会交往活动的特征也从以往的静态性、单向性、封闭性转变成动态性、多向性、分享性。作为国内社交媒体的典型代表，微信（WeChat）以"熟人社交"的新型媒介形态风靡市场，其朋友圈（Moments）便是将用户的关系从线下拓展到线上的虚拟社区。微信朋友圈的首要功能是记录和分享，用户可以在朋友圈里发表文字、图片和小视频，也可以分享各种链接的文章、音乐、游戏等内容，同时还可以对好友发布的朋友圈内容进行"点赞"或"评论"。另外，微信朋友圈集 QQ 好友、手机通讯录和"附近的人"三种渠道为一体，以强连接为主、弱连接为辅，使虚拟社交圈与现实社交圈相融合，很大程度上拓展了交友圈。[①] 由此可见，微信朋友圈为人们提供了一个双向沟通和交流的私密社交圈，"晒"生活、"晒"心情、"晒"家长里短已成为现代人的一种生活方式和态度。作为"晒"朋友圈的内容之一，父母朋友圈"晒娃"也成为了人们分享生活的一种行为方式，很多父母朋友圈里经常出现自己孩子玩耍、学习的图片、视频。这种"晒娃"现象的出现，正是虚拟网络社区带来的结果。

---

① 聂磊、傅翠晓、程丹：《微信朋友圈：社会网络视角下的虚拟社区》，《新闻记者》2013 年第 5 期。

不可否认，社交媒体给人们的生活带来了新的社交体验，但随着社交媒体用户数量的激增，个人隐私披露（Privacy Disclosure）是否存在风险的问题也逐渐成为当今时代的焦点。近些年来，用户隐私安全屡屡遭遇危机，诸如"雅虎邮箱亿万级用户数据泄露""Facebook 五千万用户信息被剑桥分析公司滥用"等隐私泄露事件频频出现。在这种背景下，关于自我表露与网络隐私安全的讨论是社交媒体时代持续被关注的话题。随着微信社交泛化发展愈演愈烈，加上微信平台也存在着用户群体庞杂、监管不及时、技术不成熟等问题，用户隐私被侵犯的现象时有发生。因此，朋友圈虚拟社区里的网络"晒娃"——用户并非对自身而是对他人进行呈现，如果面临不法分子攻击、技术漏洞等情况，未成年人的隐私信息就面临着被侵犯的风险。被称为"数字原住民"的未成年人是网络生活中的一个巨大群体，他们在享受互联网的同时也面临着隐私泄露的问题。在社交媒体环境下如何协调好父母"晒娃"权利与未成年人隐私权利之间的平衡、如何处理好未成年人的网络呈现和隐私保护，都成为当前亟待解决的问题。

（二）研究意义

移动互联网时代背景下，社交网络实现了突飞猛进的发展，对个人和他人的自我呈现产生了深远影响。作为互联网空间中的社会文化形态，"晒娃"现象越来越引人注目。微信是时下国内最热门的社交平台，给人们带来了新的网络社交方式，而微信朋友圈作为一种新兴的关系型网络社区，已成为网络"晒客"们活动的重要场域。笔者以微信"晒娃"现象和未成年人隐私保护为研究对象，通过结构性访谈的方法对"晒娃"家长（sharents）进行深入访谈并收集资料，从跨越传播学、心理学、社会学等学科的角度来探讨微信"晒娃"行为的内容呈现和心理动机，这对研究和理解社交媒体时代下的网络社会、网络行为和"晒"文化等相关理论和实践都大有裨益，能够丰富当前的理论研究成果。同时，本节既是在探讨微信中的"晒娃"现象，也在为未成年人隐私保护提供具有现实意义的对策建议。

二 社交网络环境下的"晒"现象

（一）"晒"行为研究

就国内而言，学者们的研究主要分为三个大的方面：首先，从研究对象入手，有的学者把青年作为研究对象，对青年在网络空间上的自我认知方式、自我呈现类型和策略、自我认同感做了探讨研究，认为社交网络给青年的生活方式带来了新的变化（闫方洁，2015；王莉霞、相亲亲，2016；代华，2017）；有的学者以大学生为研究对象，对其在社交媒体上"晒"的自我表露的内容以及动机进行了研究（牛静、刘丹，2017；吴海婷，2017；曹畅等，2015），同时也有学者将隐私问题作为分析对象来研究隐私风险感知和隐私保护问题，并对大学生隐私风险意识与保护意识做了分析（申琦，2015；谌涛、郝于越，2017）；有的学者将微信朋友圈作为研究对象，对网络虚拟社区与社会资本培育的关系、微信朋友圈带来的"语境消解"现象及应对措施做了详细解剖（聂磊、傅翠晓、程丹，2013；吕冬青，2016）；有的学者则研究普遍存在的社交网络用户，对社交网络时代的"点赞文化"、身份焦虑、自恋主义等透露出的人类情绪传播进行了分析，揭示了社交媒介技术给人们带来的心理影响（魏宝涛、王爽，2014；田娜娜、汪梦君，2015；李小华，2015）。其次，从相关理论视角出发，有的学者借用戈夫曼（Erving Goffman）提出的"拟剧理论"对社交媒体用户在网络空间中自我呈现和印象管理的行为和动机进行了介绍（陈浩等，2013；刘砚议，2015）；有的学者则利用梅罗维茨提出的媒介情境理论，认为微信朋友圈构筑的融合的传播场景混杂了言说身份，造成了人们的交往异化（曾林浩、曾振华，2019）。最后，立足于跨学科视角，部分学者从传播心理学的角度探讨了网民进行"晒"行为的心理根源（韩晓丹、戴世富，2014；郭喜超，2016）；也有学者从社会学的角度，简要分析了网络"晒客"行为的特征、原因以及监管防范等方面的内容（赵红艳，2010；余建华，2007）。目前来看，国内关于社交网络环境下的"晒"现象的研究主要以描述性和解释性为主，对社交自我表露的内容、心理动机和影响解读是主要研究方向。

就国外而言，在有关"晒"（也即分享，sharing）现象的分析当中，尼古拉斯·约翰（Nicholas A. John）认为其是 Web 2.0 时代下的重要构成性活动（constitutive activity），具有三种主要特征：模糊的分享目标、分享无处不在、社交网络的技术属性。[1] 关于社交网络环境下的"晒"现象研

---

[1] John N. A., "Sharing and Web 2.0: The Emergence of a Keyword", *New Media & Society*, Vol. 15, No. 2, 2013, pp. 167-182.

究，本书对所获文献资料进行梳理分析发现，国外研究与国内研究在考察内容方面既有相似之处，也存在差异。在共同之处上，国外研究的聚焦点也放在了社交网络自我表露的内容和动机研究上，比如有学者指出千禧世代的自恋主义者在社交网站上建立自我档案，是为了让他人了解自己而进行印象管理（Bergman, et al., 2011），有的学者研究了社交用户在社交媒体上分享旅行经历的原因（Kang & Schuett, 2013; Munar & Jacobsen, 2014），还有的学者则从宏观上分析了用户在社交媒体上分享信息和自我呈现的动机，且指出了不同的社交媒体背后存在着不同的使用动机（Jung, Youn & McClung, 2007; Oh & Syn, 2015），最后还有学者对线上生活信息分享和位置共享所带来的隐私关注和隐私风险做了研究（Bazarova, 2016; Page, Knijnenburg & Kobsa, 2013）。关于不同之处，国外研究的范围要稍广一些。除了上述研究，有的学者对社交网络上分享的集体意见如何影响用户感知信息真实性（Li & Sakamoto, 2014）和社交媒体用户采取什么手段来确保自己分享信息的可信度（Osatuyi, 2013）做了研究；有的学者对Twitter和Instagram上差异化的内容分享进行了媒介属性比较分析，指出Twitter上的信息分享以意见型内容为主，Instagram上的信息分享则以生活化内容为主（Manikonda, Meduri & Kambhampati, 2016）。

（二）未成年人隐私管理研究

就国内而言，相关研究主要可以分为未成年人的网络隐私泄露风险和保护、国外隐私保护模式和经验的借鉴与启示。有的学者从未成年人网络隐私权的概念内涵出发，主张从法律层面来保护未成年人的隐私权利（黄旭东、杨飞，2009；陈箐，2013；王鹏，2015）；有的学者则对未成年人隐私泄露或遭遇风险的途径进行分析，从而提出隐私保护的具体措施（蒋玲、潘云涛，2012；王龙珺，2016）。在对国外隐私保护模式和经验的分析和借鉴的研究上，有学者通过分析欧美发达国家尤其是美国的儿童网络隐私保护模式的具体实践，提出针对国内未成年人隐私保护的启示（彭焕萍、王龙珺，2015；黄晓林、李妍，2017；周学峰，2018）；另外有学者从比较分析入手，对中外未成年人的网络隐私权保护进行对比研究，指出了国内儿童隐私保护存在的不足和国外的可借鉴之处（白净、赵莲，2014；刘清，2018）。

就国外而言，虽然目前的一个趋势是大多数青少年社交媒体用户表示他们并不十分担心第三方访问他们的个人数据信息（Madden, et al.,

2013），但有的未成年人为了保护隐私会以技术方式实施各种策略来进行信息管理，比如隐写术（steganography）或信息加密（Marwick & Boyd, 2014）；有的未成年人则会通过控制信息发布的方式来决定谁可以看和谁不可以看，或者发布和自己生活相关的信息而不发布自己的病情信息（van der Velden & El Emam, 2012）。在青少年对网络隐私的自我认知的研究上，有的学者指出未成年人在社交网站中为了维持社交亲密感或更好地自我呈现，通常乐于进行隐私披露（Livingstone, 2008）；有的学者则指出，青少年的隐私披露是一个"风险感知—效益感知"认知的过程（Youn, 2005）。虽然说有的青少年对于隐私保护有一定的认知，但未成年人网络隐私依然需要法律层面（Costello, Mcniel & Binder, 2016）、父母层面（Lwin, Stanaland & Miyazaki, 2008）的干预和保护。

三 研究方法与问题

（一）研究方法

笔者采取深度访谈法（访谈提纲见附录）获取微信使用和"晒娃"的一手资料，并利用 NVivo 质性分析软件来全面、有效地整理资料，最后依据扎根理论（grounded theory）来生成理论模型。研究方法使用如下：

1. 深度访谈法：选取 24 位有微信"晒娃"偏好的微信用户进行访谈以获取资料，访谈以结构性访谈的形式开展。

2. NVivo 质性分析软件：利用辅助分析软件 NVivo 11 对访谈资料进行初步的文本分析并提炼出文本要点，为后续研究做准备。

3. 扎根理论：对访谈材料进行更深层次的"三级编码"分析，并试图建构出理论模型。

（二）研究问题

一方面，本节的落脚点是微信平台上未成年人的隐私保护，所以笔者以微信"晒娃"的主体——未成年人的监护人（父母或家长）为研究对象，通过深度访谈的方式获取质性分析资料。由于在访谈过程中，访谈者在接触到第 23、第 24 位对象时发现，访谈的内容存在同质化现象且无过多新的启发性内容出现，故笔者将访谈对象的数量控制在了 24 位，访谈对象的具体资料信息见表 4-2-1。关于未成年人，本书依据美国《儿童在线隐私保护法案》（*Children's Online Privacy Protection Act*，COPPA）的定义，将未成年人归为未满13周岁的自然人。另一方面，本书也将带着问题意识一步步深入研究，拟解决的关键问题有如下四点：

1. 目前社交网络平台特别是微信平台上的"晒娃"现象及隐私暴露现状。
2. 微信朋友圈"晒娃"的心理动机是什么？如何影响用户的行为？
3. 微信朋友圈"晒娃"的内在机制是什么？如何建构范式理论？
4. 社交网络上的未成年人隐私防范和保护有什么相应的对策？

四 编码与分析

扎根理论的"三级编码"过程是分析质性研究材料的有效路径，研究者从现实世界中获取资料，再从丰富的资料中归纳分析并提取概念（Item），然后再把相似的概念合为类属（Category）。在类属的基础上，研究者需借鉴理论或者前人的成果对类属之间的关系进行升华，最终得到一个"理论化"的模型或命题（Strategy/Paradigm）。本书针对扎根理论的具体实施策略，绘制了一个"扎根理论资料编码思路图"（见图4-2-1），图示分为"向下扎根"和"向上建构理论"两个部分，向下代表着从研究者收集的资料中遴选和分析概念，向上代表着在分析和遴选的基础上寻找各个概念、类属之间的关系以形成系统性认知。在此思路图的引导下，本书将对微信"晒娃"访谈资料进行详细的三级编码分析。

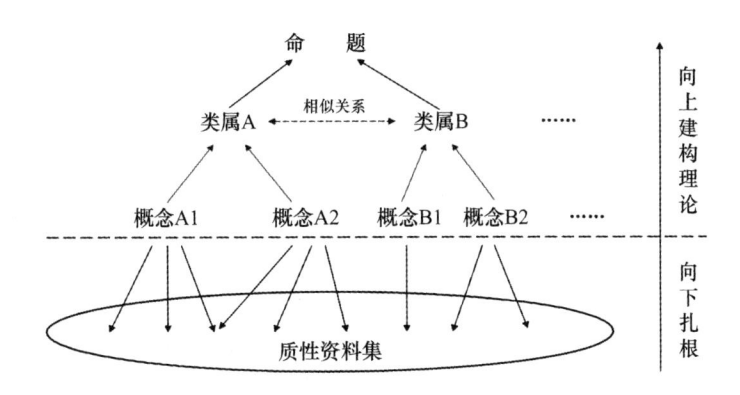

图4-2-1 扎根理论资料编码思路

表 4-2-1　　　　　　　　　　　访谈对象基本信息

序号	性别	年龄	地域	生活状态	序号	性别	年龄	地域	生活状态
1	女	26—30	三、四线城市	工作和带娃兼顾	13	女	26—30	三、四线城市	工作和带娃兼顾
2	女	21—25	三、四线城市	全职带娃	14	女	30以上	三、四线城市	工作和带娃兼顾
3	女	26—30	二线城市	工作和带娃兼顾	15	女	30以上	三、四线城市	全职工作
4	男	26—30	二线城市	工作和带娃兼顾	16	女	26—30	三、四线城市	工作和带娃兼顾
5	女	26—30	三、四线城市	工作和带娃兼顾	17	女	26—30	二线城市	工作和带娃兼顾
6	女	26—30	二线城市	全职工作	18	女	26—30	三、四线城市	工作和带娃兼顾
7	男	26—30	一线城市	全职工作	19	女	30以上	二线城市	工作和带娃兼顾
8	女	30以上	三、四线城市	工作和带娃兼顾	20	男	30以上	三、四线城市	全职工作
9	女	26—30	二线城市	工作和带娃兼顾	21	女	30以上	二线城市	工作和带娃兼顾
10	女	26—30	一线城市	工作和带娃兼顾	22	女	30以上	二线城市	全职工作
11	女	26—30	三、四线城市	全职带娃	23	男	26—30	二线城市	工作和带娃兼顾
12	男	26—30	二线城市	全职工作	24	女	30以上	二线城市	全职工作

（一）开放性编码

开放性编码（也称开放性登录）是指通过命名和分类的分析工作，对资料进行概念化的归纳、比较。开放性编码的首要任务是从原始资料中发现概念（Item），也就是研究者自身对资料逐字逐句地进行归纳、演绎和假设，以求得和研究主题核心相关的对象。这种归纳演绎始终贯穿于整个扎根过程，并且会随着研究的进行而不断循环往复。研究者自身的"想象和建构"行为在扎根过程中十分重要，这一行为能够帮助研究者在开放性编码过程中对质性资料进行第一次梳理，而在主轴性编码和选择性编码过程中，"想象和建构"也是建立理论的必经之路。

扎根理论开放性编码的概念命名一般采用三种方式：一是由研究者自行创建，即借由事物所包含的意义或意象授予相关命名；二是借用已有文献中的相关命名；三是见实编码（code in vivo），即从受访者的话语中摘取字词作为编码。[1] 开放性编码的目的是从原始资料中找到符合研究相关的概念译码（Item），然后去粗取精以使庞杂无章的质性资料变得初步条理化。本书的开放性编码通过三种命名方式对访谈内容进行概念提取。在通过 NVivo 11 对质性访谈资料进行扫描的基础上，研究者对全部 24 位访谈对象的口述内容进行搜索和归纳，初步有效提炼出共 88 个与本书主题相关的类属译码，这些译码的生成对主轴性编码和选择性编码的有效进行具有决定性作用。在全部 88 个初始概念的基础上，研究者再进行整理合并，最终归纳成 55 个与研究主题相关的群组类属（概念），详见表 4-2-2。原始的 88 个类属译码有如下提取规则：

（a）根据问卷设计，从微信使用、朋友圈"晒娃"、微信隐私三个方面对访谈资料进行归纳总结；

（b）概念的命名最大限度地遵从访谈对象的原始语言，除对过于口语化的语言进行学术化转变外；

（c）类属译码的确定存在一定的研究者主观性影响，是访谈者与访谈对象共同建构的过程。

（二）主轴编码

主轴性编码（又称关联式登录或轴心登录）是指建构类属并发现和建立概念类属之间的各种联系，以表现资料中各个部分之间的有机关联。[2] 每一个类属都有自己的独特维度和特征，以使其区别于其他的类属，但同时这些类属又全部和研究的主题内容相关，所以所有建构的类属都具有关联性。这个过程是将资料进行抽象化概括的重要步骤，主轴性编码为选择

---

[1] 王念祖：《扎根理论三阶段编码对主题词提取的应用研究》，《图书馆杂志》2018 年第 5 期。
[2] 陈向明：《扎根理论的思路和方法》，《教育研究与试验》1999 年第 4 期。

性编码和理论建构奠定基础。在扎根理论的编码过程中，从各个类属之间的关系分类看，这些关联可以是因果关系、情境关系、对等关系、时间先后关系、差异关系、策略关系等，通过这些关系的串联，一个现象所包含的全部类属之间的关系网络就逐渐呈现出来。

表 4-2-2　　　　　　　　　　群组类属

编号	群组类属	编号	群组类属	编号	群组类属
1	基于位置的服务	20	个人的情绪	39	微信平台安全
2	允许第三方登录	21	群体交流和传播	40	熟人社交圈
3	面对面视频功能	22	文字/图片/视频晒娃	41	不是公众人物
4	关注未成年人信息	23	记录生活和纪念意义	42	自主性发布朋友圈
5	朋友圈使用	24	获得认同感	43	侵犯未成年人肖像
6	好友设置分组	25	分享喜悦心情	44	不担心/不确定隐私风险
7	社交媒体体验	26	个人性格爱分享	45	存在信息买卖
8	朋友推荐	27	获得社交快感	46	防范意识不强
9	体验社交互动	28	亲朋好友间联络	47	关注儿童网络安全
10	跟随大众潮流	29	渴望赞美和祝福	48	持续发布"晒娃"信息
11	工作和生活需要	30	获得家长交流话题	49	不透露敏感性信息
12	满足工作需要	31	社交活动更多样	50	发布者本身担责
13	获取知识和信息	32	释放自身压力	51	微信平台服务商担责
14	生活娱乐	33	增进感情交流	52	不法分子担责
15	交流联系方式	34	提升生活满意度	53	寻求法律保护
16	微信生态圈/多样功能	35	家庭观念加深	54	微信平台申诉
17	选择性信息披露	36	微信隐私条款	55	提高自我保护意识
18	孩童的生活成长	37	"晒娃"是生活方式		
19	家庭生活情况	38	个人隐私信息		

在主轴性编码阶段，笔者再将第一阶段的 55 个主要类属浓缩提炼成 46 个，并归档至相对应的 8 个类属群（category family）中，分别为：（1）微信使用，包括基于位置的服务、允许第三方登录、交流联系方式等内容；（2）微信使用的好处（微信生态圈效益），包括体验社交互动、跟

随大众潮流、满足工作需要等内容；(3)"晒娃"行为，包括孩童的生活成长、家庭生活情况、个人的情绪等内容；(4)心理动机与收益，包括获得认同感、获得家长交流话题、增进感情交流等内容；(5)隐私认知，侧重于如何看待隐私，包括微信隐私条款、"晒娃"是生活方式、微信平台安全等内容；(6)隐私风险，侧重于"晒娃"可能带来的不良影响，包括侵犯未成年人肖像、信息买卖存在、防范意识不强等内容；(7)隐私边界与保护，侧重于社交网络隐私保护的措施，包括不透露敏感性信息、风险承担者、寻求法律保护等内容；(8)隐私悖论，侧重于剖析"晒娃"现象中的子现象，包括关注儿童网络安全、持续发布"晒娃"信息等内容。其中，第5、第6、第7、第8四个类属同属于隐私问题范畴，但属于隐私内容的各个相异部分（隐私认知、隐私风险、隐私悖论和隐私保护，为紧密相关的隐私概念），内容上各有侧重。表4-2-3为此部分主轴编码所得的类属与次类属的关系表。

表4-2-3　　微信"晒娃"与未成年人隐私保护主轴编码

类属	群组类属	类属	群组类属	类属	群组类属
微信使用	基于位置的服务	心理动机与收益	获得认同感	隐私认知	微信隐私条款
	允许第三方登录		获得家长交流话题		"晒娃"是生活方式
	交流联系方式		增进感情交流		微信平台安全
	未成年人信息		获得社交快感		熟人社交圈
	朋友圈使用		亲朋好友间联络		不是公众人物
	好友设置分组		渴望赞美和祝福		自主性发布朋友圈
微信生态圈效益	体验社交互动		社交活动更多样	隐私边界与保护	不透露敏感性信息
	跟随大众潮流		记录生活和纪念意义		风险承担者
	满足工作需要		分享喜悦心情		寻求法律保护
	获取知识和讯息	隐私悖论	个人性格喜欢分享		微信平台申诉
	生活娱乐		释放自身压力		提高自我保护意识
"晒娃"行为	孩童的生活成长		提升生活满意度	隐私风险	侵犯未成年人肖像
	家庭生活情况		家庭观念加深		不担心/不确定隐私风险
	个人的情绪		关注儿童网络安全		
	群体交流和传播		持续发布"晒娃"信息		信息买卖存在
	文字/图片/视频				防范意识不强

(三) 选择性编码

选择性编码（又称核心式登录），指的是在对所有已发现的概念类属进行系统的分析以后选择一个或多个"核心类属"（core category）——浓缩所有分析结果后得到的关键词，这些关键词足以说明整个研究的内涵，编码过程继而在核心类属的基础上构建理论体系。在选择核心类属后，选择性编码主要通过五个步骤来建构理论，它们分别是：第一，创建一条清楚明确的故事线（story line），能够使整个研究的内容串联起来；第二，通过译码范式模型来连接主要概念类属及次概念类属；第三，在面向的层级（dimensional level）中发展派系类型；第四，通过数据检验各派系中概念类属间的关系；第五，填满可能需要补充或发展的类属。[①] 这五个步骤的操作可以将所有核心的类属全部联结起来，使得整个研究的结果更为直观可感。

由于本节的主题是"基于父母微信'晒娃'现象谈社交网络使用中的未成年人隐私保护"，本书认为整个研究应围绕"社交媒介使用""'晒娃'自我呈现""心理动机与收益""传播隐私管理"（包含隐私认知、隐私风险、隐私边界与保护、隐私悖论）以及"未成年人隐私保护"这几个关键内容展开叙述，核心类属的焦点则为"新兴社交媒体技术、微信'晒娃'现象、传播隐私管理"三者之间的关系，因为这三者正好可以形成一个研究的闭环。因此，经过对本节的研究动机与问题意识进行重新思考，笔者对立轴性编码阶段的 8 个类属进行重新归纳命名以更好地建构理论，做出的调整见表 4-2-4。在表 4-2-4 中，将"心理动机与收益"这个类属中的诸多概念（也即群组类属）分为"群体认同与归属""社会资本获取""自我实现的需求"，该部分的解释将在本节的"微信'晒娃'的心理动因"中进行详细叙述。同时，本书将 8 个类属编码为 3 个核心类属的考量如下：

首先，从媒介技术层面来看，"微信的使用"是针对"微信"这个社交网络平台而言的，"微信生态圈效益"也是基于社交网络技术而带来的好处，本书认为可将其归到"社交媒介使用"这个更大的概念中，从而使研究的面向更为广泛。

[①] 王念祖：《扎根理论三阶段编码对主题词提取的应用研究》，《图书馆杂志》2018 年第 5 期。

其次，从微信"晒娃"现象出发，本书将"晒娃行为"和"心理动机与收益"归到"晒娃"自我呈现上，此二者之间存在因果关系。

最后，基于传播隐私管理的理论视角，笔者将"隐私认知""隐私风险""隐私悖论"以及"隐私边界与保护"归纳为"社交媒介传播隐私管理"，以使这四个相似类属集中在一个大类属中。

表4-2-4　　　　　　　　　　修正后的类属与次类属关系

类属	次类属	群组类属	次类属	群组类属
社交媒介使用	微信内容使用	基于位置的服务	微信生态圈效益	体验社交互动
		允许第三方登录		跟随大众潮流
		交流/联系方式		满足工作需要
		未成年人信息		获取知识和讯息
		朋友圈使用		生活娱乐
		好友设置分组		
"晒娃"自我呈现	"晒娃"行为			孩童的生活成长
				家庭生活情况
				个人的情绪
				群体交流和传播
				文字/图片/视频
	心理动机与收益	群体认同与归属		获得认同感
				获得家长交流话题
				增进感情交流
		社会资本获取		获得社交快感
				亲朋好友间联络
				渴望赞美和祝福
				社交活动更多样
		自我实现的需求		记录生活和纪念意义
				分享喜悦心情
				个人性格喜欢分享
				释放自身压力
				提升生活满意度
				家庭观念加深

续表

类属	次类属	群组类属	次类属	群组类属
社交媒介传播隐私管理	隐私认知	微信隐私条款	隐私边界与保护	不透露敏感性信息
		"晒娃"是生活方式		风险承担者
		微信平台安全		寻求法律保护
		熟人社交圈		微信平台申诉
		不是公众人物		提高自我保护意识
		自主性发布朋友圈		
	隐私风险	侵犯未成年人肖像	隐私悖论现象	关注儿童网络安全
		不担心/不确定隐私风险		持续发布"晒娃"信息
		信息买卖存在		
		防范意识不强		

（四）"晒娃"现象访谈的内容分析

在对微信"晒娃"的访谈资料进行三级编码分析后，研究者在编码分析结果的基础上进一步抽取访谈资料，发现"晒娃"行为在内容呈现上具有可视化、选择性等特征，且这种行为是基于特定的心理动机而存在的，微信"晒娃"实质上是微信用户在虚拟网络社区进行的一种有选择性的自我呈现行为。

1. 可视化：虚拟空间的真实生活

通过对访谈内容的编码分析，笔者发现受访者对于"晒娃"行为都持极为开放的态度，认为把自己孩子的内容发布在微信朋友圈已经成为了一种生活方式，正如受访者1所说："（每天使用微信的时间）很长，空闲的时间基本上都是在玩微信，（我属于）外向的人，喜欢分享各种东西，因为我朋友圈大部分是亲戚、同事、朋友，所以我觉得大家都是了解的，属于一种生活方式吧。"

在微信"晒娃"的内容上，笔者发现这些"晒客"喜欢分享三类与未成年人有关的朋友圈状态：①孩童的生活和成长，这部分的内容既包括"晒"自己的孩子，也包括"晒"亲朋好友的孩子，以此来记录这些有意义的画面；②自身的家庭生活，侧重于自己的孩子给这个家庭带来的积极影响；③与其他家长之间的育儿交流，这属于"宝爸宝妈"之间群体传播的内容分享。同时，这些内容的呈现具有一个相同特征——可视化，"晒客"们基本上都是通过在朋友圈发布"文字+图片或视频"的可视化方式来展示自己的育儿生活。这一可视化特征充斥了大量真实的人类生活场景，某种程度上给虚拟网络社区赋予了"存在性"。

2. 选择性：微信"晒娃"的策略

由于微信的"熟人社交"属性逐渐式微，微信的"分组"和"屏蔽"功能（观看权限设置）被人们争相使用。研究者从访谈对象处得知，由于微信好友中陌生人、不熟的人和随机添加的人越来越多，部分访谈对象在"晒娃"的时候经常通过设置来决定"谁可以看"和"谁不可以看"。在访谈当中，受访者11和受访者18均表示，她们在"晒娃"的时候会通过设置分组的方式来禁止某些好友的查看。本书认为，这种"有选择性"的"晒娃"策略是"晒客"们应对微信泛化发展带来的人际关系由强关系转为"强弱关系交叉"格局的结果，也反映了"晒客"行为在社交媒体时代的自主性和适应性。同时，这种"有选择性"也意味着每个人都期望他人能够以自己想象中的方式来看待自己，因此"晒娃"在朋友圈的展现内容是经过"晒客"家长挑选后的结果。比如受访者3表示："我（晒娃）的想法是让身边更多的朋友了解她，比如说看到她的成长和她的变化，有时候拍个视频留作纪念，以后翻起可以看她一路的变化。"

（五）微信"晒娃"的心理动因与内在机制

1. 微信"晒娃"的心理动因

对现有文献进行分析概括后发现，"晒客"们在网络中或者社交媒体中的"晒娃"、自我表露行为都具有动机性。学者吴尚熙和申秀妍（Sanghee Oh and Sue Yeon Syn，2015）通过对 Facebook、Twitter、Delicious、YouTube 和 Flickr 五个社交媒体进行比较分析，提出了社交媒体信息分享的十大动机框架：享受性（Enjoyment）、自我效能感（Self-efficacy，即认为自身具备创造和分享信息的能力）、加强学习（Learning）、个体收益（Personal gain，比如推销产品或服务来获益）、利他主义（Altruism，即帮助他人获取信息）、移情作用（Empathy，为他人提供情感支持）、共同体利益（Community interest）、社交参与（Social engagement）、获得名望（Reputation）、互惠性（Reciprocity，即进行社会交换）。两位学者的动机框架对本书具有启发意义，结合对"晒娃"用户访谈的分析并借鉴需求层次理论和社会资本理论，笔者认为家长和父母参与"晒娃"行为的心理动机共性或收益诉求共性可以归纳为以下几个主要方面：

第一，群体认同与归属。

根据马斯洛需求层次理论，爱和归属感是个体重要的情感需求。人类的生活是以情感为支撑的，人们对自己所属群体存在天然的兴趣感和归属感。有学者在有关社交媒体分享的研究中就指出，人们"晒娃"的影响因素之一是基于一种社会身份的归属感（Brosch，2016），"晒"表达了对归属感的诉求（王莉霞、相亲亲，2016）。通过访谈分析，本书发现国内家长父母"晒娃"的行为动机也和群体认同与归属感有关。此动机主要表现为获得"宝爸宝妈育儿圈"的认同感和归属感、拥有与其他家长交流的更多话题、增进家长间的感情交流等。本书的访谈对象在接受采访时多多少少透露出了这些感情目的，这种爱与归属的诉求构成了家长"晒客"日常生活的重要组成部分。例如，受访者 20 表示："（我朋友圈'晒娃'的想法是）可以更好地记录生活，分享喜悦的心情，然后也可以获得大家的认同。"受访者 2 表示："我觉得自己小孩可爱，就想知道别人觉不觉得可爱，然后互相讨论互相学习，看看小孩之间有什么不同。特别是那些刚生小孩的，发朋友圈很多，（很多宝爸宝妈）一起分享一起看一起交流。"

第二，社会资本获取。

学者埃里森、斯坦菲德和兰佩（Ellison，Steinfield and Lampe，2007）在大学生社交网站使用的研究中指出，人们在网络中进行交友和分享信息的目的是积累社会资本关系；国内学者也指出，参与、使用社交网络有助于维护和提高现实社会资本（聂磊、傅翠晓、程丹，2013；陈浩等，2013）。在现代社会中，人们离不开结构化社会网络生存环境，人与人之间的社会网络关系需要通过一些行为来维持，而这种社会性行为都带有一定的目的性或者动机性，人际交往与社会资本累积的关系对社交网络时代的"晒"行为具有解释力，此处的社会资本资源可包括赢得同侪信任、促进社交互动、赢得机遇等。

在微信用户"晒娃"的行为中，笔者将归纳的概念，如获得社交快感、亲朋好友间的联络、渴望赞美和祝福、社交活动更多样等方面的需求，与社会资本联系起来，这些需求说明了家长"晒娃"是渴望在自己的人际关系和社会结构网络中得到自己需要的东西——社会资本，以创造更好的人际互动网络和竞争优势。例如，受访者 15 号表示："朋友圈'晒娃'可以让我更好地和其他家长交流，我在记录生活的同时也让自己对生活感到更满意，反正（朋友圈晒自己孩子）就是很开心的一件事。"受访者18号表示:"(我觉得'晒娃'让我)与朋友的感情变得更好,而且提升了生活满意度,我会在意和关注朋友圈的点赞、评论……"

因此,本节将社会资本这个因素作为微信用户"晒娃"的心理动机之一。在社交网络中,自我表露是用户的行为方式,用户进行社会资本利益交换则是结果,前者是后者的外在表现形式。利益交换愈频繁,用户的"晒"行为也就越加明显。

第三,自我实现的需求。

根据需求层次理论的解释,若生理需要、安全需要、爱与归属需要等低层次的需求被满足后,人们就会产生更高层次的需求,人们的欲望实现是一个从低级走向高级的过程。荣格(Jung,2007)等人在研究韩国社交网站 Cyworld 时指出,用户设置个人主页的动机之一在于获得职业提升(professional advancement);还有研究指出,微信朋友圈"晒"行为在心理上可以满足虚拟成就感的诉求,实现在虚拟空间被认同的自我价值(郭喜超,2016)。以此看来,这种对自我提升和成就感的诉求事实上指的是自我实现(self-fulfillment)。本书从"晒娃"资料的概念提取过程中发现,大多数访谈对象"晒娃"背后自我实现的需求——记录生活和纪念意义、分享喜悦心情、个人性格的呈现、释放自身压力、提升生活满意度、重视家庭观念,是一个有意识的人不断展现自己和发挥潜力的过程,都代表了"晒娃"行为的潜在动机。自我实现的需求作为需求层次理论的最高层次,并被体现在"晒娃"行为当中,反映出的是人们对自身的期待。

最后,除了群体认同与归属、社会资本获取和自我实现需求,笔者也发现,学者吴尚熙和申秀妍(2015)提出的享受性(Enjoyment)也是用户"晒娃"行为的一个重要心理动机因素,比如本节中多位受访者均表示,"晒娃"是为了分享喜悦的心情,"晒娃"是一件很开心的事情,然而,与其说这种享受性代表了用户在社交网络中自我表露的目的性,本书认为它更属于一种内心状态,故本书将"享受性"放置在"晒娃"现象范式模型中。

2. 微信"晒娃"的内在机制

笔者借用戈夫曼的拟剧理论,意在说明微信"晒娃"现象的本质。微信朋友圈"晒娃"现象的实质是微信用户在虚拟网络社区进行的一种有选择性的自我呈现。这种自我呈现的表演目的,是表演者想以不同方式给观众带来某种理想化印象，以至于人们在"前台"的表演变成了一种仪式。①在微信平台上，用户个体的自我呈现虽然打破了传统人际交往的地理限制，但实际上只是现实世界人际互动模式的变体，不存在颠覆性差异。在传统社会，人们会利用自身外貌打扮、言行举止等手段来呈现"理想化"的自己，而在网络社会则变成了"符号化的代码"。在社交媒体中，因为交互双方"身体不在场"，自我呈现的表演可以更随意地进行；用户为了呈现出真实并获得他人认可的形象，会采取一定的方式来进行印象管理。

笔者发现，24 位受访者中有 16 位家长在朋友圈"晒娃"时都会考虑到他人的看法，即在意和关注"晒娃"后的朋友圈点赞和评论，并收到了朋友圈中正面积极（支持、鼓励、赞许）或者以娱乐为主的中性评论。受访者 1、5、8、10、11、12、13 等受访对象都表示，他们希望收到对自己孩子的祝福和赞美，而且会将自己孩子优秀的一面展示在朋友圈。例如，受访者 1 号表示："（我平时属于外向的人）喜欢和别人分享事情，生活感情都可以，开心的事说出来别人也会感到开心，不开心的事分享出来自己可以倾诉、调节一下。……反正就是觉得（朋友圈发出来的动态）有时候蛮有纪念意义的，发（朋友圈）的都是一些比较开心的事……（发了朋友圈之后好友们）就说我儿子好聪明，好帅之类的，就是对他的赞美和祝福。"

由此可见，人们的"晒娃"行为反映出人们在选择性地呈现自己的朋友圈时，倾向于采用某些策略使自己的朋友圈更符合一种预期，从而收获朋友圈互动所带来的互惠性利益，这与"印象管理"的内涵遥相呼应。

五 微信"晒娃"范式模型与隐私风险

（一）微信"晒娃"的范式模型

1. 微信"晒娃"模型

在选择性编码的基础上，本节通过对各类属进行属性和维度分析，并在对类属与次类属、群组类属关系思考的基础上，结合访谈对象"晒娃"的这一社会行为，提出微信"晒娃"的初步范式模型（见图 4-2-2）。范式模型的基本条件关系如下：

---

① ［美］欧文·戈夫曼：《日常生活中的自我呈现》，冯钢译，北京大学出版社 2008 年版，第 29 页。

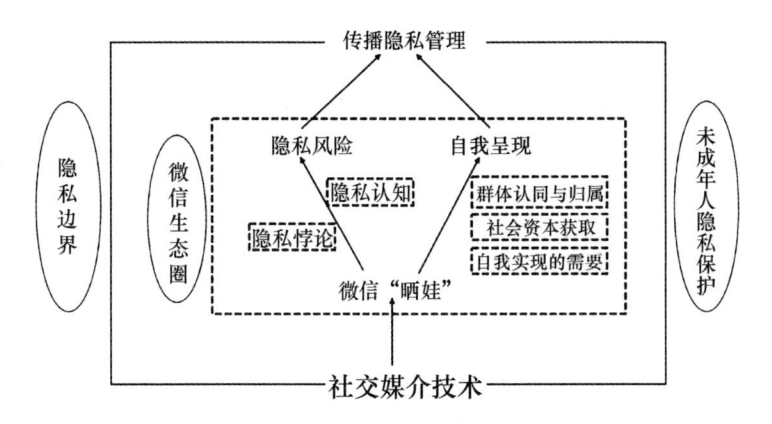

第四章 社交媒体隐私权保护的实证研究

图 4-2-2 微信"晒娃"初步范式模型

（1）因果关系：微信"晒娃"与自我呈现之间的关系；微信"晒娃"与隐私风险之间的关系。

（2）情境关系：微信"晒娃"现象、自我呈现与隐私风险三者之间的关系，全部存在于微信生态圈之中。

（3）对等关系：自我呈现与隐私风险之间的共存关系。

（4）策略关系：社交媒介技术与传播隐私管理之间的关系，其中隐私边界和未成年人隐私保护为中间考量因素。

（5）干预条件：社交媒介技术与微信"晒娃"现象之间的关系，媒介技术能催生新的用户习惯。

（6）现象：隐私认知与隐私悖论的存在，隐私悖论是微信"晒娃"现象衍生出的一个子现象。

此范式模型以表 4-2-4 中的"社交媒介使用""'晒娃'自我呈现""社交媒介传播隐私管理"三个类属为核心，把访谈对象的行为全部串联起来成为一个具有解释性的行为模式。

2. 微信"晒娃"范式模型的内涵

微信"晒娃"范式模型是社交媒体用户自我呈现的理论化概括，它揭示了微信用户在"晒娃"现象中的行为模式、心理动机以及规避风险的手段。从模型的整体来看，它是一个围绕"社交媒体自我表露和网络隐私风险关系"所展开的行为研究，其逻辑结构为：（1）以新兴社交媒体技术为起点，指出微信"晒娃"现象出现的技术环境和现实条件，媒介技术可以催生新的用户习惯；（2）在微信"晒娃"现象出现后，通过质性访谈的手段对热衷于"晒娃"的用户进行采访，发现了微信"晒娃"、自我呈现、隐私风险之间的三角关系，即微信"晒娃"是基于一定心理动机而进行的自我呈现，而微信"晒娃"这种呈现行为反过来又带来了一定的未成年人网络隐私风险，这三者都共生于网络虚拟社区——微信朋友圈/微信生态圈之中；其中，微信"晒娃"与自我呈现之间存在着三种心理动机，而与隐私风险之间存在着一种"隐私悖论"现象；（3）由于自我呈现与隐私风险之间存在"利益—风险"相互交叉的关系，必须有平衡二者关系的干预手段，传播隐私管理既能保障社交媒体用户自由"晒娃"，又能从风险规避的角度对用户做出一定的限制（隐私边界意识），从而可以有效地保护未成年人网络隐私。本节在对"晒娃"用户行为进行研究后形成了如上的逻辑结构，整个范式模型是本节行为研究的核心内容所在，阐释了社交媒介技术、微信"晒娃"现象和传播隐私管理之间的内在联系。

3. 微信"晒娃"范式的理论模型

为了使微信"晒娃"范式模型更加简明扼要，笔者对初步范式模型（见图4-2-2）进行删繁就简，把具体的心理动机因素、条件因素等要素剔除出去，形成了新的"晒娃"范式模型（见图4-2-3）。新的"晒娃"现象范式模型有微信"晒娃"、网络自我呈现、未成年人隐私风险、未成年人隐私保护和传播隐私管理五个关键词，其逻辑结构沿袭了旧的范式模型，唯一较大的改变在新的模型将"传播隐私管理"置于中心位置，因为它具有核心的调适作用。其调适作用体现在"传播隐私管理"这个策略能够调节自我呈现需求和风险规避管理之间的平衡。新的"晒娃"范式模型是旧模型的升华，其更好地展示出了本节的行文脉络和研究主旨。

（二）微信"晒娃"的隐私风险

微信是沟通的工具、自我呈现的平台，可以帮助人们建立与维护社会关系，其天然的技术属性鼓励和促进用户的自我表露，鼓励用户发布照片来记录用户和亲朋好友的生活。在访谈过程中，大多数受访者都将朋友圈作为人际交往和联络感情的工具，朋友圈是他们呈现生活状态的舞台。互联网络的发展、对儿童网络隐私的关注，使得儿童网络隐私保护成为世界各国的研究重点；而微信"晒娃"现象的出现，给原本棘手的未成年人网络隐私保护，比如未成年人肖像、个人生活、身份信息等泄露问题带来了

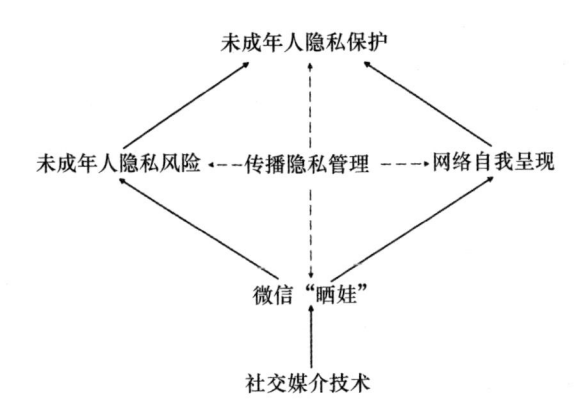

第四章 社交媒体隐私权保护的实证研究

图 4-2-3 修正后的微信"晒娃"范式模型

新的挑战。

1. "晒娃"现象中的"隐私悖论"

"隐私悖论"现象是指"晒客"身上体现的一种既担心隐私泄露又愿意在网络上自我披露的行为,本书通过访谈发现,"晒娃"现象中也存在着"隐私悖论"。在被问及在有隐私风险的情况下是否还会继续"晒娃"时,虽然有受访者表示不会再晒,但大多数的受访对象都表示会继续发布和分享关于自己孩子的朋友圈,比如受访者3号和7号分别表示了自己的看法,"(发布照片或视频定位之类的信息有没有泄露的风险?)会啊,但总觉得不会有人拿我照片去干什么……(定位)既然是我选择的,那就是希望别人看到的,对不对?""我觉得(朋友圈分享的位置、文字、图片、视频等信息)属于个人隐私,(朋友圈公开'晒娃')也会导致儿童安全问题,但我还是会继续发朋友圈,偶尔吧,可能需要注意一下自己的(晒娃)方式吧。"

也就是说,在社交网络环境下,人们对隐私风险担心归担心,但还是会无所畏惧地发布朋友圈,这是一个"风险—效益"的博弈过程。

这种行为的发生与受访者认为微信是"熟人社交圈"、自己不是公众人物以及"晒娃"所带来的收益息息相关,本质上则是一个"风险—效益"评估的过程,人们在经过评估之后认为风险远小于收益,这就导致了心理上的安全感。社交网络时代的"隐私悖论"现象说明,"个人信息不得非法公开"的被动隐私含义难以成立,信息公开与否已经不能成为判断隐私披露的标准,① 本书认为隐私是否披露的内涵和标准有待重新商榷。

微信"晒娃"中的隐私悖论现象,嵌在网络自我呈现与隐私风险感知的中间,它对人们为什么进行自我表露的个体意愿作了说明。鉴于人们已经越来越适应网络拟态环境,并自由穿梭于真实环境和虚拟人际关系中,人们在网络空间中的隐私悖论行为仍将继续长时间存在。

2. "晒娃"与未成年人的隐私风险

微信"晒娃"行为虽然与未成年人自己暴露隐私信息有相似之处,但由于暴露信息主体的不同,"晒娃"所带来的隐私风险问题有其特殊之处。最为特殊的地方在于社交媒体平台"晒娃"(sharenting)情境下的伦理困境:未成年人的隐私权与父母分享自己孩子的言论自由权(也可以理解为监护权概念)之间的博弈②,微信"晒娃"所带来的潜在隐私风险具有"非主观造成性"——由他人或技术原因造成的隐私泄露。因此,社交网络上的未成年人网络隐私风险很大程度上缘于"晒客"家长的分享行为。

社会化媒体有其固有的规则和客观规律,丁正洪(2014)认为,社会化媒体的一切信息流都是基于一个个真实的人所产生的,人们在社会化媒体上分享上传的个人信息内容都会成为一个线索,而我们透过社会化媒体的内容可搜索并追踪到个体的人。③ "信息"与"人"的迅速匹配给网络隐私带来了新的难题,网络空间中侵犯未成年人隐私权的主要形式有非法获取未成年人的个人隐私、非法使用未成年人的个人隐私、非法篡改未成年人的个人数据三种④。这三种侵权形式同样适用于微信平台,而未成年人在微信"晒娃"现象中隐私泄露或被侵犯的途径主要有如下几种:(1)"晒娃"家长在分享过程中对未成年人敏感隐私信息(比如肖像、家庭地址、户口信息等)的暴露,或者将更多的相关信息公布在网上的个人资料中;(2)不法分子通过技术手段盗取微信账号上的未成年人隐私信息,比如黑客窃取;(3)微信平台或其关联公司、平台为谋取商业利益对用户隐私数据的盗用,从而造成未成年人隐私风险;(4)微信用户疏于防

---

① 李兵、展江:《英语学界社交媒体"隐私悖论"研究》,《新闻与传播研究》2017年第4期。
② Steinberg S. B., Sharenting, "children's privacy in the age of social media", *Emory Law Journal*, Vol. 66, 2016, pp. 839–884.
③ 丁正洪、赵佩:《社会化生存:社会化媒体十大定律》,中信出版社2014年版。
④ 黄旭东、杨飞:《未成年人网络隐私权的法律保护》,《当代青年研究》2009年第4期。

范,授予软件和第三方平台太多权限,致使重要隐私信息被获取;(5)法律政策不完善导致了隐私侵犯行为屡屡发生,重大案件的处理也多以事后的法律救济为主。

基于社交媒体的特性,"晒娃"所带来的未成年人隐私风险的责任主体主要包括父母/家长、微信平台、侵犯隐私的不法分子,前者会在网络自我表露行为中有意或无意泄露隐私,后两者则可以通过技术手段获取用户隐私信息。在这些隐私泄露的主体中,虽然"晒娃"的父母或家长是造成未成年人隐私泄露最直接相关的责任主体,但也不能忽略从另外两个责任主体角度来思考隐私保护对策。在未成年人网络隐私保护对策的叙述中,本书将把家长层面的保护措施作为根本性的对策,同时也将其他责任主体的针对性措施、法律措施作为家长层面措施的有效补充。总之,从微观层面上讲,微信"晒娃"行为带来隐私风险的直接责任主体是"晒娃"的家长/父母以及社交媒体平台,与此相对应的保护对策也是本书的重点内容;从宏观层面来讲,"晒娃"所带来的未成年人隐私风险与当前的专门法律不健全也存在一定关系。

第三节 大学生微信使用中的隐私关注、认知、担忧与保护

一 理论基础与研究假设

作为我国用户数量最为庞大的社交软件,微信已成为人们生活中不可或缺的社交工具。但其在给人们生活提供巨大便利的同时,也面临个人隐私保护等方面的挑战。一方面,微信朋友圈等社交途径的个人隐私泄露给用户的人身和财产安全带来潜在威胁;另一方面,微信平台和第三方应用给用户个人信息的隐私边界带来更多挑战。当前,社交媒体中的隐私侵权现象时有发生。作为我国网民使用最多的手机 App,微信承载了大量的个人隐私信息,对微信隐私的考察和保护既有理论价值,又有现实意义。

在移动互联网快速普及的今天,对社交媒体隐私的保护不仅关乎每个人的切身利益,同时也是国家网络空间安全保护举措的重要组成部分。本书以实证研究的方式,对北京大学、复旦大学、湖北大学、武汉大学、西安交通大学和陕西师范大学学生的微信使用习惯及使用过程中的隐私关

注、隐私认知、隐私担忧及隐私保护之间的关系进行考察，以期比较全面地把握大学生微信使用中的隐私状况，并给我国社交媒体中的隐私保护提供参考。

(一) 媒介使用与微信使用

媒介使用一直是传播学研究的重要内容，对媒介使用的定义，不同学者有不同的观点。斯莱特（Slater）从受众的角度出发，将媒介使用定义为"受众接触特定讯息或某种媒体内容的程度"（Slater，2004）。学界对于媒介使用的研究多集中在"使用与满足""选择性接触"等经典理论的框架下，且根据所研究媒介的侧重点呈现出较大差异。例如，一项对哥伦比亚和西班牙青少年 Facebook 使用情况的比较研究发现，青少年花费在照片处理和披露方面的时间及精力都远远超出了其他用途，且发生在 Facebook 上的互动主要通过使用者的自我披露实现（Almansa, Fonseca & Castillo, 2013）。而在关于 Twitter 使用的一项研究中，研究者发现群组之间的互动关系、使用动机、持续使用的意向等都对媒介使用习惯产生影响（Pentina, Basmanova & Zhang, 2016）。从时间序列来看，媒介使用的研究可以分为对传统媒介的研究和对互联网兴起后新兴媒介的研究。廖圣清等提出了从使用时长、频率、形式或内容等维度来测量媒介使用的研究视角（廖圣清、黄文森，2015），喻国明等人则基于"时间—空间"的测量范式对天津居民媒介使用的相关情况进行剖析（喻国明，2012）。

在有关微信使用的研究中，既有以使用时间、使用强度和使用需求与动机为出发点的考察（Lien et al., 2014；王玲宁，2015），又有对用户对微信功能的偏好、接触动机等方面的研究（韩晓宁等，2014），也有基于用户对微信主要功能的使用动机和满意度进行的探索（李浩，2014；Wen, Geng & Ye, 2016）。不难看出，对媒介使用的考察与研究者的侧重点、研究媒介的具体特点以及研究者本人的旨趣紧密相关。总的来说，以往研究者对媒介使用的主要关注领域都有其可取之处，本书在尊重以上成果的同时予以取舍。基于以上理论基础和研究成果，本书对微信使用的考察主要集中在大学生对微信及其主要功能的使用时长及频率上，由于本书的最终目的是考察大学生微信使用中的隐私情况，所以对微信使用的测量主要集中在微信朋友圈、微信支付及微信购物等方面。

(二) 隐私关注

"隐私"这一概念最早由赛缪尔·沃伦（Samuel D. Warren）和路易

斯·布兰代斯（Louis D. Brandeis）于 1890 年提出，他们最早将隐私定义为"不受干涉的权利"。虽然对于隐私的研究已历经多年，但目前学界对这一概念尚未达成共识。威斯汀（Westin）最早提出"信息隐私"的概念，他认为信息隐私即个人、组织或机构能够自主决定私人信息传播的时间、方式及程度（Alan F. Westin, 1968）。通过梳理相关研究，笔者发现对信息隐私的研究多集中于电子商务领域以及互联网与社交媒体领域。徐敬宏等曾通过对西方新闻传播学界社交网络隐私侵权问题的系统研究，指出西方新闻学界对社交网络中隐私侵权的研究多集中在媒介技术对隐私的威胁、社交网络中的隐私悖论以及隐私侵权和隐私权的保护问题等三大方面（徐敬宏、张为杰、李玲，2014）。

在有关电子商务网络隐私的研究中，马尔霍特拉（Malhotra）等学者基于社会契约论提出了信息隐私关注研究的"IUIPC"量表（Internet User Information Privacy Concern），包含收集、控制隐私和实践的感知三个维度（Malhotra，2004）。S. 杨恩（Seounmi Youn）曾将这个量表结合研究实际用在对未成年人网络信息隐私关注与隐私保护行为关系的研究中（Youn，2009）；申琦也曾用"IUIPC"量表的三个维度来研究中国网民的网络信息隐私关注，该研究从"控制""收集"和"隐私实践的感知"三个方面来衡量隐私关注，其中"控制"由"控制能力"和"保护能力"两项指标来测量，"收集"由"担忧""安全感知"两项指标来测量，"隐私实践的感知"由"信任"这一指标来衡量（申琦，2013）。其研究结果表明该量表的信度良好。

以性别差异为研究视角探讨媒介使用和隐私认知的研究很多，有研究发现，女性在在线网络中愿意承担隐私风险的水平明显低于男性，且更关切在线网络中的隐私（Fogel & Nehmad, 2009）。此外，当面临具有挑衅性的网络内容时，女性更倾向于接收一些负面的情绪和消极的信息（Albury, 2015）。类似地，也有关于隐私考察的文章表明，女性对社交媒介中隐私问题的关注更加全面，考虑也更为细致（Dhir A. et al., 2016a）。直接探讨学历差异对隐私关注影响的研究并不多，但通过年龄差异来反映隐私关注区隔的研究散见于各个刊物。有学者在针对一项未成年人、青年人和中年人社交媒体隐私关注差异的研究中发现，青年人对于微信隐私认知的水平明显高于未成年人和中年人（Dhir A. et al., 2017）。在关于社交媒体隐私的研究中，运用以"IUIPC"理论为原型的量表进行研究的很少，专门针对微信这一社交媒体的隐私认知研究笔者暂时尚未发现。本书结合"IU-IPC"量表及其改良后的测量指标对微信用户的隐私认知进行测量，并在此基础上提出第一个研究问题：微信用户的性别、学历及使用习惯是否影响其隐私关注？

杨姝等在关于个性特征变量对隐私关注影响的实证研究中发现，在我国网络用户的隐私关注中，女性对信息控制权的感知水平高于男性；使用者的受教育水平越高，对隐私感知的程度也越高（杨姝、任利成，2008）。相似地，女性在Facebook中设置隐私档案的比例也远远高于男性（Kevin, Jason, Nichlas, 2008）。无独有偶，申琦在对上海市大学生网络信息隐私关注的研究中也发现女大学生比男大学生的隐私信息关注程度更高。此外，该研究还表明，网络使用经验（网龄和网络使用频次）与网络信息隐私关注具有相关性（申琦，2013）。基于以上研究结果，本书对微信使用时长及微信使用频率与大学生隐私关注之间的关系进行探究，并提出以下研究假设：

假设一：相比男大学生，女大学生在微信使用中的隐私关注程度更高。

假设二：使用者的学历越高，在微信使用中的隐私关注程度越高。

假设三：微信使用程度越高，对微信隐私关注的程度越高。

（三）隐私认知及隐私担忧

在一项针对上海市大学生网络信息隐私认知的研究中，研究者认为隐私认知主要包含两个方面。一是网民对"个人信息"的认知，二是网民对"社会关系"信息的认知。具体来说，一方面是要探究哪些信息属于受访者个人所认为的网络隐私信息，另一方面也力求考察网民对个人隐私信息的基本态度。该研究表明上海市大学生的网络隐私认知呈现以个人信息为核心、社会关系为补充的"差序格局"（申琦，2015）。综合S.杨恩（2009）的量表以及国内相关学者（刘德良，2003；张新宝，2015；顾理平，2016）的观点，笔者认为，微信隐私认知即微信用户认为什么是微信平台中的隐私信息，其内容主要包含个人信息和社会关系信息两个方面。本书将从个人信息和社会关系信息的二元视角来探讨隐私认知。

在以往的研究中，有研究认为隐私担忧属于隐私关注的一部分（Culnan & Amstrong, 1999; Malhotra & Kim, 2004; Eastin, Brinson & Doorey,

2016），也有学者将其放在风险视域的框架下来研究（Chen，Beaudoin，Hong，2016；Flavius，Tobias & Daniel，2015）。这些划分都有其合理之处，但尚无定论。必须指出的是，在当前的社交媒介环境中，隐私担忧已经成为一个越发重要的概念，有必要将其作为一个重要因素予以观照。此外，隐私认知的水平与隐私担忧的程度及类型密不可分，社交媒介使用者所在的用户群体也对其隐私认知产生影响（Lee，Eun Suk，Cha & Kyung Jin，2016）。本书认为，隐私担忧主要涉及用户对隐私泄露的担忧和用户对平台利用个人信息的担忧。基于以上理论基础，本书提出第二个研究问题：大学生微信使用中的隐私认知和隐私担忧情况如何，是否相互影响？

微信作为一种典型的社交媒体，具有很强的社交关系属性。在不同使用习惯和情境下，大学生对微信中隐私信息的认知水平可能存在差异。为了探究这种强社交关系属性的媒介环境是否会给网络隐私认知的"差序格局"产生影响，本书提出以下研究假设：

假设四：在微信使用中，大学生对社会关系信息隐私的认知水平高于个人信息隐私。

假设五：大学生隐私认知程度越高，隐私担忧的程度越高。

（四）隐私保护

M. J. 库尔兰（Culnan M. J.）和 P. K. 阿姆斯特朗（Armstrong P. K.）曾在一项基于公平的实证研究中对"隐私保护"的概念作了界定，他们认为，隐私保护指的是人们在隐私泄露可能遭受风险时采取的处理办法（Mary J. & Pamela K.，1999）。具体到这一概念的测量，学界关注较多的是约翰·沃茨（Wirtz Jochen）等在一项关于消费者网络隐私关注的因果关系研究中提出的框架。该研究指出，隐私保护可以分为伪造（提供虚假或者不完善的个人信息来掩饰真实身份）、保护（设置密码、提前阅读隐私协议等主动保护）和抑制（拒绝提供个人信息或者终止在线行为）三种类型（Wirtz J. & May O.，2007）。申琦在针对上海市大学生微信移动社交应用中的自我表露与社交网络隐私保护行为的研究中沿用了沃茨等对于隐私保护的三种分类（申琦，2015）。根据沃茨及申琦的划分依据，本书在考察大学生对微信的隐私保护时，沿用这种分类依据。

在涉及隐私保护的相关文献中，有研究发现，对在线数据遭受黑客侵入的担忧程度越高，采取隐私保护的可能性越大且所使用隐私保护措施的多样性越丰富（Jon D. et al.，2017）。此外，一项针对全球330万推特用户的隐私研究也发现，在崇尚集体主义的社会环境中，人们在 Twitter 上披露隐私的程度较低，且较少采取隐私保护措施；而在崇尚个人主义的社会环境中，人们在 Twitter 上披露隐私的程度较高，且采取隐私保护措施的水平也较高（Hai Liang, Fei Shen & King - wa Fu, 2016）。还有一项研究通过测量女大学生在两个时间阶段的隐私保护水平，发现女大学生在互联网使用中的隐私保护行为受其所处群体的影响较大（Megan A. Moreno, Erin Kelleher C., Nusheen Ameenuddin & Sarah Rastogi, 2014）。基于以上理论基础和研究成果，本书提出第三个问题：微信使用中的隐私认知、隐私关注、隐私担忧与隐私保护之间存在什么关系？

杨宏伟（Hongwei Yang）通过对美国消费者的网络隐私关注、信任、风险和社交媒体使用的关系探究，发现隐私关注、隐私风险和社交媒体使用经验对隐私意识和隐私保护产生影响（Hongwei Yang, 2013）。奥达·贝西（Babajide Osatuyi）的研究表明，在社交媒体环境下，用户对自身的隐私安全担忧程度较高；社交软件平台在未经允许的情况下收集用户个人信息的水平与用户的隐私感知水平显著相关（Babajide Osatuyi, 2014）。也有研究发现，一方面，人们倾向于通过在社交网络空间中分享自己的兴趣爱好、生活习惯、旅行照片等来进行"自我塑造"；另一方面，他们却担心自己的社会关系等详细信息面临威胁（Livingstone, 2008）。从以上研究中不难看出，社交媒介使用中存在"隐私悖论"的现象（Barnes, 2006）。隐私悖论是指个人隐私披露意向与个人实际隐私披露行为的冲突性，表现为尽管用户明确表示担忧其隐私问题，但在社交网络中并不会减少个人信息的披露。这一现象在很多相关研究中得到证实。各国学者的研究都证明了不同国家的人们普遍存在隐私悖论现象（Taddicken, 2014；Quinn, Kelly, 2016；M. Jill & P. Amit, 2017；李兵、展江, 2017）。基于以上研究结论，本书提出以下研究假设：

假设六：大学生在微信使用中存在"隐私悖论"现象，即隐私担忧程度越高，隐私披露程度越高。

假设七：大学生对微信隐私担忧的程度越高，采取隐私保护措施的可能性越大。

假设八：大学生对微信隐私关注的整体水平越高，采取隐私保护措施的可能性越大。

假设九：大学生微信使用中的隐私关注、隐私认知、隐私担忧影响隐私保护。

二 调查指标及分析结果

（一）数据来源

本书以全国 6 所高校的大学生为总体，以网络调查的方式，于 2017 年 4 月 1 日至 4 月 16 日依托问卷星平台在北京大学、复旦大学、武汉大学、湖北大学、西安交通大学、陕西师范大学发放并回收问卷 540 份，最终收回有效问卷 510 份，问卷有效率为 94.4%。

（二）测量指标

1. 微信使用

对大学生微信使用的测量参考以往研究对媒介使用的测量标准，主要从微信使用的时间和频率两个方面进行考察。具体问题有"使用微信的年限""日均使用时长""日均使用频率""使用朋友圈的频率""使用微信支付的频率""使用微信购物的频率"。

2. 隐私关注

主要参考"IUIPC"量表及申琦的研究问卷，以"会允许第三方应用获取微信中的个人信息""会在微信朋友圈中经常使用实时位置""会在微信中披露个人隐私"三个问题来测量。

3. 隐私认知

参考 S. 杨恩和申琦等人的隐私认知量表，从个人信息和社会关系信息两个方面测量，分别为"微信账号属于您的个人隐私""姓名、年龄和性别属于您的个人隐私""朋友圈分享的位置、文章、图片、视频等信息属于您的个人隐私""微信聊天记录属于您的个人隐私"。

4. 隐私担忧

从"担心微信泄露个人隐私"和"微信平台对个人隐私的利用"两方面考察。

5. 隐私保护

主要以沃茨的量表为基础，根据调查的具体需求对特定题项做了适当改进，从"注册微信账号时的个人信息真实程度""注册微信时会主动阅读隐私保护协议""使用微信后会删除聊天记录""当在微信中遇到提供个人信息的要求时会终止使用行为"四个方面来测量。

以上测量指标基本源于社交网络隐私实证研究的成熟量表，部分题目针对本次调查的主体和特点做了适当的调整。预调研结果表明，量表的信效度较好。

（三）信效度检验

本书采用 SPSS 23 为分析软件。首先，通过对预调研的 290 个样本在 95%的置信区间下执行项目分析，发现所有题项的均值差异显著（p < 0.05）。其次，对样本执行科隆巴赫可靠性分析，结果显示科隆巴赫系数为 0.723，信度系数大于 0.7，说明问卷具有内部可信性。再次，进一步对问卷进行 KMO 和巴特利特检验（见表 4-3-1），结果显示 KOM 值为 0.701，大于 0.7，说明问卷的显著性尚可，可以做因子分析。最后，对题项进行微调和删减后执行因子分析，发现总方差解释度为 61.202%，大于 60%，说明解释度尚可。

表 4-3-1　　　　KMO 和巴特利特检验（N=290）

KMO 取样适切性量数		0.701
巴特利特球形度检验	近似卡方	904.549
	自由度	78
	显著性	0.000

对问卷进行主成分分析，共提取出五个主成分因子，各项的值都大于 0.6，说明构面的信度尚可。对主成分因子的五个构面进行均值操作，进而求得构面间的皮尔森相关系数，对每个构面求 AVE 值结果分别为 0.796、0.636、0.515、0.524、0.689，其结果均大于 0.5，说明所有构面的收敛效度较好；对每个构面的 AVE 值开根号，结果显示各个构面的内在相关度均大于此构面与其他构面的相关度，说明问卷构面间的区别效度较好（见表 4-3-2）。

表 4-3-2　　　　收敛效度和区别效度（N=290）

	平均值	标准差	收敛效度	相关与区别效度				
			AVE	微信使用	隐私关注	隐私认知	隐私担忧	隐私保护
微信使用	3.787	0.998	0.796	**0.892**				
隐私关注	3.759	1.024	0.636	0.312	**0.798**			

续表

	平均值	标准差	收敛效度	相关与区别效度				
			AVE	微信使用	隐私关注	隐私认知	隐私担忧	隐私保护
隐私认知	5.379	1.536	0.515	0.114	0.055	**0.717**		
隐私担忧	3.340	1.309	0.524	0.114	0.255	−0.01	**0.724**	
隐私保护	4.810	1.331	0.689	0.149	0.123	0.238	0.118	**0.83**

（四）数据分析结果

1. 人口统计学变量

本书对510份有效样本进行分析，从性别构成来看，共有男生231人，女生279人，分别占总样本的45.3%和54.7%；从学历来看，本科生、硕士研究生、博士研究生的比例为68%、25.5%、6.5%；从学校构成来看，北京大学学生占比13.7%、复旦大学学生占比18.4%、武汉大学学生占比22.4%、湖北大学学生占比13.5%、西安交通大学学生占比18.2%、陕西师范大学学生占比13.7%。总体来说，人口学变量分布较为均衡。

2. 微信使用情况

从使用微信的年限来看，使用年限在1—5年（含5年）的人数占到84.1%，不足1年和5年以上的人数分别占3.5%和12.4%；从日均使用时长来看，每天使用2—4小时（含4小时）的人数最多，占比35.3%，其次是每天使用2小时以内（含2小时）的人数，占比31.4%，日均使用8小时以上的重度使用者为52人，占比达到10.2%；从使用频率来看，经常或频繁使用微信的人数占总样本的比例高达54.9%。就使用微信朋友圈的情况来看，经常或频繁使用的人数占总样本的比例为37.6%，完全不使用朋友圈的人只占总样本的4.9%；就微信支付的频率来看，完全不使用的人数只占到总样本的2.7%，一般及以上的人数占到总样本的71.8%；从微信游戏的使用情况来看，几乎不用或完全不用的人数占总样本的62.3%。

研究发现，每天使用微信2小时以上的受访大学生占比35.3%，经常或频繁使用微信的人数占总人数的一半以上，经常或频繁使用微信朋友圈和微信支付的分别约占总人数的四成和七成。综合来看,微信已经成为大学生日常生活中极其重要的一部分。

3. 微信隐私关注情况

就大学生在微信使用中的隐私关注情况而言,隐私关注的整体水平一般。研究结果显示,大学生隐私关注的平均值为 3.325,标准差为 1.293(衡量区间为 1—7)。按程度划分,47.8% 的人在微信朋友圈使用实时位置的频次较少,中度使用的人占 44.7%,经常使用的人仅占 8.5%;32.4% 的大学生较少允许第三方应用获取个人信息,59.5% 的人较多允许第三方应用获取个人信息;从微信使用中披露个人隐私信息的情况来看,68.3% 的受访者为中度披露。

为了验证不同性别的大学生在微信使用中隐私关注程度是否存在差异,笔者执行了独立样本 T 检验。结果显示,在 95% 的置信区间下,T 值等于 1.242,sig 值为 0.215(只有当 sig < 0.05 时具有显著性),假设一不成立。对学历背景和隐私关注进行单因素 ANOVA 检定,结果显示 F 值为 3.516,sig 值为 0.030(见表 4-3-3),差异显著。具体而言,硕士研究生的隐私关注程度高于本科生,博士研究生无显著差异,假设二部分成立。

表 4-3-3　　不同学历背景大学生在微信使用中的隐私关注差异

因变量	自变量		平均值差值	标准误	显著性	ANOVA	
						F	显著性
隐私关注	1 本科	2 硕士研究生	-0.337*	0.132	0.040	3.516	0.030
		3 博士研究生	0.077	0.234	0.948		
	2 硕士研究生	1 本科	0.337*	0.132	0.040		
		3 博士研究生	0.414	0.251	0.257		
	3 博士研究生	1 本科	-0.077	0.234	0.948		
		2 硕士研究生	-0.414	0.251	0.257		

对大学生微信使用中的隐私关注与微信使用进行相关分析,结果显示皮尔逊相关系数为 0.312,sig 值为 0.000(见表 4-3-4),表明微信使用程度越高的大学生对微信隐私关注的程度越高,假设三成立。

表4-3-4　　　　不同构面之间的皮尔逊相关性（N = 510）

构面名称	微信使用	隐私认知	隐私关注	隐私担忧	隐私保护
微信使用	1				
隐私认知	0.114*	1			
隐私关注	0.312**	0.040	1		
隐私担忧	0.184**	0.260**	0.220**	1	
隐私保护	0.149**	0.278**	0.236**	0.584**	1

注：*表示在0.05级别（双尾），相关性显著。**表示在0.01级别（双尾），相关性显著。

4. 微信隐私认知情况

就隐私认知情况而言，大学生在微信使用中的隐私认知程度较高，平均值为5.362，标准差为1.527（衡量区间为1—7）。为了验证假设四和假设五，本书对微信使用和隐私认知、社会信息隐私认知以及个人信息隐私认知进行相关性分析，结果显示微信使用与隐私认知之间的相关性为0.114*（*在0.05级别相关性显著），假设四成立。微信使用与个人信息隐私认知之间的相关性为0.089*，与社会信息隐私认知之间的相关性为0.134**（**在0.01级别相关性显著）（见表4-3-5）。在微信使用中，社会信息隐私的认知水平要高于个人信息隐私的认知水平，假设五成立。

表4-3-5　大学生微信使用与微信隐私认知的相关关系（N = 510）

	平均值	标准差	皮尔逊相关			
			个人信息	社会信息	隐私关注	微信使用
个人信息	10.514	3.241	1			
社会信息	10.933	2.897	0.710**	1		
隐私认知	5.362	1.527	0.873**	0.862**	1	
微信使用	3.787	0.998	0.089*	0.134**	0.114*	1

注：**表示在0.01级别（双尾），相关性显著。*表示在0.05级别（双尾），相关性显著。

5. 微信隐私保护情况

就微信使用中的隐私保护来看，仅有18.4%的人在注册微信时主动阅读了隐私保护协议。当自己的隐私受到侵害时，16.7%的受访者表示会选择寻求法律保护、30.8%的人选择向微信平台申诉、48.2%的人选择通过更改隐私设置等手段提高自我保护的技能,只有 2.5% 的受访者表示不会采取措施。从微信用户对平台保护个人信息的满意程度来看,不太满意及其以下的人数占受访者的 27.6%、基本满意和满意的人数占受访者总数的 59.4%、很满意及非常满意的人数占总人数的 13%。此外,认为自己掌握了在微信中保护隐私信息能力和技巧的平均得分为 3.77,标准差为 1.50 (衡量区间为 1—7)。为了验证假设六,本书对大学生在微信使用中的隐私担忧和隐私披露程度进行相关分析,结果显示相关性系数为 0.231** (** 在 0.01 级别相关性显著),相关性显著 (见表 4-3-6),假设六成立。

表 4-3-6　大学生微信使用中的隐私担忧与隐私披露之间的关系

(N = 510)

	平均值	标准差	相关性	隐私披露	隐私担忧
隐私披露	3.73	1.478	皮尔逊相关性	1	0.231**
			显著性(双尾)		0
隐私担忧	4.95	1.58	皮尔逊相关性	0.231**	1
			显著性(双尾)	0	

注:** 表示在 0.01 级别(双尾),相关性显著。

给大学生微信使用中的隐私保护与隐私担忧和隐私关注分别执行相关性分析,结果显示相关性系数分别为 0.584** 和 0.236** (** 在 0.01 级别相关性显著),相关性显著 (见表 4-3-4),假设七和假设八成立。

为了验证假设九,本书以大学生微信使用中的隐私关注、社会关系信息隐私认知、个人信息隐私认知和隐私担忧为自变量,以隐私保护为因变量进行回归分析,回归结果显示 R 方为 0.370,大于 0.3,说明回归结果具有解释力。德宾沃森 (Durbin-waston) 系数为 1.898,说明样本的独立性较好,VIF 值均小于 5,说明自变量之间不存在共线性。四个自变量中,有三个自变量显著。t 值和显著性分别为:个人信息隐私认知:$t=2.152$,$sig=0.032$;隐私关注:$t=3.308$,$sig=0.001$;隐私担忧:$t=13.721$,$sig=0.000$;社会信息隐私认知显著性较低:$t=0.658$,$sig=0.511$ (见表 4-3-7)。综上,回归分析结果显著,大学生微信使用中的个人信息隐私认知、隐私关注和隐私担忧影响隐私保护,假设九成立。

表4-3-7 大学生微信使用中的隐私保护影响因素回归分析
(N = 510)

因变量	自变量	未标准化系数		标准系数	t	显著性	共线性统计		德宾沃森	R方
		B	标准误	Beta			容差	VIF		
隐私保护	（常量）	4.933	0.572		8.626	0.000			1.898	0.370
	个人信息	0.097	0.045	0.112	2.152	0.032	0.461	2.169		
	社会信息	0.032	0.049	0.033	0.658	0.511	0.484	2.065		
	隐私关注	0.265	0.080	0.122	3.308	0.001	0.922	1.085		
	隐私担忧	1.082	0.079	0.519	13.721	0.000	0.870	1.149		

三 研究结论与讨论

本书运用隐私关注、隐私认知、隐私保护的相关理论和测量标准，从性别、学历等维度出发对不同身份背景的大学生在微信隐私方面的区别进行探究，研究大学生微信使用的基本情况，着重探讨微信使用中的隐私关注、隐私认知、隐私担忧和隐私保护及其影响因素。此外，本书还就大学生在微信使用中采取的隐私措施和隐私受到侵害后的态度等进行考察。研究发现：

第一，微信已经成为大学生生活中必不可少的社交媒介。不论是从使用场景还是从使用时长和频次来看，大学生的微信使用都处于一个很高的水平。尤其当涉及跟安全息息相关的社交与支付等功能时，对于隐私的相关考察就显得十分必要。在本书中，大学生对微信的使用程度与其隐私关注水平和隐私认知水平呈正相关。对微信的媒介接触频度越高，使用经验越丰富，其对微信中隐私关注和隐私认知的水平就越高。以往的研究也表明，媒介接触越多，使用者感知到的潜在风险就会越多，这样就会产生更多的隐私关注（张会平、杨京典、汤志伟，2017）。

第二，大学生微信使用中的隐私关注水平不高，性别因素在隐私关注水平上无明显差异。本书的结论与在线网络环境中女性对网络隐私关注度较高的结论有所不同（Fogel & Nehmad, 2009）。一个可能的原因是，大学生所处的社会环境相对比较稳定和单一，这使得女大学生在隐私关注的水平方面并不比男生突出。也有研究显示，媒介使用者所在的用户环境对其隐私认知产生影响（Lee, Eun Suk, Cha & Kyung Jin, 2016），这也能够作为对本文结论的相关佐证。相比本科生，硕士研究生对微信的隐私关注程度更高。相比个人隐私信息，大学生对社会关系隐私信息的认知程度更高。这说明,在微信中,与亲友等强社会关系之间的聊天记录、朋友圈交互记录等信息的隐私属性更强。此外,"《隐私政策》说明"是阐明服务提供商和使用者的权利义务关系、平台对使用者的数据收集行为、平台对用户数据的主要用途、用户对自己隐私信息的保护方法等方面的较为全面的说明性文件。"隐私声明"也可看作是一种比较重要的行业自律形式,其对平台和用户而言都有重要意义(徐敬宏,2017)。在用户注册微信等社交媒体账号时,平台一般都会要求使用者阅读并同意相关的《隐私政策》条款,这对用户个人隐私的保护具有指导意义。然而就本书的调查结果来看,大多数受访者在注册账号时并不关心相关的隐私条款,这也反映出受访者隐私关注水平较低的现状。

第三,本书还证实,微信使用中存在明显的隐私悖论现象,即对微信泄露个人隐私的担忧程度越高,在微信中披露个人隐私的程度反而越高。具体而言,虽然受访者对微信中的个人隐私认知水平较高(在1—7的衡量区间内得分为5.362),对微信泄露个人隐私的担忧程度也相对较高(在1—7的衡量区间内得分为4.950),但是在微信朋友圈披露隐私信息的程度却并未降低。值得提出的是,已经有相当的研究发现社交媒体中存在"隐私悖论"的现象,而本书对大学生在微信使用情境中存在"隐私悖论"这一现象做出了验证。

第四,为了探索影响微信隐私保护的相关变量,本书以微信中的个人信息隐私认知、社会信息隐私认知、隐私关注和隐私担忧为自变量进行回归分析。研究发现,微信中的个人信息隐私认知、隐私关注和隐私担忧影响微信隐私保护。研究还发现,大学生在微信中保护隐私信息能力的自我评价水平偏低(在1—7的衡量区间内得分为3.770)。此外,当在微信中的隐私受到侵害时,选择通过提高自我保护技能来实施干预的人接近一半。这也说明,大学生加强微信使用中的隐私保护技能十分必要。殷乐和李艺在一项调查中也发现,超过九成的人认为,严惩窃取个人信息和侵犯隐私的违法行为很重要,同时有85.5%的人认为应加强新媒体素养教育,普及大数据和隐私权的保护知识(殷乐、李艺,2016)。这也从一个侧面反映出,网民对微信等社交媒介中的隐私保护技能和个人信息素养有待提高。对此,相关研究也提出要从法律层面出台相应的保护措施、探索"被遗忘权"的合理化发展、加强行业自律以及着重开展公民个人法律和数据素养教育等应对措施。

本节研究尚存在一些不足之处，如只考察了微信使用中隐私认知及隐私关注与隐私保护的关系，未能全面地探讨微信使用中具体的隐私保护策略。此外，因研究条件所限，研究对象的选择只聚焦在个别高校的大学生群体中，未能从更大范围的人群中展开考察，将来的研究可以考虑在这些方面有所扩展。

第四节 "隐私担忧"的中介效应
——基于对大学生微信使用的结构方程模型分析

一 研究动机与目的

随着中国移动互联网的逐渐普及，网民对多元消费场景和多维社交平台的依赖性越来越强。在此背景下，音乐视频、生活服务、网络论坛、电子商务、新闻资讯等各种场景下的移动应用不断朝着社交化的维度拓展，这使得社交媒体的边界进一步消弭，传统社交媒体开始朝着融合化发展的态势转变。传统意义上，私人领域的私人生活是个人欲望、情感、隐私和生活必需品的展现，而公共领域的公共生活则是去私人化和去个人化的，具有公开性和共同性。但在公私边界不断消弭的社交媒体中，私人生活公共化和公共生活私人化正在成为常态（金欣，2018）。社交媒体环境下，公共领域和私人领域相互重叠交融，社会、媒介等各方面的风险和冲突被进一步放大，滋生出一系列新的问题。

在众多社交媒体应用中，不论是使用场景的多元化，还是使用功能的丰富性，微信都堪称最为典型的社交应用。在这一由社交、游戏、支付、定位、搜索、信息流广告以及"小程序"等多元使用场景共同建构起的超级媒介生态系统中，熟人社交网络加半封闭的分享机制使其具有一定的私密性，微信公众号平台的信息分发功能、微信朋友圈的信息分享功能等都使其成为资讯传播和观点交锋的"公共领域"。作为中国用户数量最为庞大的社交应用，对微信的研究可以很好地解释社交媒体所面临的普遍性问题。

在大数据日益成为社会资源配置关键变量的背景下，网络隐私已经成为一个焦点议题。近几年来，全球范围的大规模网络隐私泄露事件不断增多，Twitter、Instagram、Facebook等社交媒体巨头的数据泄露事件频频发生，用户的隐私权益不断受到侵害。社交媒体平台自身违规或过度收集用户隐私以牟取商业利益、平台因数据存储和保护机制不完善导致用户数据泄露的情况也屡屡出现,社交媒体中的隐私议题已成为全社会共同关切的重要话题。

作为中国使用人数最多的社交应用,微信在给人们带来巨大便利的同时,同样面临个人隐私保护等方面的挑战。一方面,微信朋友圈等社交途径的隐私泄露给用户的人身和财产安全带来潜在威胁;另一方面,微信平台和第三方应用给用户个人信息的隐私边界带来更多挑战。随着微信平台从传统意义上的社交媒体平台发展成为一个集聚信息交互、金融支付、搜索引擎、游戏娱乐、电商、自媒体、小程序、广告营销等功能为一体的泛媒介生态系统,用户个人信息和隐私安全受到前所未有的挑战。不论是手机通讯录与微信账号的相互关联,还是微信支付与银行卡账户、身份证等个人私密信息的相互绑定;不论是各式各样的微信群组之间形成的"弱关联",还是朋友圈好友之间的"强联系";抑或是LBS地图系统对用户实时位置的"无偏定位",都将使用者置于隐私裸奔的风险之下。

社交媒体隐私保护是一个综合性议题,总体而言包含四个层级,一是政府层面的监管,二是行业和社会层面的监督,三是企业层面的自律,四是用户的自我保护。而社交媒体隐私保护的出发点和落脚点都理应围绕用户展开,但就现有研究而言,相关文献从法律法规与政策规制、企业合规与平台责任等角度的探讨较多,针对社交媒体用户进行的考察尚不全面。本书旨在从用户层面出发,综合探讨社交媒体使用者的隐私关注、认知与保护机制。

计划行为理论认为,知觉行为可以预测行为发生的可能性,行为态度、主观规范以及知觉行为控制决定行为意向。[①] 保护动机理论是研究保护行为常用的理论之一,该理论主要包含信息源、认知中介过程以及应对模式三个部分,认知中介过程又包含威胁评估和应对评估两个层面。[②] 而计算隐私理论认为,个人的行为是理性计算的结果,其核心内容是通过权衡风险和收益这两个基本因素,决定是否要披露个人信息以换取某种利益(Culnan & Armstrong, 1999)。在现有研究中,自我效能感被广泛引入测量态度与动机的模型中(Fernando, 2019;牛静、常明芝,2018;申琦,

---

[①] Azjen I., "The theory of planned behavior, Organizational Behavior and Human Decision Processes", *Journal of Lsure Research*, Vol. 50, No. 2, 1991, pp. 176 – 211.

[②] Ronald W. Rogers., "A Protection Motivation Theory of Fear Appeals and Attitude Change 1", *Journal of Psychology Interdiplinary & Applied*, Vol. 91, No. 1, 1975, p. 93.

2017）。本书认为，自我效能感是衡量社交媒介使用者对隐私信息感知和控制的关键因素，应该作为测量用户对隐私信息感知和控制的基本前因变量纳入模型中。而风险和信任作为一组经常同时出现的概念，在有关期望理论、风险理论以及计算隐私理论等的研究中多有涉及。在涉及媒介隐私的相关研究中，风险和信任也被证明是两个重要的相关变量（张学波、李铂，2019；Kim & Ferri，2008）。本书结合以上理论模型和研究基础，将这组概念作为前因变量纳入到模型中，意在考察用户对媒介平台及媒介环境的信任是否会影响其对隐私风险的感知和对隐私信息的保护。有研究表明，用户对媒介隐私担忧的水平越高，其隐私保护的水平越高，但同时用户并未因隐私担忧而减少隐私披露，表现出明显的"隐私悖论"（徐敬宏、侯伟鹏、程雪梅、王雪，2018；李兵、展江，2017；Kelly，2016）。本书将隐私担忧作为一个重要变量引入模型，一方面是想进一步证实社交媒体中的隐私悖论现象，同时探究隐私悖论现象的其他表现形式；另一方面是想研究隐私担忧是否会对隐私保护形成中介效应。

本书在借鉴上述理论模型的基础上，通过引入自我效能感、风险感知、信任、隐私担忧与隐私保护等概念，旨在建构一个用户对平台信任、风险感知、隐私保护的态度与行为的综合模型，继而探讨影响用户隐私保护的因素，并进一步丰富对隐私悖论现象的研究。基于上述研究动机与研究目的，本书提出如下四个研究问题：第一，微信用户隐私担忧的影响因素有哪些？第二，用户隐私担忧背后的作用机制是什么？这些因素中的关键变量有哪些？第三，微信隐私保护的现状如何？影响微信隐私保护的关键变量有哪些？其作用机制如何？第四，在微信使用中，隐私担忧是否对用户隐私保护存在中介效应？为解决以上四个研究问题，本书将通过考察大学生用户微信使用的现状，测量其对微信平台的信任、对微信隐私的风险感知和自我效能感水平，以及考察微信用户对隐私担忧和隐私保护的总体情况，以期了解用户对微信隐私的认知、态度以及保护行为之间的关系，进一步探索影响微信隐私担忧和隐私保护的相关因素，检验隐私担忧对隐私保护的中介效应。

二 理论回顾与研究假设

（一）理论回顾

媒介使用一直是传播学研究的重要内容，对媒介使用的定义，不同学者有不同的观点。斯莱特（Slater）从受众的角度出发，将媒介使用定义为"受众接触特定讯息或某种媒体内容的程度"①。学界对于媒介使用的研究多集中在"使用与满足""选择性接触"等经典理论框架下，且根据所研究媒介的侧重点呈现出较大差异。例如，一项对哥伦比亚和西班牙青少年Facebook使用情况的比较研究发现，青少年花费在照片处理和披露方面的时间及精力都远远超出了其他用途，且发生在Facebook上的互动主要通过使用者的自我披露实现。② 而在关于Twitter使用的一项研究中，研究者发现群组之间的互动关系、使用动机、持续使用的意向等都对媒介使用习惯产生影响。③ 从时间序列来看，媒介使用的研究可以分为对传统媒介的研究和对互联网兴起后新兴媒介的研究。多数研究从使用时长、频率、形式或内容等维度来测量媒介使用的研究视角，喻国明等人则基于"时间—空间"的测量范式对天津居民媒介使用的相关情况进行剖析④。

在有关微信使用的研究中，既有以使用时间、使用强度和使用需求与动机为出发点的考察，又有从用户对微信功能的偏好、接触动机等方面进行的研究，也有基于用户对微信主要功能的使用动机和满意度进行的探索。不难看出，对媒介使用的考察与研究者的侧重点、研究媒介的具体特点以及研究者本人的旨趣紧密相关。总的来说，以往研究者对媒介使用的主要关注领域都有其可取之处，本书在尊重以上成果的同时予以取舍。

1. 自我效能感

自我效能感（Self-efficacy）最早由美国心理学家亚伯特·班度拉（Albert Bandura）于1977年提出，指的是个体对自己面对环境中的挑战能否采取适应性行为的知觉或信念（Bandura, 1977），是个体对自己是否有能力完成某一行为所进行的推测与判断。作为一个社会心理学的核心概念，自我效能感被广泛应用到社会学、心理学和教育学等学科领域。自我

---

① Slater M. D., "Operationalizing and analyzing exposure: The foundation of media effects research", *Journalism & Mass Communication Quarterly*, Vol. 81, No. 1, 2004, pp. 168–183.

② Almansa-Martinez A., Fonseca O., Esparcia A. C., "Social networks and young people. Comparative study of Facebook between Colombia and Spain", *Comunicar: Revista Científica de Comunicación y Educación*, Vol. 20, No. 40, 2013, pp. 127–135.

③ Pentina I., Basmanova O. and Zhang L., "A cross-national study of Twitter users' motivations and continuance intentions", *Journal of Marketing Communications*, Vol. 22, No. 1, 2016, pp. 36–55.

④ 喻国明、吴文汐、许子豪、刘佳莹：《中国居民全天候媒介接触图景的三维透析——基于天津居民的"时间—空间"多维研究范式的考察》，《山西大学学报》2012年第3期。

效能感在不同领域和不同情境下具有特定性，个体可能在某一方面具有很高的自信心，而在其他方面则不然，因此对媒介使用效能感的研究往往与研究对象的媒介使用相关。社会认知理论视域下的自我效能感研究多在探讨个体对其活动或特定社会环境的认知和行为偏好。作为一个广泛使用的前因变量，自我效能感在各种场景下个体的行为选择方面具有良好的解释力。而在社交媒体情境下，有关自我效能感的研究主要集中在探讨自我效能感和媒介接受、使用及态度等方面的关系。如，盖·戈兰（Guy Golan）和林俊秀（Joon Soo Lim）的研究表明，政治自我效能感和社交媒体线上活动助推了 ISIS 等极端组织的扩张和极端思想的传播（Golan & Lim，2016），另有 Boahene 等的研究表明，学术自我效能感越高的学生，其利用社交媒体进行创新性和可持续学习的效果越好（Boahene，Fang & Sampong，2019）。具体到社交媒体中的隐私问题，"隐私自我效能感"多用来测量与隐私关注、隐私披露以及隐私保护等相关的概念之间的关系。如，Chen 的研究表明，当以隐私自我效能感作为自变量时，社交媒体中的社会资本会增强隐私自我效能感对自我披露的正向效应（Chen，2018）。

2. 隐私担忧

隐私担忧（Privacy Worry）一般指人们对于隐私泄露可能带来负面影响的忧虑。现有研究对隐私担忧和"隐私关注"存在一定程度的混用。一般来讲，隐私关注（Privacy Concern）指的是人们从主观认知和感知的角度来了解隐私问题的根源，用于测量人们对隐私的理解或感知，往往表示一个比较综合的概念（Kauffman，Yong，Prosch & Steinbart，2011）。而当把这一概念用到对隐私担忧的考察时，往往指代的是比较微观的概念，主要测量个体对隐私泄露、隐私信息被滥用、个人信息被出售等现象的担心和忧虑程度（Chen，Beaudoin，Beaudoin，2017；Kehr et al.，2015）。在当前的社交媒体环境中，隐私担忧已经成为一个越发重要的概念，有必要将其作为一个核心因素予以观照。许多研究表明，隐私认知的水平与隐私担忧的程度及类型密不可分，社交媒体使用者所在的用户群体也对其隐私认知产生影响（Lee，E. S.，Lee，Z. K. & Cha，2016）。

在英文语境中，Privacy Concern 中的 Concern 这一概念通常兼具关心和担忧两层含义，而具体到中文语境中，大部分学者都将其翻译为"隐私关注"（杨姝、王渊、王刊良，2008；申琦，2013；齐昆鹏、李真真，2018），但在具体的测量指标中，中文语境下的表述则是对平台或者个人信息泄露的担忧。在中文语境下,"担忧"的含义要比"关心"的程度更深一些,因此受访者在回答问卷时对该概念的理解也更倾向于一种程度较深的"忧虑",这就导致测量的结果与英文语境下的理解存在偏差。基于此,笔者引入"隐私担忧"概念,在测量时主要涉及"关心"和"担忧"两个方面,即用户对平台隐私保护相关情况的关心以及对隐私泄露和对平台利用个人信息的担心。更为重要的是,笔者认为,如果仅仅考察用户的"隐私关心或关注",其在社交网络使用过程中,一般仍然会存在"隐私悖论",继续披露自己的个人信息。但如果用户真正地对自己的隐私达到了"担忧"或"担心"的程度,则这种隐私悖论可能便不会存在,即用户在社交网络使用过程中会非常谨慎,少披露甚至不披露其个人信息。

3. 风险感知

风险感知(Risk Perceived)指的是由于信息的非法或者不恰当使用,用户的个人信息披露行为可能造成的损失,是用户对不好的结果的一种预期,该理论由哈佛大学的鲍尔(Bauer)于1960年提出。受众的媒介风险感知一般与其接触风险性信息的频次和程度相关,与此同时,媒介的类型、特征等因素的差异也会给其风险感知水平带来影响。社交媒体情境下的风险研究多与信任相联系。如,苏智贤(Tiyeon So)和罗宾·纳比(Robin Nabi)的研究发现,社交媒体环境下,感知社会距离、社会互动、个人关联等对个人风险感知具有负向显著影响(So & Nabi, 2013)。而作为隐私计算理论的一个核心组成部分,风险感知通常与"感知收益"这一概念一起使用,用以衡量个体在做出消费、信息披露等行为时的决策过程。如,李海仁(Haein Lee)等人的研究表明,用户在在线社交网络环境中的信息披露意愿跟其获得的预期收益和所承担的预期风险密切相关(Lee, Park & Kim, 2013)。在微信隐私的研究中,涉及风险感知的主要场景为微信朋友圈、微信支付、其他第三方应用等入口,涉及风险感知的主要主体为微信平台、第三方应用主体以及监管主体。微信账号信息、"摇一摇""扫一扫"等应用场景、朋友圈中的互动信息以及聊天群组中的交互信息等都给用户个人的隐私安全带来潜在风险。在此背景下,考察用户的隐私风险感知水平显得十分必要。

4. 信任

信任是指一方不顾及另一方的能力,基于另一方会履行某种特定的且对己方很重要的行为的期望而接受处于弱势的意愿（Mayer, Davis & Schoorman, 1995）。在在线网络环境中，信任一般与风险作为一组关联概念出现，用以解释用户决策的态度、意愿和行为。心理学、社会学、组织行为学等领域都对信任有较为深入的研究，涉及隐私议题的信任研究一直适用于在线信息交互、电子商务、社交媒体等具体应用场景。如，约翰耐斯·里扬托（Yohanes Riyanto）和乔纳森·杨（Yeo Jonathan）的研究表明，人际关系越亲密的个体，其在社交网络中的信任度和可信度越高（Riyanto & Jonathan, 2018）。舒姆扎克（Szymczak）等的研究也表明，用户对Facebook的总体信任程度在很大程度上可以预测其在Facebook面临危机时的信任程度（Szymczak et al., 2016）。在社交媒体环境下，信任研究多表现为一种对特定媒介比较积极的心理期望，这种心理期望既与社交媒介平台、组织以及用户自身相关，也与个体自身所具备的心理期望水平相关。如，沈粹华和宫贺的研究发现，在微信中，个人网络规模和扩展网络规模与人们社交网络的多样性呈正相关。随着扩展网络规模的扩大，人们对微信联系人的信任会降低（Shen & Gong, 2019）。本书认为，用户在微信中的信任主要可以分为两个方面，一方面是对微信运营商的信任，另一方面是对其隐私保护政策、服务水平等方面的综合评价。本书将就这两方面展开进一步考察。

5. 隐私保护

M.J.库尔兰（Culnan M.J.）和P.K.阿姆斯特朗（Armstrong P.K.）曾在一项基于公平的实证研究中对"隐私保护"的概念作了界定。他们认为，隐私保护指的是人们在隐私可能遭受泄露风险时采取的处理办法（Culnan, Armstrong, 1999）。具体到这一概念的测量，学界关注较多的是约翰·沃茨（Wirtz Jochen）等在一项关于消费者网络隐私关注因果关系的研究中提出的框架。该研究指出，隐私保护可以分为伪造（提供虚假或者不完善的个人信息来掩饰真实身份）、保护（设置密码、提前阅读隐私协议等主动保护）和抑制（拒绝提供个人信息或者终止在线行为）三种类型（Wirtz, Lwin & Williams, 2007），这一定义及测量方式被广泛沿用。当前，隐私保护能力已经成为社交媒体时代网民素养的一个重要组成部分。韩（Han）和艾丽丝（Ellis）的研究发现，用户早期的隐私实践经验影响用户现在和将来的隐私保护行为（Han & Ellis, 2018）。阿尔基（Alkire）和波尔曼（Pohlmann）对Facebook的研究也表明，隐私保护的过程实际上是由个人经验、不确定性以及个体的知识水平共同决定的，而最常见的隐私保护行为包含反思、回避、干预、限制以及控制和约束，这些行为的潜在动机包含成功、安全、社会认可、自我控制等方面的内容（Alkire & Barnett, 2019）。而在社交媒体环境中，用户对隐私的保护往往存在较为普遍的隐私悖论，杨（Young）和权（Quan）对Facebook的研究表明，尽管用户表示自己对隐私问题关注度较高，但在媒介使用过程中仍愿意披露个人信息，这与隐私保护的需求之间存在悖论。其后又有一系列研究都证实了社交媒体用户在隐私关注和隐私披露之间存在悖论（Dienlin & Trepte, 2015; Hallam & Zanella, 2017; Wu, 2019）。本书将在此基础上对微信中的隐私保护和隐私悖论进行考察。值得指出的是，在社交媒体时代，信息分享和隐私保护不可避免地成为了一对矛盾的概念，如何在二者之间寻求平衡点，除了从具体的保护举措出发去考量，更应该在二者相互影响的基础上进一步探究。因此考察影响隐私保护的相关前因变量和中介变量就显得比较重要，本书将就该方面进行重点论述。

（二）研究假设

信任、风险感知以及自我效能感是影响消费者行为的重要因素。一项针对515名大学生的实证研究发现，大学生在社交媒体使用中的隐私自我效能感与其隐私管理设置的有效性具有交互效应，在隐私管理中，具有较高隐私自我效能感的人往往不会影响其隐私披露，并不会降低其面临的潜在隐私风险（Chen, H. T. & Chen, W., 2015）。也有研究发现，隐私自我效能感对隐私保护动机的影响并不显著，当个体的认知程度较低，对其保护行为和保护意图进行评估就会很困难（Youn, 2009）。吴（Wu）等的研究发现，Facebook用户的自我效能感对社会信任有积极影响（Wu et al., 2016）。另外，还有研究证实，隐私自我效能感可以弱化Facebook、Twitter等社交媒体平台中隐私风险警示标志带来的影响（Larose & Rifon, 2007）。基于以上研究，本书提出如下研究假设：H1. 大学生对微信的信任水平和对微信隐私的风险感知水平呈负相关；H2. 大学生在微信使用中的自我效能感和其对微信的信任水平呈正相关；H3. 大学生在微信使用中的自我效能感和其在微信中的风险感知水平呈负相关。

在有关社交媒体隐私与风险感知的研究中，有研究发现表明，风险感知对用户隐私信息的披露具有负向影响（Culnan & Bies, 2010; Dinev & Hart, 2006）。也有研究发现，风险感知的水平越高，用户对隐私感知的水平也就越高,其对隐私政策的关注频率也会相应增多(Dinev,Xu,Smith & Hart,2013)。此外,还有研究表明,用户的信任水平越高,其在社交媒体中对隐私信息的风险感知水平越低,如,Hansen等人的研究发现,感知风险和信任在消费者的决策行为中起着重要作用,感知风险的倾向对行为意图有直接影响。[1] 基于此,本书提出以下研究假设:H4. 大学生在微信中的风险感知水平正向影响其对微信隐私的担忧水平;H5. 大学生在微信使用中的自我效能感负向影响其在微信中的隐私担忧水平。

有研究发现,当用户对对方的信任感较高的时候,其对个人信息安全以及潜在的隐私风险的担忧会比较低(Miltgen & Smith,2015)。用户对于社交网站平台的信任度越高,其在该平台自愿披露个人信息的可能性也就越大(Dinev & Hart,2006)。此外,信任和隐私控制行为之间也存在相关关系,谢文静(Wenjing Xie)的研究发现,在社交网络使用中,青少年对网络平台的信任程度越高,其对个人隐私的控制能力也就越高(Xie & Kang,2015)。另外一些研究还发现,在不同社交媒体环境下,用户的信任水平也有差异。而这一现象与平台的声誉、隐私保护政策以及用户在该平台的好友和互动关系等因素相关(Joinson,Reips,Buchanan & Schofield,2010)。而在杨(Young)和权(Quan)对隐私悖论的研究中,作者指出人们对社会隐私问题具有一定的倾向性,用户对媒介平台等机构的隐私关注度较低,平台收集、聚合和利用用户数据进行广告营销等行为已经成为一种被接受的社会规范。[2] 类似地,阿多尔杨(Adorjan)和理查森(Ricciardelli)对加拿大青少年的研究表明,他们在在线社交网络上持一种开放的心态,认为"没有什么可隐瞒的",因此不认为隐私与他们有关。作者认为这种心态可能与人们比较务实的对社交网络平台技术的可承受性适应相关(Adorjan & Ricciardelli,2019)。基于隐私悖论的逻辑,笔者认为用户对微信平台和媒介环境的信任有可能只是一种习惯性的评价,而高信任度并不意味着用户会有较低的隐私担忧。基于以上研究,本书提出如下研究假设:H6. 大学生对微信的信任水平正向影响其对微信隐私的担忧

---

[1] Hansen J. M., Saridakis G., Benson V., "Risk, trust, and the interaction of perceived ease of use and behavioral control in predicting consumers' use of social media for transactions", *Computers in Human Behavior*, Vol. 80, 2004, pp. 168 – 183.

[2] Young A. L., Quan – Haase A., "Privacy Protection Strategies on Facebook", *Information Communication & Society*, Vol. 16, No. 4, 2013, pp. 479 – 500.

水平。H7. 大学生在微信中的风险感知水平正向影响其在微信中的隐私保护水平；H8. 大学生在微信使用中的自我效能感正向影响其在微信中的隐私保护水平；H9. 大学生对微信的信任水平正向影响其在微信中的隐私保护水平。

在涉及隐私保护的相关文献中，有研究发现，用户对在线数据遭受黑客侵入的担忧程度越高，其采取隐私保护的可能性越大，且所使用隐私保护措施的多样性越丰富（Jon, Jason & Brian, 2017）。此外，一项针对全球330万推特用户的隐私研究也发现，在崇尚集体主义的社会环境中，人们在Twitter上披露隐私的程度较低，且较少地采取隐私保护措施；而在崇尚个人主义的社会环境中，人们在Twitter上披露隐私的程度较高，且采取隐私保护措施的水平也较高（Liang, Shen & Fu, 2017）。还有一项研究通过测量女大学生在两个时间阶段的隐私保护水平，发现其在互联网使用中的隐私保护行为受其所处群体的影响较大（Moreno, Kelleher, Kelleher & Rastogi, 2014）。而莫斯特勒（Mosterller）和波达尔（Poddar）的研究表明，人们对社交媒体网站的隐私担忧对隐私保护行为具有中介作用（Mosteller & Poddar, 2017）。基于以上研究发现，本书提出如下研究假设：H10. 大学生对微信的隐私担忧水平正向影响其在微信中的隐私保护水平；H11. 当隐私感知作为自变量时，隐私担忧对隐私保护具有中介效应。

三　研究方法与假设检验

（一）数据来源

本书采用网络调查的方法，通过"问卷星"平台进行问卷投放与回收。笔者抽取了北京师范大学、北京邮电大学、华中科技大学、暨南大学、四川大学以及兰州大学六所高校为调研对象，分别在本科生、硕士研究生以及博士研究生的微信群中募集受访者。之所以如此选择调研对象主要是基于如下考虑：一是要尽可能兼顾我国东部、中部和西部地区的高校；二是尽可能覆盖本科生、硕士研究生和博士研究生群体；三是本书的主要目的是探究大学生在微信使用中的风险感知、信任、隐私担忧和隐私保护等问题及其相互之间的作用机制，通过微信群招募调研对象有利于提高样本的精准度。问卷调查的时间为2018年3月19日至3月24日，共回收有效问卷680份，剔除作答时间120秒以下的样本后，剩余有效样本651份，样本合格率为95.74%。本书采用SPSS 24.0作为数据分析软件，采用 Amos 24.0 作为结构方程模型分析软件。

(二) 测量指标及出处

为了验证模型中的变量关系，本书在借鉴相关研究的基础上，做了适当修改，并添加了新的测量变量，见表 4-4-1。

表 4-4-1　　　　　　　　　测量指标

构面	题项	出处
自我效能感 （SelEf）	微信的隐私设置允许我完全控制我的个人信息	Schwarzer R. & Aristi B., 1997①
	我对使用微信的隐私设置功能保护自己的能力有信心	
	我相信，我在微信上发布的个人信息只能被我选择与之分享的人看到	
隐私担忧 （PriWo）	我关心我微信中的个人信息会如何被使用	Malhotra N. K. & Agarwal K. J., 2004②
	我担心我在微信中的个人信息可能会被滥用	
	我担心其他人会从朋友圈看到我的隐私信息	
	我担心微信中的个人信息未经我的授权被第三方使用	
风险感知 （RisPe）	我认为向微信提交个人信息具有危险性	Zlatolas N. & Welzer T., 2015③
	我认为微信可能会泄露我的个人信息	
	我认为微信不会恰当地使用我的个人信息	
	我认为微信使用我的个人信息可能导致不可预测的问题	
信任 （Trust）	我相信微信会严格按照其隐私声明保护我的个人信息	Malhotra N. K., Kim S. S. & Agarwal J., 2004
	我相信微信在收集、加工和处理我的个人信息时会考虑我的利益	
	我相信微信会根据隐私声明中的承诺来使用我提供的个人信息	
	我相信微信在使用我的个人信息方面是值得信赖的	

---

① Schwarzer R., Mueller J. and Greenglass E., "Assessment of perceived general self-efficacy on the internet: Data collection in cyberspace", *Anxiety Stress & Coping*, Vol. 12, No. 2, 1999, pp. 145-161.

② Malhotra N. K., Kim S. S. and Agarwal K. J., "Internet Users' Information Privacy Concerns (IUIPC): The Construct, the Scale, and a Causal Model", *Information Systems Research*, Vol. 15, No. 4, 2004, pp. 336-355.

③ Nemec Zlatolas L., Welzer T. and Heriĉko M., et al., "Privacy antecedents for SNS self-disclosure: The case of Facebook", *Computers in Human Behavior*, Vol. 45, No. apr, 2015, pp. 158-167.

续表

构面	题项	出处
隐私保护（PriPr）	微信中显示的不是我的真实名字	申琦，2015①
	我在微信中填写的所在地区信息与实际所在地不相同	
	如果被他人拖入陌生的微信群，我会选择退群或在群里保持沉默	
	需要我在微信中授权给第三方时，我会选择关闭退出	
	通常我会在微信中设置较为复杂的密码（如登录密码、支付密码等）	
	发朋友圈时，我会关闭所在位置功能	
	我的微信朋友圈动态仅部分好友可见	

其中，自我效能感（SelEf）的测量由三个变量共同构成；隐私担忧（PriWo）、风险感知（RisPe）以及信任（Trust）均由四个测量变量构成；隐私保护（PriPr）的测量由"伪造""抑制""保护行为"三个方面构成，具体表现在：一是在注册和提交个人信息时以"伪造"的方式来保护个人信息，二是在微信使用的不同情景中以"抑制"自己行为的方式来保护个人信息，三是在微信支付、朋友圈呈现等情境下采取具体的措施来保护个人信息。三个方面共有七个测量变量，考虑到在利用 Amos 进行结构方程模型建构时，隐私保护这一构面的二阶因子对一阶因子的影响有限，故将"隐私保护"的七个测量变量一并纳入一阶模型处理。量表的所有选项均由从"1＝完全不同意"到"7＝完全同意"的李克特七级量表组成，部分题项在数据处理阶段做反向计分处理。

（三）模型建构

根据以上理论基础和研究假设，本书提出用户微信使用情境下的隐私担忧和隐私保护影响因素模型，见图 4-4-1。

（四）模型检验

1. 人口统计学变量

由基本的人口统计学变量可知，受访样本总数为 651 个，缺失值为 0。

---

① 申琦：《利益、风险与网络信息隐私认知：以上海市大学生为研究对象》，《国际新闻界》2015 年第 7 期。

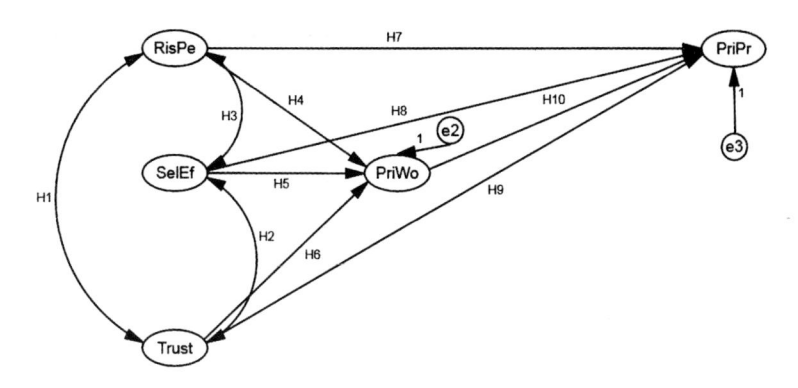

图 4-4-1 研究模型及理论假设

男性受访者占总样本的39.9%，女性受访者占总样本的60.1%，男女比例为4:6，说明性别分布相对比较均衡。22—24 岁区间的受访者人数最多，为258 人，占总样本的39.6%，28—30 岁、31—33 岁以及 34 岁及以上区间的人数占总样本的比例均小于5%，因此涉及该部分的分析做区间合并处理。就学历层次来看，本科学历的受访者人数最多，为 320 人，占总样本的49.2%，其次是硕士研究生学历的受访者，总数为298 人，占总样本的45.8%，博士学历和本科以下学历的人群占总样本的比例均低于5%，因而涉及该部分的分析做区间合并处理。就受访者所属的高校来看，北京师范大学、华中科技大学、暨南大学、四川大学的样本量均为109 人，分别占总样本的16.7%，北京邮电大学的样本量为108 人，占总样本的16.6%，四川大学的样本量为107 人，占总样本的16.4%。整体来看，所选六所高校的受访者分布比较均匀，见表4-4-2。

表 4-4-2　　　　　人口统计学信息描述性统计（N=651）

		频率	百分比（%）	有效百分比（%）	累计百分比（%）
性别	男	260	39.90	39.90	39.90
	女	391	60.10	60.10	100.00
	总计	651	100.00	100.00	
年龄	18 岁及以下	41	6.30	6.30	6.30
	19—21 岁	212	32.60	32.60	38.90

续表

		频率	百分比（%）	有效百分比（%）	累计百分比（%）
年龄	22—24 岁	258	39.60	39.60	78.50
	25—27 岁	101	15.50	15.50	94.00
	28—30 岁	24	3.70	3.70	97.70
	31—33 岁	3	0.50	0.50	98.20
	34 岁及以上	12	1.80	1.80	100.00
	总计	651	100.00	100.00	
学历	大专	10	1.50	1.50	1.50
	本科	320	49.20	49.20	50.70
	硕士研究生	298	45.80	45.80	96.50
	博士研究生	23	3.50	3.50	100.00
	总计	651	100.00	100.00	
学校	北京师范大学	109	16.70	16.70	16.70
	北京邮电大学	108	16.60	16.60	33.30
	华中科技大学	109	16.70	16.70	50.10
	暨南大学	109	16.70	16.70	66.80
	兰州大学	109	16.70	16.70	83.60
	四川大学	107	16.40	16.40	100.00
	总计	651	100.00	100.00	

2. 构面描述性分析

由表 4-4-3 可知，就自我效能感来看，在 1—7 的评价范围内，自我效能感的整体得分为 4.33，说明受访大学生对微信隐私的自我效能感水平中等偏高。具体而言，受访者在"我可以控制谁有权限浏览我的微信朋友圈动态"这一项的得分最高，平均得分达 5.8，说明其在微信使用中对朋友圈规则的熟悉度较高。在选项"微信的'隐私设置'允许我完全控制我的个人信息"中受访者的整体得为 4.79，也处于一个相对较高的水平，说明其对自己在微信中隐私控制的自我评价比较高。就对微信中个人信息的用途来看，其整体得分为 3.28，处于一个中等偏低的水平。具体而言，不知道或完全不清楚自己在微信中的个人信息会被哪些机构使用的受访者占到总数的一半以上。

表4-4-3　　　　　　　　　测量变量描述性统计

变量名称	简称	样本量	最小值	最大值	均值	标准差
自我效能感	SelEf	651	1	7	4.33	1.16
信任	Trust	651	1	7	3.78	1.42
风险感知	RisPe	651	1	7	4.88	1.23
隐私担忧	PriWo	651	1	7	5.41	1.29
隐私保护	PriPr	651	1	7	4.51	0.97

就隐私担忧来看，在1—7的评价范围内，受访者微信隐私担忧的整体得分为5.41，隐私担忧的整体水平较高。具体来看，担心微信中的个人隐私被滥用的整体得分为5.37，表示担心或非常担心的人数占受访者总数的74%；关心微信中个人信息被如何使用的整体得分为5.48；担心朋友圈隐私泄露的整体得分为5.10；担心微信中的信息未经所有者授权被第三方使用的整体得分为5.70。整体看来，大学生对微信隐私的关心程度较高，对微信朋友圈、微信运营商、微信中的第三方不当或非法利用自己个人信息的担忧程度也比较高。

就风险感知来看，在1—7的评价范围内，受访者对微信隐私风险感知的总体得分为4.88，处于中等偏高的水平。具体而言，选项"认为向微信提交个人信息具有危险性"的整体得分为4.92，说明大学生微信用户对微信个人信息的安全性比较担忧。"微信可能会泄露个人信息"这一说法的整体得分为5.16，说明大学生群体普遍认为微信存在泄露个人信息的风险。"微信会不恰当地使用我的个人信息"这一说法的整体得分为4.46，处于一个中等偏高的范围。其中，基本认同或完全认同这一说法的人占到总体人数的四分之一左右。这说明，很多用户对微信使用用户个人信息的恰当性存在疑虑。"微信使用我的个人信息可能导致不可预期的问题"这一说法的整体得分为4.96。其中，基本认同或完全认同该说法的人占总体的比例约为40%。综合而言，大学生对微信隐私的风险感知程度比较高，对微信中个人信息的安全性、用途以及可能带来的潜在影响存在很大的疑虑。

就信任来看，在 1—7 的评价范围内，微信信任的总体得分为 3.78，略高于中位数 3.5，这说明使用者对微信及其个人信息保护的综合评价不高。具体而言，相信微信会严格按照其"隐私声明"来保护个人信息的总体得分为 3.90。其中，基本认同或完全认同该说法的人只占总体的 14%，持中间立场的人约占总体比例的三分之一，明确认同该说法的人数占总体人数的比例不足 8%。认为微信在收集、加工和处理个人信息时会考虑用户利益的总体得分为 3.61。其中，基本认同和完全认同该说法的人数占总人数的 12%，基本不认同或完全不认同这一说法的人数约占总体的四分之一。认为微信会依照其隐私声明的条款来使用用户的个人信息的整体得分为 3.88。其中，基本认同或完全认同该说法的人数约占总体的 14%，将近三分之一的人表示持中立态度。相信微信在使用用户个人信息方面是值得信赖的总体得分为 3.73。综合而言，微信用户对微信及其个人信息利用、隐私政策的信赖程度不高。

就微信隐私保护情况来看，研究结果表明，在 1—7 的评价范围内，"伪造""抑制""保护"三个方面的平均得分为 4.31、5.07 以及 4.16。微信隐私保护的整体得分为 4.51，综合来看，大学生在微信中的个人信息保护水平处于一个中等偏高的水平。就伪造的保护方式来看，微信中显示非真实姓名的总体得分为 5.16，约 70% 的受访者使用非真实的微信名称；就微信中展示的所在地区来看，约 36% 的人展示的所在地区与其真实所在地不一致，一半以上的用户展示的个人所在地区与实际所在地一致，微信中展示的地区标签与实际所在地保持一致的比例相对较高，表明多数人没有利用伪造微信展示信息的方式来保护其个人信息。就抑制的保护方式来看，当被拉入陌生的微信群聊时，选择退出或在群里保持沉默的整体得分为 6.09，约有 87% 的受访者表示认同或比较认同这样的做法；需要在微信中授权给第三方应用时选择放弃使用该应用的整体得分为 4.09，其中认同或比较认同这一做法的受访者占总体的比例约为 40%。抑制保护的现象说明，微信使用者在衡量使用的便捷性和相关行为可能带来的风险时，会做出一定的让渡，牺牲便捷性或当前的利益来换取个人信息的安全。

就具体的隐私保护行为来看，在 1—7 的评价范围内，会在微信中设置比较复杂的密码的整体得分为 4.81，约有六成的受访者认为自己在微信中设置了比较复杂的密码；发朋友圈时会关闭定位功能的整体得分为 4.57，其中一半的受访者表示自己会在发朋友圈时关闭定位功能,约有五分之一的受访者会在发朋友圈时使用定位功能;在朋友圈开启"允许陌生人查看十张照片"功能的整体得分为2.8,选择不开启该功能的总体得分为4.2,其中明确表示自己开启该功能的受访者约占总人数的五分之一;设置"微信朋友圈状态部分好友可见"功能的整体得分为4.47,有56%以上的受访者开启了该功能,约有57.5%的受访者开启"允许好友查看最近半天或最近三天的状态"。

3. 数据信效度检验

通过对前测所收集到的70份样本数据执行项目分析,笔者考察了问卷每个题项的均值、标准差与显著性,发现所有题项的T绝对值均大于1.96,显著性均小于0.05,由此可知,问卷的所有题项在95%置信区间下呈正态分布。本问卷的所有题项均具有显著性,所有题项的信度较好,可以保留。进一步对各个构面执行可靠度分析,见表4-4-4。结果显示,四个构面的克隆巴赫系数大于0.7,一个构面的克隆巴赫系数稍小于0.7,说明部分题项需要微调即可达到信度标准。但考虑到该问卷大部分题项是在成型量表的基础上做了适应性改良,因此其解释度尚可。调整后整个问卷的内部一致性较好。

表4-4-4　　　　　　　　各个构面的克隆巴赫系数

构面名称	简称	克隆巴赫 Alpha	基于标准化项的克隆巴赫 Alpha	项数
信任	Trust	0.95	0.95	4
隐私担忧	PriWo	0.85	0.85	4
风险感知	RisPe	0.86	0.86	4
自我效能感	SelEf	0.58	0.68	4
隐私保护	PriPr	0.50	0.72	3

执行因子分析前,笔者先对整个问卷所设置的自我效能感、隐私担忧、风险感知、信任以及隐私保护几个构面进行KMO和Bartlett球形检验。所得结果如表4-4-5所示,KMO值为0.86,显著性水平为0.000,说明构面之间相关性显著,可以执行因子分析。

表4-4-5　　　　　　　　　　KMO和巴特利特检验

KMO取样适切性量数		0.86
巴特利特球形度检验	近似卡方	7148.77
	自由度	276
	显著性	0.000

由表4-4-6可知，旋转后的主成分矩阵形成七个构面，构面间的独立性和内部相关性均达到要求。其中的伪造（Forge）、抑制（Inhib）以及保护行为（Prote）为隐私保护（PriPr）构面下的三个二级构面，在执行主成分矩阵分析的时候将三个二级构面以均值的方式进行处理。就题项的信效度来看，构面所有题项的P值都小于0.05（Z值大于1.96），所有题项均可保留。从题目信度来看，除隐私保护（PriPr）构面下的部分题项标准化因素负荷量较小外，其余题项均符合要求。就AVE值来看，除了隐私保护构面的值小于0.36，其余构面都符合指标要求。考虑到模型的整体效果以及构面含义上的完整性，以上结果尚在可接受的范围内。

表4-4-6　　　　　　　　　　**因子载荷**

	信任	隐私担忧	风险感知	自我效能感	隐私保护
Trust 4	0.90				
Trust 3	0.90				
Trust 2	0.89				
Trust 1	0.88				
PriWo 2		0.86			
PriWo 1		0.79			
PriWo 4		0.78			
PriWo 3		0.72			
RisPe 4			0.78		
RisPe 3			0.78		
RisPe 2			0.77		
RisPe 1			0.75		
SelEf 2				0.72	
SelEf 1				0.69	
SelEf 3				0.66	

续表

	信任	隐私担忧	风险感知	自我效能感	隐私保护
Forge					0.75
Prote					0.61
Inhib					0.60

注：提取方法：主成分分析法。旋转方法：凯撒正态化最大方差法。a. 旋转在 6 次迭代后已收敛。

4. 模型信效度检验

由表 4-4-7 可以看出，当对所有构面执行完全标准化设定检验后，结果显示构面之间所有的相关性都不为 1，说明各个构面之间具有区别效度。从 CR 值和 AVE 值的结果来看，除隐私保护（PriPr）的组成信度和收敛效度略低外，其余各项都符合要求。考虑到隐私保护构面是由三个部分七个指标组成的一阶模型分析，其相关指标尚在可接受范围以内。

表 4-4-7　　　　　　构面信度与收敛效度分析（CFA）

构面	题项	参数显著性估计				题目信度		组成信度	收敛效度
		Unstd.	S. E.	z-value	P	Std.	SMC	CR	AVE
RisPe 风险感知	RisPe 1	1.00				0.82	0.68	0.86	0.61
	RisPe 2	1.08	0.05	24.05	**	0.87	0.76		
	RisPe 3	0.82	0.05	16.08	**	0.62	0.38		
	RisPe 4	1.03	0.05	21.93	**	0.79	0.63		
SelEf 自我效能感	SelEf 1	1.00				0.47	0.22	0.72	0.47
	SelEf 2	1.56	0.17	9.16	**	0.81	0.660		
	SelEf 3	1.57	0.16	9.82	**	0.72	0.52		
Trust 信任	Trust 1	1.00				0.88	0.77	0.95	0.80
	Trust 2	1.07	0.03	32.57	**	0.89	0.79		
	Trust 3	1.04	0.03	34.20	**	0.91	0.83		
	Trust 4	1.06	0.03	36.30	**	0.93	0.87		
PriWo 隐私担忧	PriWo 1	1.00				0.80	0.64	0.85	0.60
	PriWo 2	1.03	0.05	20.06	**	0.80	0.64		
	PriWo 3	1.01	0.06	17.48	**	0.70	0.49		
	PriWo 4	0.96	0.05	19.14	**	0.76	0.58		

续表

构面	题项	参数显著性估计				题目信度		组成信度	收敛效度
		Unstd.	S.E.	z-value	P	Std.	SMC	CR	AVE
PriPr 隐私保护	Inhib 1	1.00				0.38	0.14	0.54	0.23
	Inhib 2	1.49	0.26	5.75	**	0.46	0.21		
	Prote 1	1.85	0.31	6.04	**	0.59	0.34		
	Prote 2	1.55	0.28	5.62	**	0.43	0.19		
	Prote 3	1.05	0.24	4.34	**	0.27	0.07		
	Forge 1	1.20	0.26	4.58	**	0.29	0.09		
	Forge 2	0.98	0.26	3.83	**	0.23	0.05		

从表4-4-8可以看出,当对所有构面执行完全标准化设定检验后,结果显示构面之间所有的相关性都不为1,说明各个构面之间具有区别效度。由以上分析可知,问卷的内部可信性、结构效度以及区别效度指标均达到要求,可以进行正式模型建构。

表4-4-8 区别效度分析

			corr.	ΔDF	$\Delta CMIN$	P
RisPe	<-->	SelEf	-0.30	1	432.66	0.000
RisPe	<-->	Trust	-0.36	1	1074.58	0.000
RisPe	<-->	PriWo	0.66	1	465.24	0.000
RisPe	<-->	PriPr	0.42	1	159.89	0.000
SelEf	<-->	Trust	0.60	1	238.62	0.000
SelEf	<-->	PriWo	-0.16	1	402.50	0.000
SelEf	<-->	PriPr	0.14	1	213.86	0.000
Trust	<-->	PriWo	-0.14	1	1028.67	0.000
Trust	<-->	PriPr	0.12	1	217.99	0.000
PriWo	<-->	PriPr	0.52	1	126.20	0.000

5. 建构结构方程模型

由表4-4-9可知,本模型的卡方值为475.96,自由度为199,卡方/自由度(Normed Chi-sqr)为2.39,GFI值为0.94,AGFI值为0.92,RMSEA值为0.05,SRMR值为0.05,TLI(NNFI)值为0.95,CFI值为

0.96，IFI 值为 0.96，Hoelter's N（CN）值为 340，以上检验指标均满足模型检验统计量，表明本书的模型拟合可以接受。

表 4-4-9　　　　　　　　　　　**研究模型拟合度指标**

模型拟合度 Model Fit Index	建议标准 Criterion	研究模型拟合度 Model Fit of Research Model	符合 Fit
$ML\chi^2$	smaller is better	475.96	ideal
DF（Degree of freedom）	bigger is better	199	ideal
Normed Chi-sqr（c2/DF）	$1 < \chi^2/DF < 3$	2.39	ideal
GFI	>0.9	0.94	ideal
AGFI	>0.9	0.92	ideal
RMSEA	<0.08	0.05	ideal
SRMR	<0.08	0.05	ideal
TLI（NNFI）	>0.9	0.95	ideal
CFI	>0.9	0.96	ideal
IFI	>0.9	0.96	ideal
Hoelter's N（CN）	>200	340	ideal

由表 4-4-10 可知，信任和风险感知的相关系数为 -0.61，P 值小于 0.001，表明信任与风险感知之间呈负相关关系，H1 成立；自我效能感与信任水平之间的相关性为 1.09，P 值小于 0.001，表明自我效能感与信任之间呈正相关关系，H2 成立；风险感知与自我效能感之间的相关系数为 -0.46，P 值小于 0.001，表明信任水平和风险感知水平呈负相关，H3 成立。

表 4-4-10　　　　　　　　　　**构面间相关性检验**

变量名称			Estimate	S.E.	C.R.	P
RisPe	<--->	SelEf	-0.46	0.08	-5.81	**
RisPe	<--->	Trust	-0.61	0.08	-7.77	**
RisPe	<--->	PriWo	0.90	0.08	11.06	**
RisPe	<--->	PriPr	0.32	0.07	4.84	**
SelEf	<--->	Trust	1.09	0.11	10.12	**

续表

变量名称			Estimate	S.E.	C.R.	P
SelEf	<-->	PriWo	-0.23	0.07	-3.21	0.001
SelEf	<-->	PriPr	0.12	0.05	2.29	0.022
Trust	<-->	PriWo	-0.23	0.07	-3.21	0.001
Trust	<-->	PriPr	0.10	0.05	2.06	0.039
PriWo	<-->	PriPr	0.38	0.07	5.16	**

由结构方程模型结果（见图4-4-2）和模型显著性检定结果（见表4-4-11）可知，当隐私担忧和隐私保护作为因变量时，模型的R^2值分别为0.44和0.37，可知模型的解释力较好。风险感知与隐私担忧之间的标准化系数为0.69，且P值小于0.001，表明微信用户的风险感知水平正向影响其隐私担忧水平，H4成立；自我效能感与隐私担忧之间的标准化系数为-0.03，P值为0.637，表明自我效能感对隐私担忧的影响不显著，H5不成立；信任与隐私担忧之间的标准化系数为0.12，且P值为0.013，小于0.05，表明信任水平正向影响隐私担忧水平，H6成立；风险感知与隐私保护之间的标准化系数为0.28，P值小于0.001，表明风险感知正向影响隐私保护水平，H7成立；自我效能感与隐私保护之间的标准化系数为0.20，P值小于0.001，H8成立；信任与隐私保护之间的标准化系数为0.15，P值为0.032，小于0.05，表明信任正向影响隐私保护水平，H9成立；隐私担忧与隐私保护之间的标准化系数为0.39，P值小于0.001，表明隐私担忧水平正向影响隐私保护水平，H10成立。

表4-4-11　　　　　　　　结构方程模型显著性检定

DV	IV	Unstd.	S.E.	z-value	P	Std.	R^2	Hypothesis	Result
PriWo 隐私担忧	RisPe	0.72	0.05	14.32	**	0.69	0.44	H4	Support
	SelEf	-0.04	0.08	-0.47	0.637	-0.03		H5	Not
	Trust	0.11	0.05	2.48	0.013	0.12		H6	Support
PriPr 隐私保护	PriWo	0.21	0.05	4.08	**	0.39	0.37	H10	Support
	Trust	0.07	0.03	2.15	0.032	0.15		H9	Support
	RisPe	0.15	0.05	3.11	0.002	0.28		H7	Support
	SelEf	0.15	0.06	2.50	0.012	0.20		H8	Support

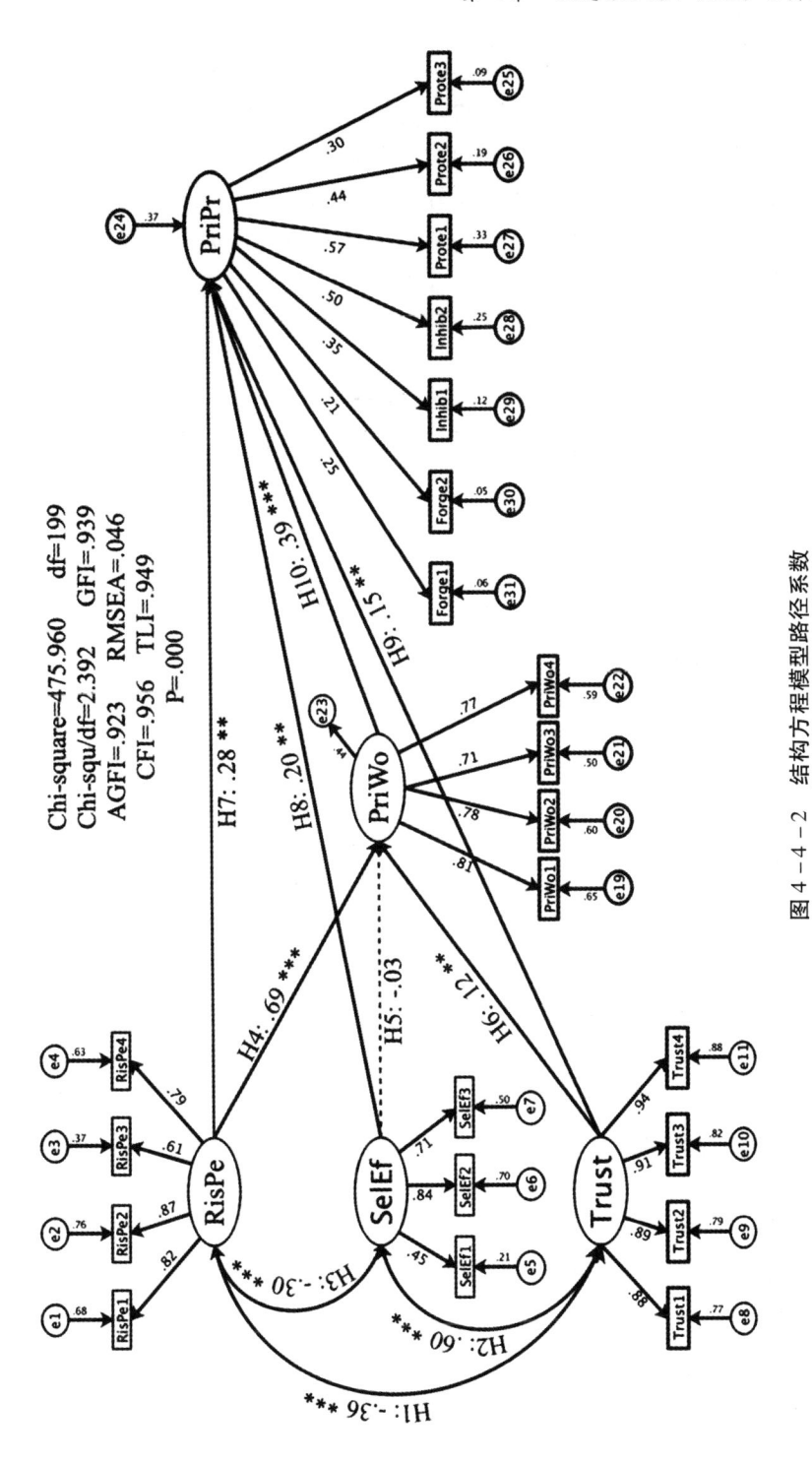

第四章 社交媒体隐私权保护的实证研究

图 4-4-2 结构方程模型路径系数

如表 4-4-12 所示，在 95% 的置信区间下，中介模型的总体效果、直接效果以及间接效果分别为 6.46、4.23 以及 3.08，Z 值均大于 1.96，说明中介模型具有显著性。Bootstrapping 所显示的三个估计区间中的区间值都不包含 0，说明在 95% 置信区间内显著性成立。由此可知，总效果、间接效果以及直接效果同时成立。这表明当隐私感知作为自变量时，隐私担忧对风险感知和隐私保护的中介作用存在，且隐私担忧的中介效果为部分中介效果。综上，H11 成立。

表 4-4-12　　隐私担忧对风险感知和隐私保护的中介作用

变量	点估计值	系数相乘积 product of Coefficients		Bootstrapping			
				Bias-Corrected 95% CI		Percentile 95% CI	
		SE	Z	Lower	Upper	Lower	Upper
Total Effects							
RisPe – PriPr	0.21	0.33	6.46	0.15	0.27	0.17	0.27
Indirect Effects							
RisPe – PriPr	0.09	0.02	4.23	0.05	0.14	0.05	0.14
Direct Effects							
RisPe – PriPr	0.12	0.040	3.08	0.04	0.19	0.04	0.20

注：1,000 bootstrap samples。

四　研究结论与讨论

（一）泛场景化、高使用度背景下隐私披露风险的放大化

微信已经成为大学生日常生活中最为重要的媒介工具之一。从使用场景来看，资讯获取、金融支付、娱乐和游戏以及朋友圈的自我呈现等功能，使得微信逐步成为一个超级平台。从使用的时间和频率来看，大学生群体对微信的日均使用时长已达 4 小时以上，每天使用微信的频率也处于一个比较高的水平。一方面，多维度、多场景的功能带给用户潜在的风险和不确定性；另一方面，用户不断增强的媒介依赖性将这种隐私泄露的风险进一步放大。从本书的研究结果来看，大学生在微信朋友圈中进行自我呈现、点赞和互动的活跃度相对较高，而在朋友圈这种公共场域与私人场域边界比较模糊的地带，传统的隐私管理规则被解构。一方面，朋友圈成

为用户获取资讯的主要来源，广告营销、第三方信息分享等传播形式已成为朋友圈信息传播的常态；另一方面，用户为了获取便利性而让渡自身部分权益的做法越来越普遍。这种让渡主要体现在用户对微信平台以及其他第三方平台的个人信息让渡，平台或第三方拿到用户在微信中的行为数据后进行精准化广告营销、数据挖掘等商业活动。这一过程使得用户个人信息的管理边界越来越模糊，用户、平台以及第三方之间的主体责任也变得难以落实。

研究发现，自我效能感跟隐私风险感知之间存在显著的正相关关系，这表明在微信使用中，用户对隐私的自我效能感越强，其对微信中可能发生的潜在风险的识别和干预的可能性就会越高。自我效能感作为一种比较稳定的心理期望，影响用户对隐私风险的辨别和处置能力。换言之，这一研究发现带给我们的启示是，通过加强对受众媒介素养的培育，提高其对媒介中隐私信息的认知水平和辨别能力。自我效能感较强的用户，往往会更倾向于在社交媒介中设置更为积极的隐私保护措施（Beldad，2016）。用户在多维度、多场景的社交媒介使用过程中，除了提升媒介素养以发现和规避风险，还可以采取具体的抑制隐私披露、提高技术手段等合理的隐私保护措施。

（二）高企的平台声誉与普遍的隐私担忧

作为中国使用人数最多的社交媒体应用，微信在其用户，尤其是年轻用户群体中的知名度和美誉度都比较高。但与此相对应的是，用户对微信平台的信任度和对微信中个人隐私的担忧程度也处于比较高的水平。一方面，用户觉得向微信提交自己的个人信息具有危险性，且担心平台可能会不恰当地使用自己的个人信息；另一方面，用户对第三方应用未经授权使用自己的个人信息以及微信平台对个人信息的具体用途都很关切。

研究结果表明，微信用户的隐私风险感知水平越高，其隐私担忧的程度也越高。虽然微信是一款知名度和美誉度都很高的社交媒体应用，能给用户的生活带来诸多便利，但这并不能降低和削弱用户对其存在潜在隐私风险的担忧。这从反面告诉我们，社交媒体平台应该更加重视用户隐私担忧的问题，积极出台更加具体和有效的隐私保护举措，这样才能降低用户群体普遍的隐私担忧。如前所述，微信已经成为一个超级生态系统，在一个多元主体共同建构而成的关系网络中，在隐私侵权主体增加的同时，隐私保护主体的界限却越来越模糊。就微信自身而言，一方面，微信利用平台的自身优势增强对用户个人信息的开发、共享和商业应用；另一方面，微信又以隐私声明等免责性条款来规避自己应当担负的个人信息保护义务。就其他第三方应用而言，以便利性为诱饵的变相强制同意，使得用户面临不得不将个人信息让渡出去的两难境地。这种权责关系的不明确和规则设定上的纰漏或许正是用户隐私担忧的原因之所在。

隐私担忧的背后，一方面是用户自身传播隐私管理能力不足和新媒体素养不高的表现，另一方面则反映出微信平台隐私保护的不确定性。期望理论认为，个人的行为是理性计算的结果，人们会以使收益最大化的方式采取行动。当用户感受到披露个人信息可能带来较大的风险时，会产生强烈的隐私关注心理，对披露个人信息产生抵触情绪（朱侯、王可、严芷君、吴江，2017）。本书的研究结果表明，用户对微信隐私风险感知的平均水平为4.88分，这一结果处于一个相对较高的水平。因此，用户对感知风险和规避风险的能力相对较高。那么在此背景下，隐私担忧依然较高的原因除平台自身以外，还有可能是用户自身隐私管理能力的欠缺和新媒体素养的不足。从另一个角度来看，在微信中，一般意义上的隐私披露已经逐渐成为一种被默认的媒介社会规范，真正的隐私担忧源于更高层级的披露，这也反映了一种较为普遍的媒介焦虑。因此，隐私担忧的背后也可能与社交媒体生态整体的乱象有关，用户对微信隐私的普遍担忧或是社会隐私焦虑在一定程度上的投射。

（三）高信任水平与高担忧水平、高风险感知与低干预行为：微信使用中的隐私悖论

"隐私悖论"原指个人隐私披露意向与个人实际隐私披露行为的冲突性，表现为尽管用户明确表示担忧其隐私问题，但在社交网络中并不会减少个人信息的披露（Barnes, 2006），这一现象在很多相关研究中得到证实。研究发现，与国外社交媒体的现状相比，我国社交媒体中的隐私悖论表现更为普遍。一方面中国语境下的社交媒体存在天然的"差序格局"，在微信等社交媒体中，圈子化的关系网络更为普遍。人们在各种社会化媒体中都可以通过设置分组来管理自己的社交圈子，当边界管理程度较高时，人们对自己的好友按照远近亲疏关系强度等属性进行区隔，使人置身相对熟悉与安全的信息环境中，这时，隐私关注对自我表露正向影响显著，容易产生隐私悖论的现象（薛可、何佳、余明阳，2017）。本书的研究结果表明，在1—7衡量区间内，大学生群体对微信隐私自我效能感的整

体得分为4.79。这表明，微信用户对自己在微信中隐私保护的信心水平比较高。但与此同时，用户普遍存在比较高的隐私担忧，且在隐私泄露后采取相应措施的积极性不强。另一方面，从日常使用行为来看，用户在朋友圈等渠道披露个人信息和进行自我呈现的水平又比较高。以上种种现象表明，大学生在微信使用中存在明显的隐私悖论。

与此同时，当用户对微信平台的信任度增高时，其隐私担忧也增高。笔者认为这种积极的信任评价并不能缓解用户在整个信息披露过程中的担心和忧虑，就如Hoffmann等的研究发现的那样，社交媒体用户隐私悖论存在的原因可能与用户的"隐私犬儒主义"有关。作为一种认知应对机制，隐私犬儒主义允许用户在存在严重隐私担忧的情况下还能继续合理地使用网络在线服务（Hoffmann，Lutz & Ranzini，2016）。如何解决社交媒体使用过程中的隐私悖论问题？这是一个亟待进一步研究的议题。风险感知作为研究中经常使用的前因变量，其对隐私担忧具有正向的影响。与此同时，本书的研究还表明，隐私担忧正向影响隐私保护，即用户隐私担忧的程度越高，其采取措施来保护隐私信息的可能性就越大。从表面上看，这似乎与高风险感知和高披露行为之间存在一定的矛盾，但仔细研究会发现，用户始终处于一个不断披露个人隐私信息，同时又采取一定举措保护个人隐私信息的进程中，即便在这样的情况下，用户还是存在较高的隐私担忧。一种可能的解释是，用户隐私担忧的来源除了对自身保护措施的不确定，更多的是对社交媒体平台的担忧。这一点可以在今后的研究中通过引入相关变量来做进一步考证。

（四）从风险感知到隐私保护：隐私担忧的中介效应

作为研究和解释用户行为因素的一个重要前因变量，风险感知在互联网尤其是新媒体环境下的重要性越发凸显。具体到隐私议题，有研究发现在互联网环境下，用户的风险感知能力正向影响其网络隐私保护行为（谢刚、李文鹅、崔翀翀，2012）。就社交媒体而言，有研究发现Facebook用户的风险感知水平影响其在使用过程中的隐私保护行为（Saeri et al.，2014）。本书的研究结果表明，微信用户对隐私的风险感知水平正向影响其在微信使用中的隐私保护行为，首次印证了微信空间中风险感知与隐私保护行为之间的关系。

本书在辨析传统隐私理论所涉及的"Privacy Concern"这一概念的基础上，指出在网络空间尤其是社交媒体语境下，对隐私担忧这一概念的解释应当有所延展，笔者提出了 Privacy Worry 这一新的阐释路径，并从关心和担忧两个层面建构了相应的测量指标。这四个指标涵盖用户对个人信息使用方式的关心程度、平台对信息的使用、用户（好友）对信息的使用以及第三方对信息的使用等几个维度。研究结果表明，隐私担忧（Privacy Worry）正向影响隐私保护，换句话说，微信用户隐私担忧的程度越高，其采取隐私保护措施的可能性就越大。

根据本书所建构的中介效应模型，当以风险感知为自变量、以隐私保护为因变量时，隐私担忧对其具有中介效应。中介模型结果显示，风险感知对隐私保护的总效应为 6.46，隐私担忧的中介效应为 4.23，中介效应占总效应的 65.48%。这说明，用户在社交媒体情境下是否采取隐私保护措施，采取何种程度的隐私保护措施，不仅与其自身的风险感知能力有关，还与其对隐私的担忧程度密不可分，且在很大程度上风险感知只有通过隐私担忧的中介效应才能对隐私保护行为产生影响。这一发现是本书的主要创新点。

当社交媒体环境中的各类隐私风险唤起使用者的风险感知后，他们会产生对自身信息安全和隐私的担心与焦虑，继而触发其隐私保护行动。但根据 Kahneman 和 Tversky 提出的前景理论，人在不确定条件下的决策选择，取决于结果与期望的差距而非单单结果本身，每个人面对风险时都会在心里预设一个参考标准，然后衡量每个决定的结果与这一参考标准之间的差距是多大。[①] 具体到媒介使用者对隐私风险的应对上，每个人对风险的判断和预期都各不相同，当风险达到或超过预期阈值时，用户较为强烈的隐私担忧才会被触发，继而采取保护行动。

而本书的另一个重要发现是，用户对平台的高信任水平并不能降低用户的隐私担忧。这说明用户隐私担忧并非仅仅来自社交媒体自身，或许当下整个在线网络环境的不良生态已经给用户造成了某种"寒蝉效应"，用户的担忧并非仅仅是针对单独某一个平台，而是对整个在线网络环境焦虑的投射。这也从一定程度上表明，社交媒体隐私保护不仅仅是用户个人的问题，也非单个媒介平台能够解决，建构起一个良好的行业生态才是重中之重。

当前，社交媒体已成为人们日常生活中不可分割的一部分，各种在线

---

① Kahneman D. and Tversky A., "Prospect theory: An analysis of decision under risk", in Handbook of the fundamentals of financial decision making: Part I, 2013, pp. 99–127.

环境将用户置于"隐私裸奔"的风险之下。本书基于对中国六所高校大学生微信使用情况的调查,剖析了微信用户的隐私担忧和隐私保护的基本现状与内在逻辑,系统考察了微信使用中的自我效能感、信任水平、风险感知、隐私担忧以及隐私保护之间的关系。研究发现,微信用户对平台的信任程度并不低,但与此同时却具有普遍的隐私担忧,而当风险感知作为自变量时,隐私担忧对隐私保护具有中介作用。人们隐私担忧的来源除了与自身的自我效能感、信任以及风险感知能力等因素相关,还受到微信平台、社交网络中的"强关系"和"弱关系"以及宏观的法律和政策监管等因素的影响。就隐私保护来看,除了受到有关用户自身因素的影响,平台自身的声誉以及被信任程度等都会影响用户具体的隐私保护行为。研究还发现,用户普遍的隐私担忧并不仅仅是对平台自身的担心,同时也是社会普遍的隐私焦虑在社交媒体环境中的投射。所以,在微信这一"泛媒介化"的超级社交应用中,隐私保护是一个综合性的系统工程,除了考虑用户自身的因素,还应该综合考虑平台方、监管方等主体及其衍生因素的作用。在当下社交媒体使用面临普遍隐私担忧和存在隐私悖论的双重背景下,隐私风险已经不单单是媒介平台和用户之间的利益博弈问题,更是综合性的社会问题,需要以更加宏观和多元的视角去研究和解决。

本书尚存在一些不足和局限。首先,本书选取的研究对象只聚焦到大学生群体,虽然该群体是我国微信的主流使用人群,但因为大学生在受教育水平、社会阅历等方面的固有特点,很难说明其他社会群体的相关状况,因此在社会人群的代表性方面具有一定局限性。其次,正如本书的研究结论,隐私保护问题是一个综合性的系统问题,涉及社会因素的各个方面,而本书只聚焦到媒介使用者这一主体,未能进一步对微信运营商、相关监管机构等进行进一步的考察。

因此,未来有关社交媒体隐私的研究首先可在扩大样本人群代表性的基础上进一步推进,以期尽可能覆盖到微信使用的各类群体。同时也适当加强对儿童以及老年人等群体的研究,以及对不发达地区人群媒介隐私保护的关照。其次,在相关影响因素的设计上,未来的研究可以考虑纳入对社交媒体运营商、监管方以及其他第三方机构的综合测量,或能产生更多综合性的发现。最后,研究者可以进一步深化对隐私担忧(Privacy Worry)概念的测量和应用,以期发现影响隐私保护的其他中介或调节变量,继而找到更多隐私保护的其他可能路径。

第五章

我国社交媒体隐私权的保护现状与可能进路

第一节 2017—2018 年典型网络隐私（保护）事件分析

一 国内外个人信息隐私（保护）的基本状况

（一）研究背景及方法

本书选取 2017 年 1 月至 2018 年 9 月国内外个人信息隐私（保护）的 40 起典型事件作为分析对象，考察当前我国网络个人信息保护的现状、特点及国内外网络个人信息保护的区别。研究发现，企业违规收集和使用个人信息的情况比较普遍，大规模的数据泄露时有发生，黑客攻击现象比较突出。我国的网络个人信息保护整体上呈现"强监管""弱法律"以及消极的行业自律等特点。总体而言，我国网络个人信息保护以行政监管和事后救济为主，企业未能承担起个人信息保护的主体责任。基于以上发现，本书进一步从国家、社会、企业、个人、家庭、技术等六个层面提出网络个人信息保护的具体措施。

1. 研究背景

随着移动互联网、大数据、云计算、物联网以及人工智能等技术的广泛应用，人类社会的生产和生活方式正在经历巨大的变革与重构。信息科技的发展在带给人们更加便捷的社会生活的同时，也滋生出一系列社会问题。人们在网络空间留下的浏览历史、位置信息、消费记录、社交活动等数据，正被广泛地用以网络数据挖掘、智能信息匹配、定向广告投放以及精准化营销等商业和社会场景之中。在政府、企业和个人等多元主体，公共服务、商业服务以及黑灰产业等复杂领域，跨境数据流通、商业化数据共享以及关切个人生活方方面面的信息交互等多元场景的共同作用下，网络信息隐私暴露的风险急剧放大。不论是发生在谷歌、脸书等互联网巨头的大规模数据泄露事件，还是全球范围内不断增多的网络攻击，都在考问政府的法律和制度、企业的良知和自律以及个人的媒介和信息素养。如何加强对网络个人信息的保护，已经成为世界各国共同关注的焦点议题。

根据布兰蒂斯和沃伦的定义，隐私权是一种"独处的权力"（Right to be let alone）（Warren & Brandeis，1890）。国内也有学者指出，隐私权是自然人享有的对其个人与公共利益无关的个人信息、私人活动和私有领域进行支配的一种人格权（王利明，2005）。从以上两种定义中不难发现，隐私具有相对封闭性，未经许可不容他人私自僭越，而作为一项具体的民事权利，这一概念已在我国存在了很长时间。伴随信息技术的不断发展，特别是互联网的出现，"网络隐私权"这一概念被逐渐确立下来。

简单来说，网络隐私权就是网络环境下的隐私权，是互联网时代的产物，是隐私权在网络意义上的延伸，其关注的焦点是如何保证公民隐私在网络世界不受侵害。一般来说，传统的隐私权应以生活安宁和私人秘密作为其基本内容（王利明，2012），可以细分为个人生活自由权、情报保密权、个人通讯秘密权和个人隐私利用权。在互联网和大数据环境下，网络隐私的范畴可以概括为四个层面：具有可识别性的个人信息、个人活动与私事、个人领域以及其他涉及个人生活安宁与秩序的隐私（刁胜先，2004）。前三个层面依次指的是个人的属性信息，比如身份证号、邮件地址等；个人的日常生活、社会交往、通信等动态的隐私；身体、信件、电脑数据文件、个人信息系统等隐私。从内涵来看，网络隐私权与传统隐私权并无实质区别，仍是围绕传统隐私权的内容来确定范围，只不过更多地体现为虚拟空间的隐私形态。目前来看，社会大众对网络的依赖越来越重，国内外窃取他人隐私信息以满足商业、政治等目的的现象已经屡见不鲜。随着互联网的迅猛发展和广泛普及，中国已经成为全世界数据体量最为庞大、数据类型最为丰富的国家之一，在此背景下，如何维护网络个人信息安全显得尤为重要和迫切。

笔者尝试以现阶段国内外网络隐私领域比较典型的事件和案例为分析

对象，采用实证分析的方法，旨在通过对我国网络个人信息保护的综合分析和横向对比，窥得当下我国网络个人信息保护的现状和面临的问题，并在此基础上提出相应的保护措施及可能进路。

2. 研究方法

本书采用文本分析法，抽样框为互联网中有记录的个人信息隐私（保护）事件，分析对象为 2017 年 1 月 1 日至 2018 年 9 月 30 日发生的影响力较大的典型个人信息隐私（保护）事件。为了便于比较，本书将研究对象进一步分为国内版和国际版，综合选取排名前 20 的中外网络信息隐私事件加以分析。在发现和生成类属的过程中，笔者采用了扎根理论的研究思路，将收集的文本内容按照一定的属性和维度一次进行编码，最终生成本书的分析框架。

（1）样本选择

考虑到网络个人信息研究领域的跨学科特性，为了确保较为全面的检索效果，笔者分别在百度搜索引擎以"资讯"为筛选依据，以"个人信息""隐私""个人数据"为关键词；在谷歌搜索引擎以"新闻"为筛选依据，以"personal information""personal data""privacy"为关键词进行检索，结合"北大法宝""北大法意网""裁判文书网""HeinOnline 法律数据库"和"Lexis Advance"等法律和判例数据库中有关个人信息隐私的法律法规、司法解释以及裁判文书，综合选取重要事件和典型案例作为分析对象。经初步研究发现，腾讯研究院发布的"2017 个人信息隐私保护十大事件（国内版）"和"2017 个人信息隐私保护十大事件（国际版）"[①]与研究团队初选的典型案例高度重合，由于其信度和权威性较高，因此将其作为分析对象的来源之一。

根据检索结果，笔者分别选取时间在 2017 年 1 月 1 日至 2018 年 9 月 30 日期间的个人信息隐私（保护）事件作为备选。根据事件的重要性、典型性以及时间分布等特征，分别对国内和国际事件进行排名，最后经对比验证和专家评估的方法得出排名前 20 的国内和国际个人信息隐私（保护）事件列表（见表 5 - 1 - 1 和表 5 - 1 - 2）。

---

① 数据来自腾讯研究院发布的"2017 个人信息隐私保护十大事件（国际版）"，2018 年 1 月 1 日，http：//www.tisi.org/4992，2019 年 3 月 11 日。

表 5-1-1　　　国内个人信息隐私（保护）典型事件

序号	时间	事件内容
1	2017年1月	《未成年人网络保护条例（送审稿）》向社会征求意见
2	2017年1月	中国多家互联网巨头10亿条数据被抛售
3	2017年3月	个人信息保护写入《民法总则》
4	2017年3月	超50亿条公民信息被窃取贩卖案告破
5	2017年6月	两大个人信息保护新规于6月1日正式施行
6	2017年6月	顺丰菜鸟引发物流数据之争
7	2017年6月	《中华人民共和国网络安全法》正式实施
8	2017年7月	《电子商务生态安全白皮书》显示49%的数据泄露系内鬼所致
9	2017年8月	信安标委发布《个人信息去标识化指南》征求意见稿
10	2017年9月	网络安全宣传周在沪开幕，隐私条款评审结果公布
11	2017年9月	公安部使用eID保障公民个人信息安全
12	2017年10月	个人信息买卖已形成产业链
13	2017年12月	水滴直播因隐私问题被关闭
14	2018年1月	支付宝因年度账单事件被国家网信办约谈
15	2018年1月	工信部就个人信息保护约谈百度、支付宝、今日头条
16	2018年1月	《信息安全技术与个人信息安全规范》全文发布
17	2018年3月	李彦宏"中国用户愿意用隐私换效率"的说法引发巨大争议
18	2018年8月	圆通10亿条快递数据信息泄露
19	2018年8月	华住集团酒店开房信息泄露，涉及1.3亿住户
20	2018年9月	《个人信息保护法》列入十三届全国人大常委会5年立法规划

表 5-1-2　　　国际个人信息隐私（保护）典型事件

序号	时间	事件内容
1	2017年1月、5月	Facebook面部识别侵犯隐私，因数据收集违规遭多国罚款
2	2017年1月、6月	甲骨文投诉Google隐私政策，Google在韩违反数据保护规则遭起诉
3	2017年2月	美国众议院投票批准《电子邮件隐私法》（*Email Privacy Act*）
4	2017年2月	Genesis Toys公司生产的"Cayla"玩具娃娃 因涉嫌泄露儿童隐私被欧洲多国禁止
5	2017年4月	Twitter、Instagram等因共享用户信息赔偿530万美元
6	2017年6月	美医疗保险公司Anthem Inc支付数据泄露和解费用达1.15亿美元

续表

序号	时间	事件内容
7	2017年5月	日本《个人信息保护法（修订版）》正式生效
8	2017年9月	美国信用机构Equifax泄露1.43亿用户数据
9	2017年10月	雅虎30亿用户信息泄露
10	2017年11月	美英多国就数据泄露调查Uber
11	2017年11月	澳大利亚发布数字化身份框架草案征求意见
12	2017年11月	印度国家身份认证系统Aadhaar数据库泄露，超11亿公民身份识别信息流出
13	2017年12月	欧盟更新电子隐私条例草案
14	2018年3月	剑桥分析使用Facebook 5000万用户数据事件被爆出
15	2018年4月	YouTube被指控违法收集儿童个人数据
16	2018年5月	欧盟《通用数据保护条例》正式实施
17	2018年6月	美国加州通过《2018加州消费者隐私法案》
18	2018年6月	北美票务网站Ticketfly受黑客攻击泄露数据超过2700万条
19	2018年7月	欧盟因合规问题对谷歌开出50亿美元罚单
20	2018年7月	巴西参议院通过《巴西一般数据保护法》

（2）编码过程

整个编码过程主要分为三个阶段，分别由两位研究人员独立完成，编码结果经两组研究团队对比、去重和讨论后确定。第一阶段确定事件主体和一级编码的类属，第二阶段确定二级编码的类属，第三阶段确定三级编码的类属。最后得出的三级编码类属分别为：

①国内版（见表5-1-3）

隐私泄露；个人信息非法流通；平台保护意识不强；技术保护措施；立法规制；监管和法律救济。

②国际版（见表5-1-4）

隐私泄露；隐私侵权；立法规制；法律救济。

（二）国内外个人信息隐私（保护）的基本状况

1. 国内外个人信息隐私（保护）事件的基本类型

互联网时代，人们的生活越来越多地从现实世界转移到虚拟空间，各种虚拟网络通信技术已经渗透到人们生活的方方面面，这给个人信息保护

第五章 我国社交媒体隐私权的保护现状与可能进路

表 5-1-3　国内个人信息隐私（保护）事件编码

三级编码	二级编码	一级编码	事件主体	具体内容
隐私泄露	互联网平台隐私泄露	互联网巨头泄露用户信息	互联网巨头	中国多家互联网巨头 10 亿条数据被抛售
		平台内部员工泄露用户信息	电子商务	《电子商务生态安全白皮书》显示 49% 的数据泄露系内鬼所致
		直播平台泄露用户隐私	直播应用	水滴直播因隐私问题被关闭
	传统行业隐私泄露	酒店平台数据泄露	酒店开房信息	华住集团酒店开房信息泄露，涉及 1.3 亿住户
		物流平台泄露用户信息	快递行业	圆通 10 亿条快递数据信息泄露
个人信息非法流通	网络黑产贩卖个人信息	个人信息非法买卖	个人信息买卖	个人信息买卖已形成产业链
			个人信息买卖	超 50 亿公民信息被窃贩卖案告破
平台保护意识不强	企业隐私保护意识不强		百度 CEO	李彦宏 "中国用户隐私换效率" 之说引发争议
	物流平台争夺用户个人信息	争夺数据权属	物流数据	顺丰菜鸟引发物流数据之争
技术保护措施	个人信息保护技术手段取得进展		公安部	公安部使用 eID 保障公民个人信息安全
立法规制	个人信息保护相关法律法规立法取得进展		未成年人	《未成年人网络保护条例（送审稿）》向社会征求意见
			法律法规	个人信息保护写入《民法总则》
			法律法规	两大个人信息保护新规于 6 月 1 日正式施行
			法律法规	信安标委发布《个人信息去标识化指南》征求意见稿
			法律法规	《中华人民共和国网络安全法》正式实施
			法律法规	《信息安全技术与个人信息安全规范》全文发布
			法律法规	《个人信息保护法》列入十三届全国人大常委会 5 年立法规划

· 257 ·

续表

三级编码	二级编码	一级编码	事件主体	具体内容
监管和法律救济	监管机构评估平台合规情况	互联网平台合规评估取得进展	隐私条款	网络安全宣传周在沪开幕，隐私条款评审结果公布
	监管机构督促平台合规整改	监管机构约谈网络平台	国家网信办	支付宝因年度账单事件被国家网信办约谈
			工信部	工信部就个人信息保护约谈百度、支付宝、今日头条

表5-1-4 国际个人信息隐私（保护）事件编码

三级编码	二级编码	一级编码	事件主体	具体内容
隐私泄露	网络平台泄露用户隐私	社交媒体平台数据泄露	社交媒体	剑桥分析使用Facebook 5000万用户数据事件被爆出
		互联网巨头用户信息泄露	搜索引擎	雅虎30亿用户信息遭泄露
		打车平台用户信息泄露	打车应用	美英多国就数据泄露问题调查Uber
		票务网站用户信息泄露	票务网站	北美票务网站Ticketfly受黑客攻击泄露数据超过2700万条
	政府或事业性机构泄露公民隐私	医疗保险公司信息泄露	医疗公司	美医疗保险公司Anthem Inc支付数据泄露和解费用1.15亿美元
		信用机构用户信息泄露	信用机构	美国信用保险公司Equifax泄露1.43亿用户数据
		政府机构泄露公民隐私	印度	印度国家身份认证系统Aadhaar数据库泄露，超11亿公民身份识别信息流出
隐私侵权	网络平台违规收集用户隐私	社交媒体平台侵犯用户隐私	社交媒体	Facebook面部识别侵犯隐私；Facebook因数据收集违规遭多国罚款
			社交媒体	Twitter、Instagram等共享用户信息赔530万美元
		玩具平台收集和泄露儿童隐私	玩具公司	Genesis Toys公司生产的"Cayla"玩具娃娃因涉嫌泄露儿童隐私被欧洲多国禁止
		视频网站非法收集儿童隐私	视频网站	YouTube被指控违法收集儿童个人数据

第五章 我国社交媒体隐私权的保护现状与可能进路

续表

三级编码	二级编码	一级编码	事件主体	具体内容
立法规制	个人信息保护立法取得进展	个人信息保护相关法律法规取得进展	美国众议院	美国众议院投票批准《电子邮件隐私法》（Email Privacy Act）
			澳大利亚	澳大利亚发布数字化身份框架草案以征求意见
			欧盟	欧盟更新电子隐私条例草案
			日本	日本《个人信息保护法（修订版）》正式生效
			美国加利福尼亚州	美国加州通过《2018加州消费者隐私法案》
			巴西	巴西参议院通过《巴西一般数据保护法》
			欧盟	欧盟《通用数据保护条例》正式实施
法律救济	网络平台因合规问题被处罚或整改	互联网巨头因合规问题被处罚	互联网巨头	甲骨文投诉Google隐私政策；Google在韩违反数据保护遭起诉
			互联网巨头	欧盟因合规问题对谷歌开出50亿美元罚单

· 259 ·

带来了一系列新的挑战。作为隐私保护的新领域，网络个人信息因其蕴含的巨大价值而备受关注。综观近两年的全球个人信息隐私（保护）事件，笔者发现，就事件的主要类型来看，大致包括企业违规收集和使用用户个人信息、大规模的数据泄露、黑客攻击以及法律规制四个方面。

（1）企业违规收集和使用用户个人信息

就企业违规收集和使用用户个人信息而言，一方面，企业信息收集的范围进一步扩大，不仅涉及身份证号、电话号码、家庭住址等传统的个人身份信息，还包括人脸特征、指纹特征等生物识别信息，不仅涉及搜索引擎、网络购物等生活消费信息，还包括运动轨迹、行为偏好等私密信息。另一方面，未经用户授权许可的商业数据挖掘、定向广告投放、精准营销等行为较为普遍，第三方数据共享、企业间数据交易等过程中的侵权行为也经常发生。

（2）大规模的数据泄露

就大规模的数据泄露而言，数据泄露的主体呈现多元化的特点、数据泄露的途径主要集中于存储环节。首先，个人信息泄露的主体不仅包括政府和公共服务部门，还包括以社交媒体巨头和搜索引擎服务商为代表的大型互联企业，不仅涉及物流、票务、医疗、酒店等传统网络行业，还涉及金融、网络视频、网约车等新兴互联网企业。其次，就数据泄露的源头来看，既有存储环节的数据泄露，又有流通环节的数据泄露，还有第三方共享环节的数据泄露。

（3）黑客攻击

就黑客攻击来看，全球范围内的黑客攻击和个人信息盗取事件不断增多，个人信息交易已经形成了比较完善的黑色产业链。

（4）法律规制

就法律规制来看，全球范围内的个人信息隐私保护法律法规不断出台，且对个人信息的界定范畴和保护举措呈现进一步收紧的态势。欧盟《通用数据保护条例》（*General Data Protection Regulation*）的出台和正式实施引发了全球范围的连锁效应，世界主要国家和地区纷纷出台各自的个人信息保护法律法规，全球范围的互联网企业正在进行新一轮的合规调整。

2. 国内个人信息隐私（保护）事件分析

随着我国"数字中国"战略、"网络强国"战略等一系顶层设计的落地和实施，互联网、大数据和人工智能与我国社会经济的深度融合取得长足发展。与此同时，随着互联网数据体量的不断增长、网络信息介入人们生活的场景不断增多以及全球范围内数据流通的持续加速，我国正面临严峻的个人信息保护挑战。

从近两年我国个人信息隐私（保护）的典型事件来看，我国个人信息保护呈现两条主线：一是以互联网信息服务提供商为代表的企业，在个人信息收集、存储和使用环节暴露出越来越多的非法、违规侵害公民个人信息隐私权益的行为；二是以我国立法、司法和检察机关为代表的国家层面的法律和监管举措不断深化和加强。

这些事件的类型大致可以分为五个主题：平台隐私泄露、企业保护意识不强、个人信息非法流通、平台技术保护措施取得进展、立法规制监管和法律救济手段进一步丰富。其中，泄露用户隐私的平台仍以互联网企业为主，也包含物流行业和酒店行业等传统企业平台；个人信息非法流通主要表现为大规模的个人信息黑市交易；平台保护意识不强不仅体现在企业领导人保护用户隐私的思维观念滞后，还体现在企业自身的技术能力不足、防范攻击能力偏弱、企业内鬼泄露用户信息等方面；技术进步在放大隐私泄露风险的同时，也强化了企业和安全部门抵御风险的能力；就监管方面来看，国家网信办和工信部等机构在督促互联网企业合规合法转型方面发挥了重要作用。就立法进程来看，随着《民法典》《个人信息保护法》以及《网络安全法》的出台和施行，我国个人信息保护和利用的法律体系已逐步建立。

通过分析近两年的国内典型个人信息隐私（保护）事件，不难发现，当前我国个人信息隐私保护所面临的环境比较复杂。第一，企业保护个人信息隐私的传统较差，在商业利益驱动下，个人信息在数据流通的各个环节都面临被侵害的风险。第二，企业之间尚未形成良好的数据保护机制、数据共享原则以及行业自律共识，大部分互联网企业在保护个人信息隐私方面态度消极。第三，我国的个人信息保护仍以事后救济为主，且多为约谈、警告等处罚力度较轻的行政监管行为，法律层面的个人信息保护虽在持续推进但仍存在个人信息和隐私之间的模糊地带。

3. 国外个人信息隐私（保护）事件分析

国外个人信息隐私（保护）典型事件主要呈现为三个方面，一是社交媒体和生活服务类企业的大规模信息泄露事件不断爆发，二是欧美政府对个人信息隐私保护的不断加强和对违规主体的惩罚更加严格，三是欧盟

《通用数据保护条例》的出台和实施进一步波及全球，引发全球范围内新一轮的个人信息保护立法和合规浪潮。

这些事件大致可以分为四类，分别是：隐私泄露、隐私侵权、立法规制以及法律救济。其中隐私泄露主体不仅包括以社交媒体为代表的互联网巨头，也包括传统的票务、医疗等行业，甚至包括国家机关、信用机构等政府和事业性部门；从行业来看，隐私侵权的主体涵盖互联网尤其是社交媒体平台、视频网站以及出行平台，还包括家居场景和玩具制造商等平台；从侵权对象来看，未成年人个人信息成为不法侵害多发的新领域；就立法规制情况来看，随着欧盟《通用数据保护条例》的正式实施，世界各国和各大行业都受到了广泛影响。北美和亚太各国相继推出或修订相关法律法规，大多数国家出台了专门的《个人信息保护法》；就监管和救济措施来看，全球范围内的企业开始主动修改和变更隐私条款以适应监管和合规要求，互联网服务提供商遭到巨额罚款的案例越来越多。

综观国外个人信息隐私（保护）事件的典型案例，不难发现，一方面，国际互联网巨头隐私泄露的波及范围十分广泛，同样地，其受到世界各国监管机构的制约也相对较多，国际互联网企业所面临的隐私风险主要来自数据保护不当和黑客攻击。另一方面，欧洲和美国对个人信息隐私的保护主要为严厉的法律威慑，在个人信息保护方面具有较为完善的法律保障和积极的企业自律保障。

4. 国内外个人信息隐私（保护）事件的差异分析

基于对国内外典型个人信息隐私（保护）事件的分析，可以发现二者之间既有共性也有差异。就相同之处来看，首先，大规模的个人信息泄露和黑客攻击在全球范围内都比较普遍，其中尤以社交媒体巨头为代表的互联网企业最为突出。其次，传统行业应对互联网时代个人信息保护的能力和举措不够完善，主要表现为票务网站、医疗机构、物流、酒店服务等行业的数据泄露问题。最后，全球范围的个人信息隐私保护已经成为共识，世界主要国家和地区都在立法层面不断加强对公民个人信息隐私的保护力度。就国内外的主要差异来看，主要表现为如下特点：

第一，在法律保护层面，相较于国内，欧洲和美国的法律保护措施比较健全，处罚措施比较严厉，企业违规的成本较高。而国内的个人信息隐私保护主要以事后救济为主，相关法律机制尚不健全，企业违规的成本较低。

以欧盟为例，得益于其对个人隐私权保护的良好传统，在全球数字化进一步发展的背景下，欧盟相继推出并开始实施以《通用数据保护条例》为代表的个人信息保护法律体系，并建立起与之相适配的专门保护机构，设立欧洲信息保护委员会（European Data Protection Board）负责个人信息保护的协调、管理和执法工作，并创造性地实施"风险等级差异化管理办法"，根据对信息控制者、处理者的权责关系的评估，将个人信息处理活动的风险划分为较高风险、一般风险和较低风险三类，针对不同的风险等级进行差异化应对。欧盟在对个人信息范围的界定、用户对个人信息的"知情同意"许可、"被遗忘权"的确立等方面均走在世界前列。在《通用数据保护条例》的框架下，脸书、谷歌、亚马逊等互联网公司均因违反个人信息保护规定遭到调查和巨额罚款。全球各大互联网企业一度出现修改"隐私声明"、设立企业首席"隐私官"或专门合规部门的浪潮。

第二，就企业层面的个人信息隐私保护而言，相较于国外主要互联网企业，我国互联网企业的行业自律意识不强、保护个人信息隐私的动力不足、相关规则机制尚不健全。

具体来看，首先，近两年发生的典型个人信息隐私（保护）事件中，有多起事件都跟企业违规收集用户个人信息、争夺数据权属、数据保护不力等原因相关。其次，虽然我国《个人信息保护法》对个人信息的处理和利用作了详细规定，但由于《民法典》中对隐私和个人信息的定义存在交叉，导致隐私权中的部分内容面临无法可依的困境。最后，相较于国外主要互联网公司成熟的个人信息隐私保护规则和机制，我国互联网企业在此方面尚处于起步阶段。

第三，相比于国外对个人信息保护的法律规制和行业自律的双管齐下，我国的个人信息保护呈现"强监管""弱法律"以及消极的行业自律等特点。

以近两年的典型个人信息隐私（保护）事件为例，我国的个人信息保护多为事后救济模式，对大多数企业的个人信息隐私违法违规行为的处罚，主要表现为网信办、工信部和公安部等机构对相关企业进行约谈、通告并"责令整改"等，民事处罚依据和刑事处罚依据明显不足。此外，相比于国外对儿童个人隐私的重视程度，我国对儿童个人信息隐私的保护尚不成熟，但值得注意的是，相关立法工作正在积极推进之中。

二 我国个人信息隐私保护的现状和特点

（一）我国个人信息隐私保护的法律机制初步建立，司法实践刚刚起步

首先，在《民法典》和《个人信息保护法》相继实施后，我国个人信息保护的法律基础初步建立，但仍有待完善。在我国现有的法律体系中，《民法典》对个人信息的保护作出了规定，个人信息被当作一项人格权益编入人格权编第六章，其第一千零三十四条规定："自然人的个人信息受法律保护"，第一千零三十五条规定："处理个人信息的，应当遵循合法、正当、必要原则，不得过度处理，并符合下列条件：（一）征得该自然人或其监护人同意，但是法律、行政法规另有规定的除外；（二）公开处理信息的规则；（三）明示处理信息的目的、方式和范围；（四）不违反法律、行政法规的规定和双方的约定。"《个人信息保护法》则从个人信息的范围、主体的权利、处理者的义务及责任分配、主管部门的责任等方面全面建构了个人信息保护的基本框架。《刑法修正案（九）》进一步扩大了犯罪主体的范围并对侵犯个人行为的范围进行了扩充。《侵权责任法》则从传统民事权利的角度，明确了隐私权的民事权利属性。《消费者权益保护法》第十四条也规定，消费者在购买、使用和接受服务时，享有个人信息依法得到保护的权利。此外，《网络安全法》对网络运营商的个人信息保护义务和责任作出了更为具体的规定，涉及对个人信息的收集、使用、保护和侵害个人信息的处罚措施等方面。以上这些法律法规奠定了我国个人信息保护的法律基础。

其次，虽然我国多部法律都有涉及对公民个人信息隐私保护的规定，但由于缺乏统一的执行标准，在执行过程中往往存在违法行为界定难、司法和执法存在较大争议、重刑事干预而轻民事处理等现象。仅在2016年1月至2018年9月，中国检察机关起诉侵犯公民个人信息犯罪案件多达3719件。笔者以"个人信息""隐私"为关键词，在中国法律裁判文书网进行检索，相关案件共有682件，其中刑事案件673件，占全部案件的98.68%。① 这从侧面说明了我国的个人信息保护在司法实践中存在重视刑事救济，轻视民事救济的特点。

---

① 检索时间为2018年11月22日，检索于http://wenshu.court.gov.cn。

（二）移动互联网平台成为个人信息泄露的重灾区

在移动互联网迅猛发展的同时，手机软件越界获取个人信息的现象十分普遍，很多隐私泄露、网络欺诈事件都发生在移动端。手机软件是绝大多数人几乎每天都会高频使用的产品，在使用过程中，用户往往需要给软件开放各项权限，这无形中放大了移动端用户隐私泄露的风险。腾讯社会研究中心与DCCI互联网数据中心联合发布的《2017年度网络隐私安全及网络欺诈行为分析报告》显示，2017年下半年，被选取进行研究的852个安卓手机App中，有98.5%都在获取用户隐私权限（孙奇茹，2018）。中国消费者协会2018年8月发布的《App信息泄露情况调查报告》显示，我国个人信息泄露总体情况比较严重，遇到过个人信息泄露情况的人数占比为85.2%。[①] 移动网络隐私的泄露方式主要有手机软件非法获取、网络运营商跨平台关联认证造成的泄露、黑客盗取数据、用户自我披露导致的信息泄露等。随着短视频、直播等社交平台的兴起，影音娱乐和社交类的网络平台势必也将成为越界获取用户隐私权限的一个重灾区。2017年4月，美国社交媒体平台Instagram、Foursquare、Yelp、Twitter和Path因共享用户个人信息而被索赔530万美元；同年12月，水滴直播因隐私问题被永久关闭。2018年9月，国内多家短视频企业被封停、约谈或责令整改。这都说明了移动网络平台在个人信息隐私保护方面的乏力。一言概之，对社交平台用户个人信息隐私的保护应成为网络隐私保护的一个重要方面。

（三）大数据时代的个人信息交易黑色产业链业已形成

大数据时代，企业对广告、金融、医疗、出行、生活消费等场景的数据积累已经成为其生存和发展的核心竞争要素之一，在此背景下，个人信息的价值正在不断凸显。无论是对个人、企业还是政府来说，个人信息都是极其珍贵的数字宝藏，广泛的信息收集、大规模的数据存储、精确的数据挖掘和处理以及海量的数据共享和数据流通，都给信息泄露创造了天然的条件。除此之外，私人领域与公共领域之间的界限开始变得模糊，个人信息的收集、挖掘和利用不再由政府或少数机构垄断，个体、企业和组织等都纷纷参与进来，这使得控制和监管变得十分困难，导致了种种隐私危机的出现（徐明，2017）。在我国，个人信息买卖已形成相当成熟的黑色

[①] 中国消费者协会：《App个人信息泄露情况调查报告》，2018年11月8日，http://www.cca.org.cn/jmxf/detail/28180.html，2019年1月13日。

产业链，人们在网络中面临"隐私裸奔"的风险。侵犯公民个人信息犯罪也已经变得"产业化"，黑客和"内鬼"成为公民个人信息泄露的最主要源头（丁国锋、苏宫新，2017）。个人和企业向大数据公司购买所谓的"数据产品"，都是对公民个人信息隐私的侵害。大数据公司通过爬虫技术对移动通信运营商、电商网站和社交媒体上的行为轨迹等数据进行收集，被窃取的个人信息最终被用于政治、营销、决策等场景中。国内外个人信息的黑色产业链正在侵害个体的合法权益、企业的商业利益、社会的正常秩序乃至国家的国防安全。

第二节 社交媒体"隐私声明"保护的提升路径

在社交媒体时代，各种强弱社交关系的连接使得社交媒体用户能够前所未有地紧密联系在一起。在社交媒体平台上，用户之间可以通过地理位置、兴趣爱好、公共事件、娱乐游戏等多种因素连接在一起，再加上社交媒体移动支付、购物娱乐、搜索、直播等各种功能的日益完善，社交媒体正在日益发展成为一个"连接一切"的全媒体全生态平台，形成了自己独特的传播生态。虽然社交平台的发展，为用户带来了巨大的便利，例如个性化的衣食住行、便捷化的即时通信以及提升了的话语权等，但不可否认的是，社交媒体天然的开放性、社交性以及全媒体全生态的属性，也让社交媒体正在成为"隐私泄露"的重灾区。大量的自我信息披露、与他人的共同隐私信息披露、"不明身份"的第三方应用软件、记录用户网络行为信息的 Cookie 都在对个人的隐私安全产生巨大的威胁。这不仅为用户带来人身和财产安全隐患，也为社交媒体平台的持续发展带来不利影响。有研究表明，社交媒体隐私安全问题已经成为引发用户"社交懈怠"的重要因素。因此，加强社交媒体上用户信息保护已经成为全球的共识。需要注意的是，对社交媒体上个人信息的保护需要"适度"，即在不危害用户隐私安全的前提下，开放一定的数据，为社交媒体发展和服务提供数据信息支撑。这不仅需要国家政府部门解决立法方面的问题，还需要社交平台发挥自己的优势，在隐私政策的制定上升级换代，更好地满足用户的知情权、信息控制权。同时，也要引导用户积极主动地阅读隐私声明，主动地掌控和保护个人信息。

一 完善立法保护，制定行业统一标准

我国社交媒体隐私政策中"法律保护"的不足，原因之一是相关政策法规尚不健全。同时，在对中国和美国社交媒体隐私声明差异的探讨中，也发现我国目前个人信息保护模式并不完善。当前，我国《民法典》和《个人信息保护法》对隐私和个人信息的界分及权益保护存在交叉和重叠之处，涉及个人敏感信息的很多内容在司法实践中无法有效落地和执行，人格权益保护和个人信息开发利益之间的冲突仍未得到有效解决。因而我国要在现有法律政策的基础上，探讨个人信息保护的合理路径，完善个人信息保护立法，使个人信息保护领域"有法可依"。

在具体的立法内容层面，"被遗忘权""数据携带权""数据跨境流通"等重要概念应当被纳入考量范围。欧盟最新的《通用数据保护条例》对"被遗忘权""数据携带权"等概念进行了明确规定。但在当前我国的法律实践中，并没有"被遗忘权"的概念，但对用户的"删除权"有相关的规定。针对"被遗忘权"的争议，学者丁晓东在对"被遗忘权"的争议进行分析后认为应当进行进一步场景化的界定，将其建立在信息的合理流通和人们的合理期待之上。[①] 而对于"数据携带权""数据跨境流通"等概念进行界定有利于适应数据全球化的需要，把握个人信息立法的最新趋势。

在立法的具体模式上，我国可以借鉴欧美、日本等国家的立法模式，探讨本土化的立法路径。无论是欧盟的统一立法模式还是美国的分散立法模式，都适应了各自的法律传统和产业发展。欧盟对个人信息严格的保护及统一监管适应了欧盟国家对"私权至上"的社会传统，也为各成员国之间的信息流通提供了统一规范。而美国产业发展蓬勃，"分散立法+行业自律"的模式有效促进了行业发展与个人信息保护之间的平衡。我国应该在借鉴国外立法模式的基础上，结合产业发展现状，制定符合我国国情的立法模式。例如，学者雷婉璐指出我国应当从保护信息主体的控制权、加强企业等信息使用主体的责任以及提供相应的救济制度等方面完善立法。[②]

[①] 丁晓东：《被遗忘权的基本原理与场景化界定》，《清华法学》2018年第6期。
[②] 雷婉璐：《我国个人信息权的立法保护——对美国和欧盟个人信息保护最新进展的比较分析》，《人民论坛·学术前沿》2018年第23期。

此外，统一的行业标准有利于对社交媒体隐私声明做出测评，以检测隐私声明是否符合相应的规范，同时也能促使社交媒体根据行业标准完善相应的内容，提高社交媒体隐私保护水平。对此，我国社交媒体行业应该制定合理的隐私声明标准，尤其是在我国社交媒体隐私声明"内容规范化"不足的情况下，更应该在现有标准和规定的前提下，结合社交媒体的属性，进一步对隐私声明中的核心问题做出更加细化的标准。社交媒体平台上的隐私信息较为复杂，如果采取"一刀切、一把抓"的形式，不利于社交平台的产品发展和服务，因而可以采用个人隐私分级保护的理论框架，对隐私保护采取分级保护，如对"个人身份信息""支付信息""生物识别信息"等不同概念加以区分，并对其采取不同等级的保护模式。

二 引入隐私设计理念，提高人性化和场景化水平

对于社交媒体平台自身来说，其隐私声明存在的内容规范化不足、模式化明显的问题，不仅需要政府部门加大立法以及社交媒体行业制定统一的行业标准，为隐私声明内容完善提供法律支撑和行业示范，更需要社交媒体平台自身在产品及隐私声明设计中引入"隐私设计理念"，把对用户的隐私保护嵌入产品设计和服务管理中，同时也需要社交平台考虑到自身的行业属性，在合理利用用户个人信息的基础上，以场景为导向，保护社交媒体场景化的个人信息安全。

"通过设计保护隐私"强调把隐私保护融入产品设计中，通过产品的技术设计和商业管理来保护个人信息，这对社交平台提出了更为明确的要求和有力的指导。在社交媒体隐私声明的形式设置上，应该充分利用多种设计手段来加强隐私保护。

例如，在产品设计之初，就考虑到用户的信息安全，在制定隐私声明时，要将其与产品更加紧密地联系起来，而不是分割开。在数据产生、流通、删除的每个环节都要充分保障用户的信息控制权，把隐私声明设置形式的人性化和便于用户理解的内容相结合来提高隐私声明的人性化程度。具体来说，在用户首次使用产品时，考虑到用户使用的多重场景，如果用户以"游客模式"使用社交产品，可仅通过"即使提示"的方式来告知用户使用所登录的信息；如果用户使用账户登录产品，则需要强化提示，告知用户使用产品更具体的隐私声明，尤其在与"身份不明"的第三方平台关联时，更应该着重提醒用户所存在的风险。此外，本书发现当前我国的

隐私声明主要是通过文字进行描述，一些平台为方便用户理解阅读，也设置了"速读版"，对隐私声明文本的内容进行了概述和提示。而根据隐私设计理念的透明性和开放性原则，国内社交平台可借鉴谷歌的隐私声明，丰富隐私声明的文本形式，设计可视化的隐私声明，利用可视化的趣味图文或者动态视频等形式来告知用户隐私声明的重要内容。以可视化的文本形式来代替单薄的文字，能够更吸引用户，增强隐私声明文本的可读性。此外，也可以通过"增强提示""默认设置"等手段保护用户信息，如在默认状态下不收集用户信息或仅收集用户使用平台时最小化的信息，而当需要进一步收集用户信息或是关联"第三方"服务进行风险提示时，可通过声音、震动等提示方式作为对文字展示的补充，例如可通过震动或者调用闪烁功能来提醒用户，达到明示和强化提示的效果。①

同时，社交媒体上的隐私权益是场景化的，在隐私保护设置的方向上，要考虑"场景导向"，充分考虑隐私声明所使用的场景和时机，制定出场景化的隐私声明，更好地服务于产品。"场景导向"是近年来个人信息保护的新思路，个人隐私是动态的、主观的，在不同的场景下用户的隐私也受到多种不同因素的影响。② 如果脱离特定场景谈论隐私权益，可能会导致隐私保护的效果大打折扣，也会不利于企业的良性发展。与传统的隐私保护法律制度不同的是，社交媒体平台上的隐私跟产品所提供的服务密切相关，如果一味要求保护隐私数据，则企业就会失去数据支撑，个性化服务也难以为继。因此，个人信息的保护力度要因其所处的场景不同而有差异。隐私权益保护的边界，需要根据不同共同体的特点和具体场景中人们的普遍预期加以确定。③ 社交媒体在使用场景上具有相似性，应当以用户的使用场景为导向，合理满足用户期待及使用用户信息。

隐私声明的内容再充分，如果不能被用户快速便捷地了解，也达不到隐私声明想要的传播效果，最终沦为社交媒体产品之外可有可无的附属品。因此，社交媒体平台必须将隐私声明作为产品设计的重要部分，在隐私声明设置和文本形式等方面提高人性化程度，设计出场景化的隐私声明，更好地服务产品和用户。

---

① 洪延青：《网络运营者隐私条款的多角色平衡和创新》，《中国信息安全》2017 年第 9 期。
② 范为：《大数据时代个人信息保护的路径重构》，《环球法律评论》2016 年第 5 期。
③ 丁晓东：《个人信息私法保护的困境与出路》，《法学研究》2018 年第 6 期。

三 加强监督管理，加大惩治力度

完善的立法保护和行业标准、场景化的隐私声明都需要切实落实才能达到保护用户的目的，因而加强监督管理是保护用户个人信息的重要保障。

从现实看，加强对社交媒体隐私声明的监督管理需要政府部门和社交媒体平台双管齐下。近年来，相关部门也加大了对网络隐私条款的监察，例如2018年7月，网信办等四部委开展了首次隐私条款专项评审；2018年11月，中国消费者协会也对100款常用App的个人信息收集与隐私政策进行了测评。但这些测评一方面是在"违规"现象出现之后的一个测评，另一方面也缺乏相应的监督执行和惩罚措施，因而整改力度都比较有限。因此，对政府部门而言，要加强对社交媒体隐私安全状况进行评估、对其隐私保护执行力度进行检查、对违法隐私保护行为的社交平台进行惩罚，尤其是在当前我国社交媒体隐私声明"监督管理不到位"的情况下，政府更应该充分发挥行政手段，加大力度，严格执法，注重对社交平台的信息安全评估，例如建立隐私政策第三方认证机构，认证并监督网络机构的隐私政策，完成隐私执行和效果评估，既能减弱用户对个人数据可能被披露的焦虑，又使得用户增强对社交媒体平台的信任，提高我国社交媒体参与解决消费者争端和用户隐私问题的能力。

对社交媒体平台而言，一方面要加强自律及自我监督，制定完整的自我监督管理制度，例如可以学习美国等发达国家的做法，在企业内部设立专门负责处理用户隐私权相关事宜，并直接对企业最高领导负责的首席隐私官，实现将用户数据尽可能转化为公司财产，又不侵犯用户隐私权的理想效果；[1] 另一方面要加强对企业员工的培训管理，尤其是对保护用户隐私安全的培训。

四 引导用户协调隐私边界，加强隐私管控

法律保护、行业监管乃至行业自律并不能万无一失，而且从周期和程序上看，技术的进步比法律的推进快很多，所以要加强对用户的引导，注

---

[1] 徐敬宏：《美国网络隐私权的行业自律保护及其对我国的启示》，《情报理论与实践》2008年第6期。

重个人信息保护中的用户参与原则,引导用户加强个人隐私管控,在社交媒体上进行适当的数据节制,从源头上控制隐私泄露。

隐私边界协调理论强调要对个人信息进行管控,然而在新的传播环境下,隐私边界逐渐消解。这就需要引导用户及时转变观念,掌握对个人信息的相对管控,参与到个人信息保护的环节中来。用户应明确自己的信息控制权,包括"是谁在收集个人信息""收集的目的""可能披露的途径""如何保护个人信息""如何维权"等。这就要求社交媒体尤其要注重培养用户的隐私声明阅读习惯。从目前看,我国社交媒体用户阅读隐私声明的习惯还未养成,在一个样本量为334的调查中,接近1/4的人从来没有阅读过任何软件或者网站的隐私政策。[①] 这一结果显然不利于用户的个人信息保护。因而社交媒体要鼓励用户阅读隐私声明,培养用户阅读隐私声明的习惯。社交媒体应发挥自身的可视化、互动性等优势,如制作隐私权保护 H5、个人信息安全问答、图片互动、微信公众号推文等形式,通过多种手段提高用户隐私保护素养,提高民众个人隐私保护意识。

除引导用户了解和正确使用个人的信息控制权外,更要引导用户在使用社交媒体时养成"边界意识",把握好个人私密信息与公开信息的边界,控制隐私信息在社交媒体上的流出。尤其是在社交媒体上隐私边界模糊的地带,要管控好个人信息的同时,更要保护好他人的隐私。如在发布、分享与他人有关的信息时,要避免有意无意泄露他人信息。在用户信息管控权限方面,应该给予用户更广泛的权限,尤其是寻求社交媒体上数据"被遗忘权"的合理路径。

第三节 我国社交媒体个人信息 隐私保护的可能进路

信息安全和现代社会生活的关系越来越密切,大数据和移动互联网时代的隐私保护,是国家和社会效益、企业商业追求、个人生活便利性以及数据自身价值的综合体现。首先,国家和政府要完善个人信息隐私保护的

[①] 朱侯、张明鑫、路永和:《社交媒体用户隐私政策阅读意愿实证研究》,《情报学报》2018年第4期。

立法和执法工作，同时配合形式多样的监管措施，做到事前预防和事后救济相结合。其次，网络服务提供者和运营商要承担起个人信息保护的主体责任，一方面提高企业的合规水平，另一方面加强企业自身的数据保护能力，在兼顾经济效益的同时完善行业自律体系。再次，对于个人信息的保护，要清晰地界定什么是个人信息隐私，以及数据的经济效益、社会价值和权利属性之间的边界划分等问题，同时，作为信息所有者的个人要提高自身隐私保护素养。最后，在普遍免费的网络信息服务机制下，应该处理好个人对其在网上信息的控制范围以及"免费的"互联网服务和"有偿的"数据价值让渡之间的关系问题。具体而言，可从以下几个层面着手。

一　国家层面的保护

（一）域外模式

作为社交媒体最为发达的国家和地区，美国和欧盟对社交媒体隐私的法律保护各有特点。在美国，隐私权的保护是个人信息保护的重要基础。美国尚未出台专门针对社交媒体中个人数据收集和使用的法律，但涉及隐私和个人信息保护的其他法律法规很多，联邦一级就有20余部，各州与地区自行制定的隐私数据行业性法规也多达数百部。[①] 这些法律法规强调个人权利与商业利益、表达自由之间的权利平衡，具有针对性立法的特点。[②] 除了针对性的立法保护，美国社交媒体隐私侵权行为发生后的救济路径也更加灵活和多样，联邦和地方法院在为社交媒体用户信息保护提供隐私侵权救济的同时，还为社交媒体用户提供消费者权益保护、形象权保护等路径。

欧盟对社交媒体隐私的保护主要包含于个人信息保护的相关法律框架内。欧洲理事会和欧洲议会于2016年4月表决通过的《关于个人信息处理保护及个人信息自由传输的条例》（《欧盟一般个人信息保护条例》，GDPR）于2018年5月25日正式实施，该条例从管理机构、管理模式和管理办法三个方面对个人信息保护的行政执法管理体系作出明确规定。GDPR将个人信息处理活动的风险划分为较高风险、一般风险、较低风险三类。

[①] 王敏、江作苏：《大数据时代中美保护个人隐私的对比研究——基于双方隐私保护最新法规的比较分析》，《新闻界》2016年第15期。

[②] 朱雪忠、张广伟：《美国社交网络用户信息保护研究》，《新闻界》2017年第11期。

GDPR 规定了个人的十余项信息权利，包括积极权利：信息收集时的知情权、个人信息处理情况的查询权、个人信息使用的许可权、个人信息转移权、错误个人信息的修改权、个人信息擦除权、个人信息泄露时的知情权等，还有拒绝或限制个人信息被各种形式利用的消极权利：限制控制者的信息使用范围、拒绝个人信息被非公益科研或统计活动利用的权利、拒绝个人信息被商业利用的权利等。

（二）我国现状

网络隐私权保护也可以归结为个人网络空间、网络信息及网络活动这三方面的保护（徐敬宏、文利民，2009）。从国家保护层面来讲，网络隐私权的保护一方面需要政府从政策指导、法律规范入手，另一方面需要政府对相关的技术开发企业以及媒介素养培训等进行政策扶植。

如前所述，虽然《中华人民共和国网络安全法》是涉及网络隐私保护较多的法律，但在内容上依然存在着规定不明确、界定不清晰等问题，需要不断在实践中完善制度。具体来讲，政府应通过立法对网络隐私权进行宪法、民法、刑法、行政法以及专门法层面的界定和保护。比如在宪法上明确对隐私权的保护，因为从国际范围来看，隐私权作为一种国际人权，已经得到《世界人权宣言》《公民权利和政治权利国际公约》等主要国际人权文件的确认和保护（徐敬宏、赵莉，2011）。鉴于我国网络隐私权的法律保护"隐藏于"各种法律法规中的现状，在专门立法上，政府机构应当在《中华人民共和国网络安全法》的基础上对网络隐私权进行清晰界定，进一步明确公民的网络隐私权的内涵，网络隐私权的具体保护方式、责任界定等，在实践中进一步推动法律的完善化和专有化，并积极借鉴欧美经验以出台专门法。比如美国有《隐私法》《联邦电子通讯隐私法》《儿童网络隐私保护法》等专门法律；日本《个人信息保护法（修订版）》也已经于 2017 年 5 月全面实施。2017 年 12 月 29 日正式发布的《信息安全技术个人信息安全规范》是我国迈向个人信息保护专门法立法的重要一步，对个人隐私权的保护具有重要意义，该规范已于 2018 年 5 月 1 日开始实施。值得提出的是，《民法典》和《个人信息保护法》相继施行为我国个人信息的处理、利用和保护奠定了法律基础。

除此之外，网络隐私权的保护也离不开政府机构对相关技术开发企业的政策扶植。在法律法规的指导下，国家对涉及个人信息、隐私保护的企业进行资金扶持和政策引导，鼓励企业积极参与到国际交流和技术合作中去，大力促进政府与企业携手防范网络隐私侵犯，各国企业与企业之间互通有无、信息共享，有利于信息保护机制的更迭换代，进一步保障个人信息安全。国家网信办、工信部等监管机构对各类互联网企业的约谈、监督和整改举措也从另一层面推动了个人信息保护的实质性进展。

随着社交媒体日益成为集信息获取、人际关系维护、游戏和娱乐、消费等多种功能为一体的超级平台，个人信息的人格权属性和财产价值逐步凸显，社交媒体环境下隐私保护的必要性与紧迫性也不断增强。当前，我国针对个人信息保护的法律规定对隐私权的保护力度仍然不够，对儿童和其他未成年人的保护依据也还不健全。未来，仍需在《民法典》的基础上，进一步细化和界分隐私权和个人信息权益之间的关系，在加强对隐私权保护的同时，也增加对特殊人群相关权益保护的观照。

（三）未来进路

欧盟的 GDPR 模式和美国的差异化救济路径对中国社交媒体法律保护的实践各具启示意义。在大数据和人工智能不断发展的今天，我国社交媒体中的个人信息蕴含巨大的商业价值和社会价值。一方面，我国的立法实践要以加强对互联网和社交媒体用户的个人信息保护为根本前提，另一方面又不能管得过严过宽。综合借鉴美国和欧盟的立法模式是一个更为稳健的选择。

首先，我国应在《民法典》和《个人信息保护法》的基础上，形成隐私个人信息法律保护的综合体系。参照欧盟对个人信息的等级划分，对互联网和社交媒体中的隐私和个人信息进行区分并进行分级保护。其次，针对社交媒体等领域发生的隐私侵权行为，应该提供针对性的救济措施。最后，还应有效整合监管机构的职能，适当纳入第三方监督机构，完善政府指导下的监管机制。

二 社会层面的保护

（一）开展网民隐私保护意识教育

网络素养的内涵包括媒介素养、信息素养和数字素养三个层面，它的形成与网络的社会性、交互性、开放性等特质密不可分（喻国明、赵睿，2017）。网络素养的一个核心关注点是个人信息能力，也就是说，网络技能与网络媒介知识等素养，直接影响着人们判断和应对网络风险的能力，进而影响他们日常的网络交往与社会生活。由于历史传统、文化生活及社会经济发展状况等方面的原因，国内网民的隐私意识比较淡薄。随着大数据技术的纵深发展，信息的收集和利用主体不再仅仅局限于政府或少数垄断机构，个人、组织和企业等都可以平等地参与进来，网民逐渐成为"透明人"。信息获取主体的增加使得隐私保护的控制和监管变得越加困难。为破除种种隐私危机的威胁，开展全民隐私保护意识教育、提升网民应对网络风险的能力是行之有效的一项基础性工作，事关网络隐私权保护的全局。

（二）开展隐私保护全民教育

总体来说，全社会应通过对隐私保护技术手段的宣传和对隐私法制教育的科普，逐步提高公民的隐私保护意识。具体措施包括：第一，以社区为单位，集中开展个人隐私知识宣讲会等参与性较强的相关活动；第二，以学校、社会组织等机构为抓手，通过群体传播来加强隐私保护意识教育，倡导全社会行动起来共同保护个人隐私和信息安全；第三，发挥好新闻媒体网络隐私保护的报道和引导作用。

三 企业层面的保护

强化行业自律、构建和谐网络环境，对于完善我国个人信息隐私的保护具有重要意义。整个互联网行业应当基于行业内自律性标准，对企业、平台、网站的隐私权保护进行监督，以塑造一个尊重个人隐私的良性商业氛围。目前来看，我国有关网络隐私权保护的行业自律主要表现在两个层面：一是整个互联网行业的自律；二是各个网站及其从业者的自律（徐敬宏，2009）。具体来讲，行业自律体系建立和完善应做到以下内容：(a) 国内企业遵守与个人信息安全相关的国家政策与法律，不越轨非法获取用户信息；(b) 自觉配合行业内专业的认证和保护机构，比如中国互联网协会、中国电子商务诚信联盟等行业组织，共同保护网络隐私；(c) 每个企业及其网站都应该继续完善自身网络隐私保护制度，企业的用户权利和隐私声明等内容向社会公开，并公布隐私保护的具体做法；(d) 制定符合网络隐私保护的行业自律公约，所有企业必须共同遵守；(e) 企业内部进行员工隐私素质教育，提升网络从业者的职业道德素养，尊重网络隐私信息；(f) 行业中各企业之间进行相互监督和经验推广，最大限度地从用户角度思考问题。只有落实以上措施，行业自律的作用才能真正显现，对用户的网络隐私保护才能真正取得实效。

(一) 以行业协会为依托的社交媒体隐私保护

行业规则作为一种"社会法",具有规范市场主体行为的作用,而行业规则的产生往往依托于行业协会。当前,我国尚无专门的社交媒体行业自律协会。作为上位机构的中国互联网协会可以看作是社交媒体行业自律的形式机构。2001年发起成立的中国互联网协会是中国互联网行业自律的主要机构,该协会自成立以来先后制定并发布了《中国互联网行业自律公约》等一系列自律性规范,在促进我国互联网发展进程中发挥了重要作用。[①]

在现有上位行业协会的指导下,成立专门的社交媒体隐私保护自律组织,出台个人信息保护和使用的行业规范,对我国社交媒体隐私保护意义重大。社交媒体巨头应该承担起自己的社会责任,充分利用企业在行业中建立起的经验和优势,推动我国社交媒体隐私行业自律保护的落地。

(二) 完善社交媒体行业的隐私声明和隐私设置

作为保障社交媒体用户信息的第一责任人,社交媒体平台在为社交用户提供各类服务时,必须提供准确完善的用户协议,充分履行合理告知义务。首先,在隐私声明文本方面,与用户信息利用相关的条款要清楚明确,其中应注明用户信息被收集利用的原因范围以及用途,确保用户知晓并理解。其次,社交媒体平台在日常运营中应当增加社交媒体用户信息收集和利用过程的透明度,规范大数据的使用方法和流程。[②] 最后,要避免社交媒体平台的隐私声明流于形式或成为侵害用户权益的"霸王条款"。当前,多数社交媒体平台的隐私声明存在不合理之处,用户在社交媒体单方面的政策制定规则中处于弱势地位。社交媒体平台应该以更加开放的心态吸收用户反馈、行业指导等第三方的意见和需求,促进隐私声明成为用户个人隐私保护的实质性保障。

对于社交媒体运营商来说,要平衡社交媒体的商业价值和社会价值,重视用户的隐私保护。只有用户不断增强自己的隐私保护意识,平台在合规范围内提供相应的服务积极维护自身的隐私权益,法律体系和政府机构不断增强其监管和保障水平,我国社交媒体隐私的保护工作才能取得良性

---

① 刘晓思:《中英网络治理的行业自律比较研究》,博士学位论文,兰州大学,2017年。
② 朱雪忠、张广伟:《美国社交网络用户信息保护研究》,《新闻界》2017年第11期。

第五章　我国社交媒体隐私权的保护现状与可能进路

进展。

虽然互联网技术发展是导致网络隐私泄露问题的一大诱因，但不能因为这个原因就完全排斥技术手段，否定技术在解决网络隐私问题上的积极作用。在当前互联网技术快速发展的环境下，传统的以数据加密和匿名化方法实现的数据保护手段，已经不适用于目前的网络隐私保护。因此，鼓励运用各种新型技术应用，如安全套接层（SSL）技术、虚拟专用网（VPN）技术、DB2匿名解决方案、密码加密技术、P3P隐私优先权平台等来保护社交媒体中的隐私权，是目前通过技术手段保护网络隐私的重要举措。例如，如果网络用户与需要搜集个人信息的网站相联系，则可以利用P3P（隐私优先权平台）来保证互联网用户对个人数据流动与使用的控制权。与此同时，加密算法、签名算法、哈希算法等多种技术手段的应用对防范黑客的恶意攻击、加快用户隐私保护具有重要意义。

四　个人层面的保护

不论是行业自律还是法律保护，都是依靠一种外部力量对网络用户的个人隐私进行保护。在纷繁复杂的网络环境下，除了外部保护，保护隐私安全的关键是提高网络用户的自我保护意识和行动能力。媒介思想家马歇尔·麦克卢汉曾提出，媒介即人的延伸，任何媒介都不外乎是人的感觉和感官的扩展或延伸：文字和印刷媒介是人的视觉能力的延伸，广播是人的听觉能力的延伸，电视则是人的视觉、听觉和触觉能力的综合延伸。[1] 这种延伸一直发展到今天，数字技术和网络全球化正在瓦解人们天生的遗忘能力，个人的一切信息都被转化为数字记忆而存储在网络中，"被遗忘权"在渐渐丧失，因此提高个人自我隐私保护的意识和行动力刻不容缓。

（一）提高用户自身媒介素养

社交媒体作为移动互联网时代"连接一切"的超级入口，在带给用户便利性的同时，也将信息社会的种种风险暴露在用户面前。一方面，用户需要不断提高社交媒体环境中的信息辨别能力，在利用信息交互、娱乐消费等多种实用功能的同时，规避平台中各种隐藏的网络风险。另一方面，用户应该提高自己的隐私保护意识，学习在线网络环境中隐私保护的相关

---

[1]　[加] 马歇尔·麦克卢汉：《理解媒介：论人的延伸》，何道宽译，译林出版社2016年版。

知识。这就要求社交媒体使用者充分了解和利用社交媒体平台的"隐私声明"和"隐私设置",知晓相关平台收集、利用和转移用户信息的类型、情景与边界,筑立自己在社交媒体平台上防范风险的隐私屏障。如此,用户才能最大限度地约束自己的隐私披露行为。

(二) 加强用户自身法律素养

目前,我国已有多部法律法规涉及社交媒体隐私侵权后的救济问题,《个人信息保护法》也已正式施行,未来,可供社交媒体用户维权的法律体系会越来越健全。对于社交媒体用户来说,在日常的媒介接触过程中应采取各种手段防止隐私泄露,但当自己的隐私受到侵害时,要善于运用法律手段、投诉、与社交媒体平台协商等方式维护自己的合法权益。

(三) 提高自我保护的行动能力

公民提高网络隐私权的自我保护意识并将其付诸实际行动需做到:(a) 全面提升自身的网络素养,学会甄别网络威胁,比如不轻易将个人信息授权分享给第三方、定期清理网络痕迹等;(b) 了解网络的一些基本技术和运作模式,了解哪些渠道容易泄露个人隐私以及哪些内容会被网站服务器记录并被收集、利用;(c) 网民自发监督企业是否对网络隐私权进行了严格的自律保护,特别是对隐私保护不力的网站和企业等;(d) 公民树立隐私保护意识的同时,也应加强自律并文明参与网络信息活动,对他人的隐私予以同样尊重,不随意泄露、转发、披露他人隐私,共建良好的网络隐私保护氛围。通过提升网民自身的隐私保护意识和利用隐私技术的能力来保障用户隐私安全,是隐私权得到保护的重要屏障。

五 家庭层面的保护

(一) 引导青少年重视个人隐私

有研究指出,虽然个人对信息披露的风险感知越高,其隐私担忧的水平也会越高,但信息交换行为带来的好处又会减少用户的隐私担忧水平(Youn S.,2009),青少年用户倾向于在网络上披露自己的隐私。随着互联网的广泛应用与普及,我国网络用户中青少年的占比越来越大,青少年用户已经成为网络用户的主要人群。由于社会经验、知识储备的不足,加上其又有满足自我呈现的需求,青少年在进行线上活动的同时,对隐私保护的观念却极其薄弱。在此情形下,家庭应更加重视对青少年隐私素养的教育和对其隐私权的保护。为了有效保障我国青少年的网络隐私安全，监护人应发挥好其监护和教育作用：在《青少年保护法》的引领下，家庭应加强对青少年进行网络隐私权保护意识的教育，让青少年对网络隐私保护的重要性进行充分认识，从小树立正确的隐私保护观念，学会运用法律法规与自我保护的方法来更好地维护自己的隐私权。

（二）以家庭为依托，保障儿童个人隐私

个人隐私保护意识、习惯和技能的养成，都与其在孩童时期的经历密切相关，因为幼儿的心理容易受到自我体验的暗示和影响。如果在儿童时期，个人隐私被较为频繁地泄露或宣扬，极易给儿童造成较强的消极暗示。因此，家庭的隐私保护氛围和家长的隐私保护意识对于儿童来说至关重要。在家庭成员的良性引导下，提高儿童的隐私保护意识，可以促进其同一性的发展，也有利于给儿童一定的安全感。

综观国内外法律，对儿童隐私的保护多有提及，因此，家庭对儿童隐私的保护还具有法律意义。早在1924年，《日内瓦儿童宣言》中就提到儿童隐私权。1959年，联合国大会正式通过具有法律效力的《儿童权利公约》，对儿童隐私权做出了明确的规定。当前，许多国家都通过立法明确了对儿童隐私的保护，如美国的《家庭教育及隐私权法》、韩国的《儿童青少年隐私保护法》等。我国也于2017年1月出台了《未成年人网络保护条例（送审稿）》，并向社会征集意见。2022年3月14日，国家互联网信息办公室发布《未成年人网络保护条例（征求意见稿）》，该版"条例"以"赋能"和"保护"为两大抓手，旨在通过进一步发挥网络平台的作用，在内容风险、数据风险以及健康风险防控等方面全面保障未成年人的网络安全和身心健康。

结　　语

　　网络信息技术的不断发展，互联网和智能手机的全面性普及，改变了人们传统的沟通和交流形式，人类迈进了一个机遇与风险并存的超级网络时代。不论是在一百多年前隐私概念首次被提出的彼时，还是在互联网等新媒介技术快速发展扩散的今天，人们都无比渴望隐私保护所带来的安全感。然而，一系列的隐私权侵害事件，使公民、企业等的利益受到极大损害，对国家和社会带来了深刻的影响。为保证网络隐私权得到切切实实的保护，只有隐私法律体系、机构监督和行业自律体系的完善健全，个人隐私权维护意识的提升，新兴技术手段的不断开发，社会和家庭层面的保护等多措并举，才能使数字化记忆真正为国家、社会和个人带来福音。

　　在大数据和移动互联网时代，随着手机日益成为社会学意义上的人体器官，社交媒体变成了人们连接自我与环境的最大入口。在此背景下，社交媒体隐私的内涵和外延被不断改写，个人信息和隐私的边界越来越模糊，社交媒体使用者似乎被带入到一个风险旋涡中。Facebook 5000 万用户数据的泄露就可能撬动美国政治选举的天平，而这些还只是社交媒体个人数据所蕴含价值的冰山一角。正是因为其对个人和整个社会的广泛影响，研究和保护社交媒体隐私已经成为一个重要议题。而放眼全球，美国社交媒体治理模式虽然促成了一大批社交媒体和互联网服务巨头，但其中也蕴藏着难以预见的风险和挑战，欧盟 GDPR 模式的个人信息保护思路虽然很好地保护了用户的个人隐私权益，但一定程度上也阻碍了相关产业的创新与发展。而中国作为全球最大的社交媒体用户市场，在个人信息保护的规则和治理模式尚不清晰的背景下，不论是社交媒体平台还是用户自身，都面临一定程度的不确定性。在既有的理论框架内，学术研究所关注的议题虽然比较前沿，但却很难推动应用和实践层面的创新。未来的社交媒体隐私研究如果能更好地贴近其发展所面临的实际问题，或许能产生更多的社会贡献和学术价值。

　　由于笔者自身的时间、精力和能力所限，本书尚存在诸多局限和不足。首先，限于时间和经费等客观因素，本书的实证研究部分所观照的主体主要聚焦于社交媒体用户层面，尤其是在调查社交媒体隐私及其保护的现状时，选取的研究对象以大学生为主体，未涉及社会上其他主流人群；其次，在完成对社交媒体隐私领域国内外研究情况和社交媒体使用者的实证考察后，尚未进一步对社交媒体运营商、监管机构等进行全面的访谈、调研和实证考察；最后，本书对已有数据的挖掘和阐释仍有进一步提升的空间。

　　笔者期望，未来有关社交媒体隐私的研究可以在以下几个方面取得推进。其一，在研究对象的选择方面，可以尽可能观照到主要的社会人群，尤其是妇女、儿童、老年人的样本，这样可能会产生更多富有意义的发现。其二，对社交媒体隐私的研究若能拓展到平台运营商或监管方具体的应用层面，或能发挥更大的社会价值。其三，传统隐私理论在社交媒体情景下的测量和验证研究已经十分丰富，因此可以引入其他学科领域的理论和新的前因变量进行创新。

附　　录

大学生微信隐私保护情况调查问卷

您好，我们是北京师范大学"微信隐私"课题组，为了解大学生在微信使用中的隐私保护情况，我们特展开此次调查。调查结果仅用于学术研究，我们会对相关信息严格保密，请根据实际情况放心填写！谢谢！

1. 您平均每天使用微信的时长是［单选题］*
○ 0—2 小时（含 2 小时）
○ 2—4 小时（含 4 小时）
○ 4—6 小时（含 6 小时）
○ 6—8 小时（含 8 小时）
○ 8 小时以上

2. 请您根据您的实际情况选择最符合的项（从 1 到 7 频次依次增加，1 为几乎不，7 为频繁）［矩阵量表题］*

	1	2	3	4	5	6	7
您平均每天使用微信的频率是	○	○	○	○	○	○	○
您平均每周发布朋友圈的频率是	○	○	○	○	○	○	○
您在朋友圈中点赞和互动的频率是	○	○	○	○	○	○	○

3. 请您根据您的实际情况选择最符合的项（从 1 到 7 认同感依次增加，1 为完全不认同，7 为完全认同）［矩阵量表题］*

	1	2	3	4	5	6	7
我可以控制谁有权限浏览我的微信朋友圈动态	○	○	○	○	○	○	○
微信的"隐私设置"允许我完全控制我的个人信息	○	○	○	○	○	○	○
我知道我在微信上的个人信息会被微信以外的哪些机构使用	○	○	○	○	○	○	○
我对使用微信的"隐私设置"功能保护自己的能力有信心	○	○	○	○	○	○	○
我相信，我在微信上发布的个人信息只能被我选择与之分享的人看到	○	○	○	○	○	○	○

4. 请您根据您的实际情况选择最符合的项（从 1 到 7 认同感依次增加，1 为完全不认同，7 为完全认同）[矩阵量表题] *

	1	2	3	4	5	6	7
我担心我在微信中的个人信息可能会被滥用	○	○	○	○	○	○	○
我关心我微信中的个人信息会如何被使用	○	○	○	○	○	○	○
我担心其他人会从朋友圈看到我的隐私信息	○	○	○	○	○	○	○
我担心微信中的个人信息未经我的授权被第三方使用	○	○	○	○	○	○	○

5. 请您根据您的实际情况选择最符合的项（从 1 到 7 认同感依次增加，1 为完全不认同，7 为完全认同）[矩阵量表题] *

	1	2	3	4	5	6	7
我认为向微信提交个人信息具有危险性	○	○	○	○	○	○	○
我认为微信可能会泄露我的个人信息	○	○	○	○	○	○	○
我认为微信不会恰当地使用我的个人信息	○	○	○	○	○	○	○
我认为微信使用我的个人信息可能导致不可预测的问题	○	○	○	○	○	○	○

6. 请您根据您的实际情况选择最符合的项（从 1 到 7 认同感依次增

加,1为完全不认同,7为完全认同。注:"隐私声明"特指《微信隐私保护指引》,该声明说明了微信会如何收集、使用和存储用户个人信息以及用户享有何种权利等内容)[矩阵量表题]*

	1	2	3	4	5	6	7
我认为微信在其"隐私声明"中对所需的用户个人信息及用途做了明确说明	○	○	○	○	○	○	○
我认为微信能够保护我的个人信息不被篡改、丢失、非法利用、非法出售或转让给第三方	○	○	○	○	○	○	○
微信的"隐私声明"承诺了有效的个人信息保护措施	○	○	○	○	○	○	○

7. 请您根据您的实际情况选择最符合的项(从1到7认同感依次增加,1为完全不认同,7为完全认同)[矩阵量表题]*

	1	2	3	4	5	6	7
我相信微信会严格按照其"隐私声明"保护我的个人信息	○	○	○	○	○	○	○
我相信微信在收集、加工和处理我的个人信息时会考虑我的利益	○	○	○	○	○	○	○
我相信微信会根据"隐私声明"中的承诺来使用我提供的个人信息	○	○	○	○	○	○	○
我相信微信在使用我的个人信息方面是值得信赖的	○	○	○	○	○	○	○

8. 请您根据您的实际情况选择最符合的项(从1到7认同感依次增加,1为完全不认同,7为完全认同)[矩阵量表题]*

	1	2	3	4	5	6	7
我认为微信的知名度很高	○	○	○	○	○	○	○
我认为微信的声誉很好	○	○	○	○	○	○	○
我认为大家普遍觉得微信关心其用户	○	○	○	○	○	○	○

9. 请您根据您的实际情况选择最符合的项（从 1 到 7 认同感依次增加，1 为完全不认同，7 为完全认同）[矩阵量表题]＊

	1	2	3	4	5	6	7
微信中显示的不是我的真实名字	○	○	○	○	○	○	○
我在微信中填写的所在地区信息与实际所在地不相同	○	○	○	○	○	○	○
如果被他人拖入陌生的微信群，我会选择退群或在群里保持沉默	○	○	○	○	○	○	○
需要我在微信中授权给第三方时，我会选择关闭退出	○	○	○	○	○	○	○
通常我会在微信中设置较为复杂的密码（如登入密码、支付密码等）	○	○	○	○	○	○	○
发朋友圈时，我会关闭所在位置功能	○	○	○	○	○	○	○
微信设置中，我会开启"允许陌生人查看十张照片"功能	○	○	○	○	○	○	○
我的微信朋友圈动态仅部分好友可见	○	○	○	○	○	○	○

10. 您在微信朋友圈"隐私"中设置的"允许朋友查看朋友圈的范围"是［单选题］＊

○最近三天

○最近半年

○全部

11. 如果您的隐私受到侵犯，您最倾向于采取哪种行为保护自己的隐私［单选题］＊

○寻求法律保护

○向微信平台申诉

○提高自我保护技能（如更改隐私设置等）

○不采取措施

○其他_____＊

12. 您的性别：［单选题］＊

○男　○女

13. 您的年龄段：[单选题] *
○18 岁及以下　○19—21 岁　○22—24 岁　○25—27 岁　○28—30 岁　○31—33 岁　○34 岁及以上

14. 您的学历是 [单选题] *
○大专
○本科
○硕士研究生
○博士研究生

关于微信父母"晒娃"现象的深度访谈提纲

一　访谈介绍

您好！感谢您在百忙之中抽出时间接受此次访谈，我是北京师范大学新闻传播学院的一名硕士研究生，现在正进行一项关于微信"晒娃"现象的专题研究。本次访谈主要通过问答形式进行，旨在了解人们日常生活中社交网络空间的儿童信息披露情况。我们向您郑重承诺，本访谈涉及的内容和您阐述的观点，仅仅作为我们的学术研究参考，我们将严格为您保密，希望您能放松心态，如实地回答每个问题。与此同时，为保证访谈的有效性以及更好地留存学术原始资料，我们将采用录音的形式记录此次访谈，感谢您的理解和支持！

二　访谈内容

（一）关于个人事实性问题

1. 您的孩子是哪一年出生的？您目前的生活状态（是否工作以及带孩子的时间）是什么样？
2. 您平时介意不熟的人或陌生人接触您的孩子或者给您孩子拍照吗？
3. 请问一下您个人性格（外向型/内向型）是什么样的？喜欢分享事情（生活、感情等）吗？

（二）关于微信使用的问题

1. 您是什么时候（几年前）开始用微信的？平均每天使用微信的时长

是多久?

2. 您在用微信的时候用的是真实头像吗？个人微信基本信息是否真实填写？

3. 您使用微信社交网络的初衷是什么？当前您觉得微信可以带来什么用处？

4. 您发布微信朋友圈的频率是多少？您朋友圈的设置如何？（比如是最近三天/半年可见、分组）

5. 您对未加微信好友的陌生人设置如何？是完全不可见还是仅可见10张照片？

6. 您是否了解过微信平台的隐私条款？您觉得隐私条款起什么作用？

7. 您发送带照片/视频的朋友圈是否会同时发送定位信息？

8. 您是否允许微信登录第三方软件并获取您的个人信息？会留意相关登录安全事项（比如获取您的头像、昵称等）吗？

9. 您是否主动关注过微信社交网络上发布的有关孩童的信息（萌娃分享、求助、失联等）？

（三）关于"晒娃"的基本情况

1. 您微信"晒娃"的频率是多少？是您生活中的习惯事项吗？

2. 您会用什么样的方式"晒娃"？您的头像、朋友圈图片、视频还是文字？

3. 您朋友圈涉及孩子的内容占比是多少？发布时有没有什么特别设置（比如@特定的人看）？

4. 您在微信"晒娃"后是否会关注和在意朋友圈的点赞和评论？您倾向于看到更多什么样的评论内容？

5. 您在"晒娃"时一般会涉及哪些方面（孩童成长、日常生活、兴趣学习等）？

6. 您晒娃是出于什么？

——记录生活，增强认同感，分享喜悦心情，别人晒我也晒，技术催生的习惯，个人性格喜欢分享，获得社交快感，亲朋好友间的相互联络等

7. 您觉得微信"晒娃"给您的生活带来了哪些影响或变化？

8. 您身边的朋友有经常"晒娃"的吗？了解他们对于"晒娃"的看法吗？

9. 您是否会发布除自己孩子之外其他儿童的信息？

10. 您微信"晒娃"的方式有被人提出过评论或建议吗？您会采纳吗？

（四）微信"晒娃"隐私保护的认知

1. 您认为朋友圈分享的位置、文字、图片、视频等信息属于个人隐私吗？

2. 您平常有没有关注过微信"晒娃"给孩子带来安全隐患的新闻？

3. 您有被提醒或告知过"晒娃"存在泄露孩童隐私的风险吗？

4. 您觉得微信平台有可能披露您的个人信息吗？会侵犯您的隐私吗？

5. 您是否认为朋友圈公开"晒娃"行为会导致儿童安全问题（比如孩童的行踪、肖像暴露）？

6. 如果了解了"晒娃"的安全隐患，您还会继续"晒娃"吗？或者是否会采取哪些替代措施？

7. 您觉得"晒娃"带来的风险，责任主要在哪一方（本人、服务商、不良分子）？

8. 您担心过微信泄露个人或者孩童的隐私吗？如果是，什么原因促使您持续发布状态（比如信任微信平台、认为隐私泄露的可能性不高）？

9. 如果您孩子的隐私受到侵犯，您会采取什么措施维护自己的权益（寻求发布保护、微信平台申诉、提高自我保护意识、不采取或其他措施）？

10. 最后，您还有什么需要补充的内容吗？

再次感谢您的配合！

参考文献

一 中文部分

（一）著作类

江兵：《奢华价值的生成》，吉林人民出版社2014年版。

李杰、陈超美：《CiteSpace：科技文本挖掘及可视化》，首都经济贸易大学出版社2016年版。

[加] 马歇尔·麦克卢汉：《理解媒介：论人的延伸》，何道宽译，译林出版社2011年版。

[美] 尼尔·波兹曼：《技术垄断：文明向技术投降》，蔡金栋、梁薇译，机械工业出版社2013年版。

齐爱民：《拯救信息社会中的人格——个人信息保护法总论》，北京大学出版社2009年版。

王利明：《人格权法新论》，吉林人民出版社1994年版。

王利明：《人格权法研究》，中国人民大学出版社2005年版。

[英] 维克托·迈尔-舍恩伯格：《删除：大数据取舍之道》，袁杰译，浙江人民出版社2013年版。

徐敬宏：《网络传播中的隐私权及其保护》，燕山出版社2010年版。

袁方、王汉生：《社会研究方法教程》，北京大学出版社2013年版。

尹章华、林芳龄：《电子商务与消费权益》，（台北）文笙书局股份有限公司2004年版。

周汉华：《中华人民共和国个人信息保护法（专家建议稿）及立法研究报告》，法律出版社2006年版。

张新宝：《隐私权的法律保护》，群众出版社1997年版。

张秀兰：《网络隐私权保护研究》，北京图书馆出版社2006年版。

(二) 论文类

陈昊、李文立、柯育龙：《社交媒体持续使用研究：以情感响应为中介》，《管理评论》2016年第9期。

程结晶、丁慢慢、朱彦君：《国外信息管理领域知识流的新兴趋势及可视化分析》，《现代情报》2017年第4期。

陈明红、孙顺、漆贤军：《移动社交媒体位置信息分享持续意愿研究——隐私保护视角》，《图书馆论坛》2017年第4期。

陈堂发：《社会性媒介使用与隐私意识法律化原则探讨》，《国际新闻界》2012年第3期。

陈堂发：《互联网与大数据环境下隐私保护困境与规则探讨》，《暨南学报》（哲学社会科学版）2015年第10期。

陈悦、刘则渊：《科学知识图谱的发展历程》，《科学学研究》2008年第3期。

程瑶：《移动社交应用的用户隐私泄漏问题研究》，《计算机学报》2014年第1期。

丁国锋、苏宫新：《江苏警方抓获699名侵犯公民个人信息嫌疑人，黑客和内鬼成个人信息泄露罪魁》，《法制日报》2017年6月13日第3版。

刁胜先：《论网络隐私权之隐私范围》，《西南民族大学学报》（人文社会科学版）2004年第2期。

方建中：《论网络时代"隐私自理"的限度与可能》，《浙江社会科学》2016年第3期。

丰米宁、朱光、杨嘉韵：《基于演化博弈的社交网络隐私保护研究》，《情报杂志》2017年第9期。

顾理平、杨苗：《个人数据"二次使用"中的边界》，《新闻与传播研究》2016年第9期。

高锡荣、杨康：《影响互联网用户网络隐私保护行为的因素分析》，《情报杂志》2011年第4期。

华劼：《网络时代的隐私权》，《河北法学》2008年第6期。

黄鲁成、张璐、吴菲菲、唐月强：《基于突现文献和SAO相似度的新兴主题识别研究》，《科学学研究》2016年第6期。

韩晓宁、王军、张晗：《内容依赖：作为媒体的微信使用与满足研究》，《国际新闻界》2014年第4期。

刘德良：《隐私与隐私权问题研究》，《社会科学》2003年第8期。

刘多、落红卫：《移动智能终端个人信息安全风险与保护措施》，《保密科学技术》2013年第4期。

李丹丹：《日本个人信息保护举措及启示》，《人民论坛》2015年第11期。

李兵、展江：《英文学界社交媒体"隐私悖论"研究》，《新闻与传播研究》2017年第4期。

李浩：《网络自媒体的使用与满足——基于高校大学生微信使用的实证研究》，《浙江学刊》2014年第5期。

郎庆斌：《国外个人信息保护模式研究》，《信息技术与标准化》2012年增刊。

廖圣清、黄文森：《媒介的碎片化使用：媒介使用概念与测量的再思考》，《新闻大学》2015年第6期。

刘焕成：《网络隐私保护对策研究》，《情报科学》2003年第4期。

刘丽萍、庞彩云：《图书馆微服务研究》，《图书馆建设》2013年第4期。

孟茹：《美国社交媒体平台用户隐私保护的自律与监督机制——以Facebook为例》，《编辑之友》2017年第1期。

牛犇：《移动社交网络中的用户隐私保护研究》，博士学位论文，西安电子科技大学，2014年。

齐爱民、王基岩：《大数据时代个人信息保护法的适用与域外效力》，《社会科学家》2015年第11期。

齐爱民：《论个人信息保护法的统一立法模式》，《重庆工商大学学报》（社会科学版）2009年第4期。

邱均平、李艳红：《社交网络中用户隐私安全问题探究》，《情报资料工作》2012年第6期。

孙保营、唐晶晶：《移动社交时代"隐私悖论"的困局及破解》，《新闻爱好者》2017年第7期。

申琦：《风险与成本的权衡：社交网络中的"隐私悖论"——以上海市大学生的微信移动社交应用（App）为例》，《新闻与传播研究》2017年第8期。

申琦：《我国网站隐私保护政策研究：基于49家网站的内容分析》，《新闻大学》2015年第4期。

申琦：《利益、风险与网络信息隐私认知——以上海市大学生为研究对象》,《国际新界》2015 年第 7 期。

申琦:《网络信息隐私关注与网络隐私保护行为研究:以上海市大学生为研究对象》,《国际新闻界》2013 年第 2 期。

申琦:《自我表露与社交网络隐私保护行为研究——以上海市大学生的微信移动社交应用(App)为例》,《新闻与传播研究》2015 年第 4 期。

孙奇茹:《网游、工具类 App 获取隐私情况严重》,《北京日报》2018 年 1 月 19 日。

田新玲、黄芝晓:《"公共数据开放"与"个人隐私保护"的悖论》,《新闻大学》2014 年第 6 期。

谈咏梅、钱小平:《我国网站隐私保护政策完善之建议》,《现代情报》2006 年第 1 期。

吴皓:《社交媒体下的个人隐私保护研究》,博士学位论文,重庆大学,2015 年。

王利明:《隐私权内容探讨》,《浙江社会科学》2007 年第 3 期。

王利明:《隐私权概念的再界定》,《法学家》2012 年第 1 期。

王利明:《论个人信息权的法律保护——以个人信息权与隐私权的界分为中心》,《现代法学》2013 年第 4 期。

王玲宁:《微信使用行为对个体社会资本的影响》,《新闻大学》2015 年第 6 期。

王敏:《大数据时代个人隐私的分级保护研究》,博士学位论文,武汉大学,2016 年。

王少辉、印后杰:《云计算环境下个人信息保护问题的思考》,《电子政务》2014 年第 2 期。

王滢:《境外图书馆个人信息保护政策对我国图书馆实践的启示》,《图书馆学研究》2012 年第 5 期。

徐敬宏:《网络传播中的隐私权及其保护》,博士学位论文,武汉大学,2007 年。

徐敬宏:《美国网络隐私权的行业自律保护及其对我国的启示》,《情报理论与实践》2008 年第 6 期。

徐敬宏:《网站隐私声明的真实功能考察——对五家网站隐私声明的文本分析》,《当代传播》2008 年第 6 期。

徐敬宏:《美国网络隐私权的行业自律保护及其对我国的启示》,《情报理论与实践》2008 年第 6 期。

徐敬宏：《我国网络隐私权的行业自律保护：现状、问题与对策》，《图书与情报》2009 年第 5 期。

徐敬宏：《欧盟网络隐私权的法律法规保护及其启示》，《情报理论与实践》2009 年第 5 期。

徐敬宏、文利民：《论电子商务消费者个人信息及其保护图书情报工作》2009 年第 8 期。

徐敬宏、赵莉：《我国网络隐私权的个人保护、行业自律保护和法律保护概述》，《情报理论与实践》2011 年第 1 期。

徐敬宏、张为杰、李玲：《西方新闻传播学关于社交网络中隐私侵权问题的研究现状》，《国际新闻界》2014 年第 10 期。

徐敬宏、赵珈艺、程雪梅、雷杰淇：《七家网站隐私声明的文本分析与比较研究》，《国际新闻界》2017 年第 7 期。

薛可、何佳、余明阳：《社会化媒体中隐私悖论的影响因素研究》，《当代传播》（汉文版）2016 年第 1 期。

徐明：《大数据时代的隐私危机及其侵权法应对》，《中国法学》2017 年第 1 期。

徐晓露：《移动社交网络用户隐私安全问题及保护研究》，博士学位论文，重庆大学，2014 年。

严步久：《国外互联网管理的近期发展》，《国外社会科学》2001 年第 3 期。

喻国明、吴文汐、许子豪、刘佳莹：《中国居民全天候媒介接触图景的三维透析——基于天津居民的"时间—空间"多维研究范式的考察》，《山西大学学报》2012 年第 3 期。

喻国明、赵睿：《网络素养：概念演进、基本内涵及养成的操作性逻辑——试论习总书记关于"培育中国好网民"的理论基础》，《新闻战线》2017 年第 3 期。

喻磊、张鹤：《试析网络服务商对网络隐私权的保护》，《江西社会科学》2008 年第 7 期。

殷乐、李艺：《互联网治理中的隐私议题：基于社交媒体的个人生活分享与隐私保护》，《新闻与传播研究》2016 年增刊。

杨姝、任利成、王刊良：《个性特征变量对隐私关注影响的实证研究》，

《现代教育技》2008年增刊。

杨姝、王刊良、王渊等:《声誉、隐私协议及信用图章对隐私信任和行为意图的影响研究》,《管理评论》2009年第3期。

殷莎莎:《数据共享时代的个人隐私保护》,《学术交流》2016年第9期。

朱侯、王可、严芷君等:《基于隐私计算理论的SNS用户隐私悖论现象研究》,《情报杂志》2017年第2期。

张会平、杨京典、汤志伟:《社交媒体用户信息隐私关注的形成机制研究》,《情报与理论实践》2017年第6期。

周丽娜:《大数据背景下的网络隐私法律保护:搜索引擎、社交媒体与被遗忘权》,《国际新闻界》2015年第8期。

赵明霞:《大学图书馆微博与隐私权及知识产权保护》,《新世纪图书馆》2012年第8期。

赵秋雁:《网络隐私权保护模式的构建》,《求是学刊》2005年第3期。

曾思怡:《微信使用中的失范行为及其治理研究》,博士学位论文,湖南大学,2016年。

周涛:《基于内容分析法的网站隐私声明研究》,《杭州电子科技大学学报》(社会科学版)2009年第3期。

张新宝:《从隐私到个人信息:利益再衡量的理论与制度安排》,《中国法学》2015年第3期。

张英:《微服务:开创图书馆服务的"蓝海"》,《图书馆建设》2011年第7期。

赵云泽、张竞文、谢文静等:《"社会化媒体"还是"社交媒体"?——一组至关重要的概念的翻译和辨析》,《新闻记者》2015年第6期。

张云、华薇娜、袁顺波:《利用引文确定领域关键文献的方法探析》,《图书情报工作》2016年第1期。

二 外文部分

(一) 著作类

Acquisti A., Gritzalis S. and Lambrinoudakis C., et al., *Digital Privacy: Theory, Technologies, and Practices*, Boca Raton: Crc Press, 2007.

J. H. Lipschultz, *Free Expression in the Age of the Internet: Legal Boundaries*, Boulder, CO: Westview Press, 2001.

Koufaris M., Hampton – Sosa W., *The development of initial trust in an online company by new customers*, Amsterdam: Elsevier Science Publishers B. V., 2004.

Landy G. K., "Privacy and Use of Personal Data" in Mastrobattista, A. J. ed. *The IT/Digital Legal Companion: A Comprehensive Business Guide to Software, IT, Internet, Media and IP Law Includes Contract and Web Forms*, Burlington: Elsevier, 2008.

Taddicken M., *The "Privacy Paradox" in the Social Web: The Impact of Privacy Concerns, Individual Characteristics, and the Perceived Social Relevance onDifferent Forms of Self – Disclosure*, New Jersey: John Wiley & Sons, 2014.

Teun A. Van Dijk, "Discourse as Interaction in Society" in Teun A. Van Dijk ed. *Discourse as Social Interaction*, London: Sage, 1997.

N. Fairclough, "Critical Analysis of Media Discourse" in P. Marris and S. Thornham eds., *Media Studies: A Reader*, New York: New York University Press, 2000.

Van Dijkn and T. A., "Discourse as Interaction in Society" in Van Dijk, T. A. ed., *Discourse as Social Interaction*, London: Sage, 1997.

（二）论文类

Almansa, O. Fonseca and A. Castillo, Malaga (Spain) and Bogotá (Colombia), "Social Networks and Young People: Comparative Study of Facebook between Colombia and Spain", *Scientific Journal of Media Education*, Vol. 40, No. 20, 2013.

Alan F. Westin, "Privacy and Freedom", *Washington and Lee Law Review*, Vol. 25, No. 1, 1968.

Albury K., & Crawford K., "Sexting, consent and young people's ethics: beyond Megan's story. Continuum", *Journal of Media & Cultural Studies*, No. 25, 2012.

Babajide Osatuyi, "An instrument for measuring social media users' information privacy concerns", *Journal of Current Issues in Media and Telecommunications*, No. 6, 2014.

Barnes, Susan B., "A Privacy Paradox: Social networking in the United

States", *First Monday*, No. 11, 2006.

Berendt B., Preibusch S. and Teltzrow M., "A Privacy – Protecting Business – Analytics Service for On – Line Transactions", *International Journal of Electronic Commerce*, Vol. 12, No. 3, 2008.

Boyd D. and Crawford K., "Critical questions for big data: Provocations for a cultural, technological and scholarly phenomenon", *Informacios Tarsadalom*, Vol. 12, No. 2, 2012.

Bobadilla J., Ortega F. and Hernando A., "Recommender systems survey", *Knowledge – Based Systems*, Vol. 46, No. 1, 2013.

Chen C., "The centrality of pivotal points in the evolution of scientific networks", *International Conference on Intelligent User Interfaces. ACM*, 2005.

Chen C., "CiteSpace II: Detecting and visualizing emerging trends and transient patterns in scientific Literature", *Journal of the Association for Information Science & Technology*, Vol. 57, No. 3, 2006.

Chen H. T., Chen W., "Couldn't or wouldn't? The influence of privacy concerns and self – efficacy in privacy management on privacy protection", *Cyberpsychol Behav Soc Netw*, Vol. 18, No. 1, 2015.

Culnan M. J. and Armstrong P. K., "Information Privacy Concerns, Procedural Fairness, and Impersonal Trust: An Empirical Investigation", *Organization Science*, Vol. 10, No. 1, 1999.

Culnan M. J., "Protecting Privacy Online: Is Self – Regulation Working?", *Journal of Public Policy & Marketing*, Vol. 19, No. 1, 2000.

Culnan M. J. and Armstrong P. K., "Information privacy concerns, procedural fairness, and impersonal trust: An empirical investigation", *Organization Science*, Vol. 10, No. 1, 1993.

Cyrusjww and Bagget M. P., "Mobile technology: implica – tions for privacy and librarianship", *The Reference Librari – an*, Vol. 53, 2012.

Debatin B., Lovejoy J. P. and Ann – Kathrin H. M. A., et al., "Facebook and Online Privacy: Attitudes, Behaviors, and Unintended Consequences", *Journal of Computer – mediated Communication*, Vol. 15, No. 1, 2009.

Dinev T., Hart P., "An Extended Privacy Calculus Model for E – Commerce

Transactions", *Information Systems Research*, Vol. 17, No. 1, 2006.

Dinev T., Xu H. and Smith J. H., et al., "Information privacy and correlates: an empirical attempt to bridge and distinguish privacy – related concepts", *European Journal of Information Systems*, Vol. 22, No. 3, 2013.

Dhir A., Kaur P., Lonka K. and Nieminen M., "Why do adolescents untag photos on Facebook?", *Computers in Human Behavior*, No. 55, 2016a.

Dhir A., Torsheim T., Pallesen S. and Andreassen C. S., "do Online Privacy Concerns Predict Selfie Behaviordigital privacy protection behavior", *Internet Research*, No. 27, 2017.

Doney, MCannon, Joseph P., Doney M. and Cannon J. P., "Trust Examination of the Nature of in Buyer – Seller Relationship for assistance", *Journal of Marketing*, Vol. 1, No. 2, 1997.

Elhai J. D., Levine J. C. and Dvorak R. D., et al., "Non – social features of smartphone use are most related to depression, anxiety and problematic smartphone use", *Computers in Human Behavior*, 2017.

Fernback J. and Papacharissi Z., "Online privacy as legal safeguard: the relationship among consumer, online portal, and privacy policies", *New media & society*, Vol. 9, No. 5, 2007.

Fogel J. and Nehmd E., "Internet social network communities: risk taking, trust, and privacy concerns. global Twitter users", *New Media and Society*, No. 5, 2009.

Ganesan S., "Determinants of Long – Term Orientation in Buyer – Seller Relationships", *Journal of Marketing*, Vol. 58, No. 2, 1994.

Hongliang Chen, Christopher E. Beaudoin, Traci Hong, "Securing online privacy: An empirical test on Internet scam victimization, online privacy concerns, and privacy protection behaviors", *Computers in Human Behavior*, No. 70, 2016.

Hongwei Yang, "Young American Consumers' Online Privacy Concerns, Trust, Risk, Social Media Use, and Regulatory Support", *Journal of new communications research*, No. 5, 2012.

Jan Fernback and Zizi Papacharissi, "Online privacy as legal safeguard: therelationship among consumers, online portal, and privacy policies", *New *media & society*, Vol. 9, No. 5, 2007.

James M. Hudson, Amy Bruckman, "Go Away: Participant Objections to Being Studied and the Ethics of Chatroom Research", *Information Society*, Vol. 20, No. 2, 2004.

Jin G., Widjaja T. and Buxmann P., "Handle with care: How online social networkproviders' privacy policies impact users' information sharing behavior", *Journal of Strategic Information Systems*, Vol. 24, No. 1, 2015.

Joinson A. N., Reips U. D. and Buchanan T., et al., "Privacy, Trust, and Self – Disclosure Online", *Human – computer Interaction*, Vol. 25, No. 2, 2010.

Joshua Fairfield and Hannah Shtein, "Big Data, Big Problems: Emerging Issues in the Ethics of Data Scienceand Journalism", *Journal of Mass Media Ethics*, Vol. 29, No. 1, 2014.

Kauffman R. J., Yong J. L. and Prosch M., et al., "A Survey of Consumer Information Privacy from the Accounting Information Systems Perspective", *Accounting Horizons*, Vol. 25, No. 2, 2011.

Kehr, Flavius, Kowatsch, Tobias and Wentzel, Daniel, "Blissfully ignorant: the effects of general privacy concerns, general institutional trust, and affect in the privacy calculus", *Information System Journal*, Vol. 6, No. 25, 2015.

Kelly Quinn, "Why We Share: A Uses and Gratifications Approach to Privacy Regulation in Social Media Use", *Journal of Broadcasting & Electronic Media*, No. 1, 2016.

Koops B. J., "Forgetting Footprints, Shunning Shadows: A Critical Analysis of the 'Right to Be Forgotten' in Big Data Practice", *Social Science Electronic Publishing*, No. 8, 2011.

Larose R. and Rifon N. J., "Promoting i – Safety: Effects of Privacy Warnings and Privacy Seals on Risk Assessment and Online Privacy Behavior", *Journal of Consumer Affairs*, Vol. 41, No. 1, 2007.

Lenhart A. and Madden M., "Teens, Privacy and Online Social Networks: How teens manage their online identities and personal information in the age of MySpace", *Pew Internet & American Life Project*, 2007.

Lee E. S., Lee Z. K. and Cha K. J., "The experimental research of protection behavior depends on privacy concern about personal information protection onprivacy policy for kakaotalk users", *The Jounal of Society for e – Business Studies*, Vol. 21, No. 2, 2016.

Liang H., Shen F. and Fu K. W., "Privacy protection and self – disclosure across societies: A study of global Twitter users", *New Media & Society*, Vol. 19, No. 9, 2017.

Lien Che Hui and Cao Yang, "Examining We Chat users' motivations, trust, attitudes, and positive word – of – mouth: Evidence from China", *Computers in Human Behavior*, Vol. 41, 2014.

Livingstone S., "Taking risky opportunities in youthful content creation: teenagers' use of social networking sites for intimacy, privacy and self – expression", *New Media & Society*, Vol. 10, No. 3, 2008.

Liu C. and Arnett K. P., "An Examination of Privacy Policies in Fortune 500 Web Sites, *American Journal of Business*", Vol. 17, No. 1, 2005.

Macenaite M. and Kosta E., "Consent for processing children's personal data in the EU: following in US footsteps?", *Information & Communications Technology Law*, Vol. 762, No. 2, 2016.

MAGITJ, "A content analysis of library vendor privacy policies: do they meet our standards?", *College & Research Librar – ies*, No. 5, 2010.

Marwick A. E. and Boyd D., "Networked privacy: How teenagers negotiate context insocial media", *New Media & Society*, Vol. 16, No. 7, 2014.

MAGITJ, "A fresh look at privacy – why does it matter, who cares, and what should librarians do about it?", *Indiana Li – braries*, Vol. 32, No. 1, 2013.

Malhotra, "Internet Users' Information Privacy Concerns (IUIPC): The Construct, the Scale, and a Causal Model", *Information Systems Research*, Vol. 15, No. 4, 2009.

Malhotra N. K., Sung S. K. and Agarwal J., "Internet users information privacy concerns (IUIPC): The construct, the scale, and a causal model", *Information Systems Research*, No. 15, 2004.

Markel, Mike, "The Rhetoric of Misdirection in Corporate Privacy – Policy Statements", *Technical Communication Quarterly*, Vol. 14, No. 2, 2005.

Markel, Mik, "The Rhetoric of Misdirection in Corporate Privacy – Policy Statements", *Technical Communication Quarterly*, Vol. 14, No. 2, 2005.

Metzger M. J., "Privacy, Trust, and Disclosure: Exploring Barriers to Electronic Commerce", *Journal of Computer – mediated Communication*, Vol. 9, No. 4, 2004.

Megan A. M., Erin, K. C., Nusheen A. and Sarah R., "Young Adult Females' Views Regarding Online Privacy Protection at Two Time Points", *Journal of Adolescent Health*, No. 55, 2014.

Michelfelder D. P., "The moral value of informational privacy in cyberspace", *Ethics and Information Technology*, Vol. 3, No. 2, 2001.

Miltgen C. L. and Smith H. J., "Exploring information privacy regulation, risks, trust, and behavior", *Information & Management*, Vol. 52, No. 6, 2015.

Miyazaki A. D. and Fernandez A., "Internet Privacy and Security: An Examination of Online Retailer Disclosures", *Journal of Public Policy & Marketing*, Vol. 19, No. 1, 2000.

Miyazaki A. D. and Krishnamurthy S., "Internet seals of approval: Effects of online privacy policies and consumer perceptions", *The Journal of Consumer Affairs*, Vol. 36, No. 1, 2002.

Moreno M. A., Kelleher E. and Ameenuddin N., et al., "Young adult females' views regarding online privacy protection at two time points", *Journal of Adolescent Health Official Publication of the Society for Adolescent Medicine*, Vol. 55, No. 3, 2014.

Mosteller, Jill and Poddar, Amit, "To Share and Protect: Using Regulatory Focus Theory to Examine the Privacy Paradox of Consumers' Social Media Engagement and Online Privacy Protection Behaviors", *Journal of Interactive Marketing*, Vol. 39, No. 10, 2017.

Norton T. B., "The Non – Contractual Nature of Privacy Policies and a New Critique of the Notice and Choice Privacy Protection Model", *Fordham Intellectual Property, Media & Entertainment Law Journal*, Vol. 27, No. 1, 2016.

Pentina I., Basmanova O. and Zhang L., "A cross – national study of twitter users' motivations and continuance intentions", *Journal of Marketing Communications*, Vol. 22, No. 1, 2016.

Pollach I., "Privacy Statements as a Means of Uncertainty Reductionin WWW Interactions", *Journal of Organizational and End User Computing*, Vol. 18, No. 1, 2006.

Quinn, Kelly, "Why We Share: A Uses and Gratifications Approach to Privacy Regulation in Social Media Use", *Journal of Broadcasting & Electronic Media*, Vol. 60, No. 1, 2016.

Ryker R., Lafleur E., McManis B. and Cox K. C., "Online privacy policies: An assessment of the Fortune E – 50", *The Journal of Computer Information Systems*, Vol. 42, No. 2, 2002.

Shin K., "A Study on the Personal Information Protection of Preparatory Investigation by Police", *Journal of Korean Public Police and Security Studies*, Vol. 10, No. 2, 2013.

Slater M. D., "Operationalizing and Analyzing Exposure: The Foundation of Media Effects Research", *Journalism & Mass Communication Quarterly*, Vol. 81, No. 1, 2004.

Smith H. J., Dinev T. and Xu H., "Information privacy research: an interdisciplinary review", MIS quarterly, 2011.

Sipior J. C. and Ward B. T., "A Strategic Response to the Broad Spectrum of Internet Abuse", *Information Systems Management*, Vol. 19, No. 4, 2002.

Slater M. D., "Operationalizing and analyzing exposure: the foundation of media effects research", *Journalism & Mass Communication Quarterly*, No. 1, 2004 (1).

Steeves V. and Webster C., "Closing the Barn Door: The Effect of Parental Supervision on Canadian Children's Online Privacy", *Bulletin of Science, Technology & Society*, Vol. 28, No. 1, 2008.

Timonen V. and Doyle M., "In Search of Security: Migrant Workers' Understandings, Experiences and Expectations Regarding 'Social Protection' in Ireland", *Journal of Social Policy*, Vol. 38, No. 1, 2009.

Warren S. D. and Brandeis L. D., "The Right to Privacy", *Harvard Law Review*, 1890, 4 (5).

Wen Z., Geng X. and Ye Y., "Does the Use of WeChat Lead to Subjective Well – Being?: The Effect of Use Intensity and Motivations", *Cyberpsychology Behavior & Social Networking*, Vol. 19, No. 10, 2016.

Wirtz, Jochen, Lwin, May O., Williams and Jerome D., "Causes and consequences of consumer online privacyconcern", *International Journal of Service Industry Management*, No. 4, 2007.

Wilson R. E., Gosling S. D. and Graham L. T., "A Review of Facebook Research in the Social Sciences", *Perspectiveson Psychological Science A Journal of the Association for Psychological Science*, Vol. 7, No. 3, 2012.

WOO J., "The right not to be identified: privacy and anonymity in the interactive media environment", *New Media & Society*, Vol. 8, No. 6, 2006.

Xie W. and Kang C., "See you, see me: Teenagers' self – disclosure and regret of posting on social network site", *Computers in Human Behavior*, No. 52, 2015.

Yang H., "A cross – cultural study of market mavenism in social media: exploring young American and Chinese consumers' viral marketing attitudes, eWOM motives and behaviour", *International Journal of Internet Marketing & Advertising*, Vol. 8, No. 8, 2013.

Youn S., "Determinants of online privacy concern and influence on privacy protection behaviors among young adolescents", *The Journal of Consumer Affairs*, Vol. 11, No. 3, 2009.

Zlatolas L. N. and Welzer T., "Privacy antecedents for SNS self – disclosure", *Computers in Human Behavior*, Vol. 45, No. C, 2015.

Zwick D. and Dholakia, N., "Contrasting European and American Approaches to Privacy in Electronic Markets: Property Right versus Civil Right", *Electronic Markets*, Vol. 11, No. 2, 2001.

三 网站

http://wenshu.court.gov.cn.

http://www.tisi.org/4992.

http://www.cnnic.net.cn/hlwfzyj/hlwxzbg/hlwtjbg/201808/t20180820_

70488. htm.

http：//www. gov. cn/gongbao/content/2001/content_ 61064. htm.

http：//www. isc. org. cn/hyzl/hyzl/listinfo - 15599. html.

http：//www. isc. org. cn/hyzl/hyzl/listinfo - 25501. html.

http：//news. xinhuanet. com/zgjx/2013 - 12/04/c_ 132940205. htm.

http：//www. privacyalliance. org/resources/ppguidelines/.

https：//www. w3. org/standards/techs/p3p#stds.

http：//tech. ifeng. com/internet/detail_ 2014_ 03/12/34689211_ 0. shtml.

http：//www. isc. org. cn/zxzx/xhdt/listinfo - 33759. html.

http：//bobao. 360. cn/news/detail/3905. html.

http：//www. sohu. com/a/203437993_ 667510.

https：//datasociety. net/people/WhosWho/AcademicStaff/SoniaLivingstone. aspx.

http：//www. pewresearch. org/about.

http：//www. lse. ac. uk/vingstone .

https：//www. themediabriefing. com/reports/state - media - 2017.

http：//corp. sina. com. cn/chn/sina_ priv. ht.

http：//corp. sohu. com/s2007/privacy/.

http：//dv. ouou. com/newhelp/service. jsp#top5.

http：//www. nba. com/news/privacy_ policy.

http：//info. yahoo. com/privacy/us/yahoo/details. Html.